KB189229

베일 벗은 미스터리

지은이 고드프리 레이 킹 Godfre Ray King

본명은 가이 밸러드Guy Ballard이며 1878년에 태어나 1939년
사망했다. 미국의 광산 기술자였던 그는 1930년 샤스타산에서
상승 마스터 세인트 저메인Saint Germain을 만나 가르침을 받게
된다. 그 후 그는 아내인 로터스 레이 킹Lotus Ray King과 함께
세인트 저메인 재단을 세워 I AM에 대한 가르침을 펼쳤다.

옮긴이 이상범

서울 출생. 1990년 미국으로 이민을 가 그곳에서 25년 정도를
살았고, 10대 때부터 진리의 가르침을 찾는 구도자로 살아왔다.
분자세포생물학을 전공했고 현재 해외에서 세포생물학에 관련한
기초과학을 연구하는 학자로 활동하고 있다. 또한 히말라야의
스승들과 함께 동서양의 진리의 가르침을 통합하는 사명을 위해
봉사하고 있다.

옮긴이 배민경

1996년 경기도 하남 출생. 성신여대 윤리교육과를 졸업하고
곧장 정신세계사에 입사해 영성의 대중화를 목표로 다양한 영성
서적을 기획, 편집, 번역하고 있다. 2020년 세인트 저메인과 그의
가르침을 처음 접했고, 여러 경험을 통해 그 가르침의 중요성을
알게 되어 번역에 참여했다. 인스타그램 @reck156

UNVEILED MYSTERIES

베일 벗은 미스터리

세인트 저메인의 가르침

고드프리 레이 킹 지음
이상범, 배민경 옮김

정신세계사

• 일러두기

원문의 god은 필요에 따라 '하나님'이라고 번역했습니다. 이는 특정 종교와 상관이 없으며,
대백색 형제단의 가르침인 '하나의 법칙'(Law of One)을 보다 잘 나타내기 위함입니다.

UNVEILED MYSTERIES

by Godfre Ray King, 1934

베일 벗은 미스터리

고드프리 레이 킹 짓고, 이상범과 배민경이 옮긴 것을 정신세계사 김우종이 2022년 6월 17일
처음 펴내다. 이현율과 배민경이 다듬고, 변영옥이 꾸미고, 한서지업사에서 종이를, 영신사에서
인쇄와 제본을, 하지혜가 책의 관리를 맡다. 정신세계사의 등록일자는 1978년 4월 25일(제2021-
000333호), 주소는 03965 서울시 마포구 성산로4길 6 2층, 전화는 02-733-3134, 팩스는 02-733-
3144이다.

2024년 12월 4일 펴낸 책(초판 제3쇄)

ISBN   978-89-357-0456-9 03290

• 홈페이지 mindbook.co.kr • 인터넷 카페 cafe.naver.com/mindbooky • 유튜브 youtube.com/innerworld
• 인스타그램 instagram.com/inner_world_publisher

세인트 저메인

차 례

추천사

　세인트 저메인을 직접 만나보고 또 여전히 그와 소통하는 사람으로서 말하건대, 독자 여러분이 지금 앞에 펼친 세인트 저메인과 그의 가르침에 대한 이 책은 이 글을 읽는 모든 이들에게 그의 에너지와 축복을 전해줍니다. 세인트 저메인은 상승 대사들(ascended masters)로 알려진 그룹에 속한 존재이며 이들은 모두 지구상에서 인간으로 환생해 살았던 존재들입니다. 그리고 이들은 지금 더 높은 존재의 차원으로 올라가 아직 지구에서 성장과 배움을 계속하고 있는 인류의 형제자매들을 돕고 있습니다. 이 중 몇몇 대사들은 육체의 진동수를 I AM 현존, 즉 빛의 몸과 합치는 단계까지 올렸었습니다. 이것은 '쟈루Jalus'로 불리는, 티베트에서 잘 알려진 수행법이었는데 흔히 '무지개 빛의 몸의 성취'라고 불리기도 합니다.

　지구상에서의 생애에서 이러한 성취를 이룰 시간이나 삶의 상황이 여의치 않았던 대사들은 육체적 죽음 이후 상승을 성취했습니다. 세인트 저메인은 지구상에서의 마지막 환생에서 프랜시스 베이컨Francis Bacon으로 살았었는데, 그의 삶도 이러한 경우였습니다. 그는 영국 엘리자베스 여왕의 아들로 태어나 원래는 영국 왕실의 적자嫡子였지만, 그의 출생은 정치적 이유로 인해 비밀에 부쳐졌습니다. 영국 국왕의 지위를 이어받을 수 없었던 그는 이런 상황 덕에 오히려 비밀리에 전해지는 영적 가르침에 심취하게 되었고, 나중에는 유럽 전역에 장미십자회로 불리는 비밀 영적 단체를 만들게 되었습니다.

프랜시스 베이컨은 또한 셰익스피어 희곡들의 실제 저자였습니다. 그는 옥스퍼드대를 가장 어린 나이에 졸업한 수재였으며, 나중에는 영국 국회의 의원이 되었고, 이후 당시 영국 국왕이었던 제임스 1세 아래서 영국 재상이 되었습니다. 제임스 1세는 그를 킹 제임스 바이블King James Bible로 알려진 성경의 편집장으로 삼았습니다. 그는 또한 《새로운 아틀란티스》(New Atlantis)라는 책을 썼는데, 이 책은 그 당시 국가 형성의 초기 단계에 있었던 미국을 향한 그의 바람들을 적은 책이었습니다.

그의 육체적 죽음으로부터 대략 75년이 지난 후, 그는 유럽의 많은 지역에서 세인트 저메인 백작이라는 이름을 사용하며 육체를 가진 존재로 나타나기 시작했습니다. 이 육체적 출현에 대한 역사적 기록들은 프랑스혁명 시기 전후에 쓰인, 유럽 귀족사회 여성들의 일기 형태로 지금까지도 남아 있으며 현재 영국박물관의 도서관에 보관되어 있습니다. ─ 이러한 내용은 이사벨 쿠퍼-오클리Isabel Cooper-Oakley가 쓴 《세인트 저메인 백작》(The Comte de St. Germain)이라는 책에 자세히 나와 있습니다.

그 당시 귀족사회에서는 세인트 저메인이라는 똑같은 성을 가진 이들이 몇몇 있었기에 역사에서는 이 미스터리한 존재에 대해 혼란이 있는 것도 사실입니다. 그럼에도 우리는 그 시대에 살았던 시인이자 철학자인 볼테르Voltaire, 심리학의 초기 개척자 중 하나인 메스머Mesmer, 그리고 그가 프랑스 왕실의 몰락과 그 어두운 미래에 대해 경고하려 했었던 루이 16세에 이르기까지 수많은 이들에게 영향을 미쳤던, 역사적으로 실재했던 한 인물의 윤곽을 볼 수 있습니다.

《베일 벗은 미스터리》에서 우리는 인류의 의식을 높이려는 세인트 저메인의 노력들을 읽게 됩니다. 가이 밸러드Guy Ballard(고드프리 레이 킹) 앞에 나타난 세인트 저메인은 I AM 현존, 즉 신성한 자아 또는 내재하신 하나님에 관한 지식을 서구의 인류에게 소개함으로써 그들 의식의 비약적 발전을 위한 입문 과정을 시작했습니다. 이 진리의 가

르침은 동양의 진리의 수행자들에게는 오랜 세월 잘 알려
져온 가르침이었고, 고대 인도의 베다^{Veda}에도 묘사된 것
입니다.

거기에 더해 세인트 저메인은 내재한 신적 자아를 어떻
게 현상계에 불러낼 수 있는지에 관한 간단한 언어적 수단
을 가르쳤습니다. 'I AM'의 의식적 사용을 통해 구도자들
이 어떻게 이 세계에서 마스터리^{mastery}, 즉 자기완성을 성
취할 수 있는지를 가르치신 것입니다. 세인트 저메인은 배
민경, 이상범 그리고 정신세계사의 노력으로 출간된 이 책
을 통해 한국 독자들과 수행자들을 만나게 되어 크게 기뻐
하고 계십니다.

— 피터 마운트 샤스타$^{Peter\ Mt.\ Shasta}$

《마스터의 제자》 저자

옮긴이의 말

대백색 형제단으로 알려진 이들, 보디사트바^{Bodhisattva}(보살도의 길을 가는 이들)이자 상승한 대사들은 인류와 마찬가지로 지구상에서의 수많은 삶을 통해 창조주 하나님의 자녀로서의 덕성들, 즉 참을성, 사랑, 자비, 분별력, 용기, 지혜, 의지력, 순수, 신의, 믿음, 열정, 봉사 등을 자신의 영혼 안에서 완성한 분들입니다. 이들은 부모가 자녀를 돌보는 마음, 어린 동생들을 돌보는 손위 형제자매의 마음으로 지구의 인류가 영적 어른으로 성장하는 과정을 보이지 않는 세계에서 후원하고 가이드해주시는 분들입니다.

이분들 중에는 동양권에서 익숙한 석가모니 부처님, 관세음보살, 파드마삼바바^{padmasambhava}, 공자, 노자와 같은 분들이 포함되어 있을 뿐만 아니라 성경에 나오는 예수 그리스도, 사도 바울, 사도 요한, 모세, 엘리야 같은 분들도 포함되어 있습니다. 그리고 알려지지 않은 인류의 역사 속에서, 지구의 모든 인종과 문명권들에 환생하여 사랑의 봉사를 통해 자신을 완성한 무수한 성인들도 여기에 포함되어 있습니다.

진실로 영혼에는 종교나 국적이 없고, 인종도 없습니다. 이것은 참으로 당연합니다. 우리가 우주의 크기에 대해 조금이라도 깊이 생각해본다면 역사상 나타난 이 성인들의 지구상 국적이나 인종을 논하는 것이 얼마나 의미 없는 일인지 알 수 있기 때문입니다. 우리 영혼이 영적 어른으로 성장하고 성숙할 때, 그는 진실로 의식의 우주적 확장을 성취합니다. 따라서 높은 차원으로 올라가신 대사들의 의식은 이러한 무의미하고 어린아이와 같은 구분을 영원히 초월해 있습니다.

이들 중 한 분인 세인트 저메인은 비록 대다수 독자들에게 생소한 이름일지도 모르겠으나, 진실로 가장 위대한 보디사트바 중의 한 분이십니다. 세인트 저메인은 과거 생애들 중에 구약성경에 나오는 선지자 사무엘과 이사야뿐만 아니라, 서양 과학문명의 사상적 기반을 닦은 위대한 철학자이자 사상가인 로저 베이컨[Roger Bacon]과 프랜시스 베이컨 등으로 환생해 각 시대에 필요한 높은 비전을 가진 지식인으로서, 또 인류를 이끄는 선지자로서의 삶을 사셨습니다. 수많은 생애에 걸쳐 이분의 제자였던 피터 마운트 샤스타에 따르면 세인트 저메인은 티베트 불교의 수행자이자 스승으로서의 삶도 여러 번 사셨다고 합니다.

20세기 초반에 출판된 이 책《베일 벗은 미스터리》는 인류가 창조주 하나님의 자녀이며, 성장을 위해 지구상에 반복하여 환생하고 있는 영광스러운 빛의 존재임을 밝힙니다. 제1차 세계대전이 끝나고 대공황이 찾아온 당시의 미국과 세계는 그야말로 격동의 시기를 지나고 있었습니다. '고드프리 레이 킹'이라는 필명으로 알려진 이 책의 저자는 1930년경 세인트 저메인과 만나게 되고, 그로부터 석 달 동안 다양한 방식을 통해 우리 우주의 신성한 법칙, 그리고 존재의 진정한 이유와 목적에 대해 상세히 가르침을 받게 됩니다.

세인트 저메인은 이 책에서 이렇게 선언합니다. "인류는 진실로 창조주 하나님의 자녀인 빛의 존재입니다." "지구상에서의 삶이 오로지 영혼의 성장을 위한 의도적 환영이자 배움의 교실임을 온전히 깨달아야 합니다. 그렇게 될 때 인류는 마침내 무지와 고통의 사슬을 끊고 지구상에 천국이자 위대한 문명을 다시금 이룩하게 될 것입니다." "미국은 이 새로운 시대에 빛의 역할을 하게 될 것입니다."

이 가르침은 현시대의 한국에도 중요한 가르침입니다. 한국에는 동아시아에 이러한 높은 문명을 건설하는 리더 역할이 주어졌기 때문입니다. 현대 한국에 태어난 영혼들이 성취한, 다른 사람들이나 나라들을 침략하지 않겠다는 의식은 지구 인류 중 매우 소수만이 성취한 의식입니다. 그러므로 모든 한국인들은 이제 침략자와 피해자라는 이 원성을 내려놓고, 이 책에 나오는 더 높은 차원의 진리의 가르침을 통해 좁은 의미의 종족 의식이나 국가 의식에서 벗어나 지구적 의식으로의 확장을 이룩해야 할 때입니다.

여기에 소개된 진리의 가르침은 비록 100여 년 전에 주어진 것이지만 진리의 빛은 시대를 초월합니다. 그러니 한국에 태어난 모든 성숙한 영혼들은 이분의 가르침에 귀를 기울이십시오. 그리고 이를 통해 각자 이번 생애에서의 깨어남을 성취하고 자신에게 주어진 사명을 자각해야 합니다.

이 책을 읽는 모든 이들이 높은 의식으로 깨어나기를 바라며….

— 옮긴이 이상범, 배민경 드림

헌사

이 책 시리즈*는 사랑하는 마스터 세인트 저메인, 대백색 형제단, 로열 티톤의 형제단, 샤스타산의 형제단, 그리고 우리를 애정 어린 도움으로 한계 없이 이끌어주신 그 외 다른 상승 마스터들께 깊고도 영원한 사랑과 감사로 바치는 것입니다.

---

* 세인트 저메인 출판사(Saint Germain Press)에서 나온 책들을 말한다. — 이하 모든 각주는 역주.

편집자의 말

상승 마스터 세인트 저메인과 빅토리^{Victory} 그리고 금성에서 온 키가 큰 마스터의 요청에 따라 이 책은 있는 그대로의 내용을 숨김없이 담았다. 다시 말해, 이 책은 인위적인 문학적 기준이나 외적 세계의 상식에는 부합하지 않는, 직접적인 방식으로 쓰였다. 그들은 이렇게 말했다. "이 책 시리즈는 일반 사람들도 쉽게 이해할 수 있는 단순하고 현대적인 스타일로 만들어져야 한다."

책에 담긴 진리를 나타내는 데 있어 가장 중요하게 여겼던 것은 내적 빛과 느낌이었으며, 우리는 독자들이 가장 쉽고 직접적으로 이해할 수 있는 단어들로 그 빛과 느낌을 표현했다. 상승 마스터들은 절대 어려운 전문 용어를 사용하지 않는다. 영원한 진리에 가까워질수록 진리를 나타내는 말은 더 직접적이고 간결해지기 때문이다. 우리는 이 책을 독자들에게 내놓으면서, 책에 빛과 느낌을 담는 것을 최우선으로 여겼다. 문학적 형식 같은 것은 전적으로 부차적인 것이었다.

이 시리즈의 첫 두 권*은 단순히 사건이 일어난 순서대로 기록한 것으로, 가능한 한 명확하게 서술하였으며 독자가 글을 읽으면서 그 경험을 느낄 수 있게끔 하였다. 독자가 이를 유의하며 책을 읽는다면 그 역시 빛의 쏟아짐을 받을 수 있을 것이다. 이 빛은 책의 내용과 비슷한 초월적 경험을 할 기회를 열어줄 것이며, 이러한 경험은 완전히 평범하고, 안전하며, 조화로운 방식으로 독자에게 다가와 그에게 영원한 축복과 빛을 내려줄 것이다.

— 빛을 향한 애정 어린 봉사 속에서, 로터스 레이 킹 Lotus Ray King

---

* 《베일 벗은 미스터리》와 고드프리의 또 다른 책인 《마법의 현존》(The Magic Presence)을 말한다.

감사의 말

동양에서 수 세기 동안 지켜져온 위대한 지혜가 모습을 드러낼 때가 왔다. 이 땅에 인류의 내적 빛을 확장시키는 것을 지시하고, 보호하고, 도와주고 있는 위대한 상승 마스터들은 이제 그 지혜를 미국에 알리라고 명령했다.

이 책 시리즈에 나오는 위대한 상승 마스터 세인트 저메인은 지구를 다스리는 상승 마스터들의 영단으로부터 온 강력한 특사 중 하나이다.

그는 프랑스혁명 이전과 혁명 기간 동안 프랑스 궁정에서 일했던 위대한 마스터적 **현존**과 같은 인물이다. 만약 그 당시 그의 조언에 귀 기울이는 자가 많았다면 사람들은 그러한 엄청난 고난을 겪지 않을 수도 있었을 것이다. 그가 그 시대의 유럽에서 '마술사'(Der Wundermann)로 알려져 있던 것은 그의 초월적이고 신성한 권능 때문이었다. 그는 미국과 불가분하게 연결되어 있다. ― 과거에도, 현재에도, 미래에도 그러하다. 그가 지구에서 맡은 임무 중 가장 중요한 것은 미국 국민들을 정화, 보호하고 빛으로 비춰주는 것이기 때문이다. 그녀, 미국은 우리 앞에 열리고 있는 황금시대의 인류에게 '빛의 잔'(Cup of Light)을 전달해주는 이가 되어줄 것이다.

미국의 건국을 책임지는 사람들을 보호하고 격려했던, 세인트 저메인의 지칠 줄 모르는 노력은 미국이 막 생겨났을 때 미국의 자유에 큰 영향을 주었다. 독립선언서 초안 작성 역시 그 도움과 영향의 직접적인 결과였다. 워싱턴 Washington과 링컨Lincoln의 삶에서 가장 어두웠던 시기, 그들을 지탱해주었던 것도 세인트 저메인의 사랑, 보호, 안내였다.

인류의 빛과 자유를 위해 지칠 줄도 모르고 일하는 이 친애하는 인류의 형제는 지금도 미국의 정부와 그 정책들을 올바로 이끌기 위해서 배후에서 일하고 있다. 그는 미국을 축복하고, 미국을 통해 세계를 축복할 유익한 변화들을 불러오고 있다. 미국인들과 인류는 몇 년 지나지 않아 자신들이 이 상승 마스터에게 받은 은혜가 얼마나 큰지 알게 될 것이다. 세인트 저메인이 끊임없이 일하고 있는 이 상(Ideal), 즉 그가 세운 이상을 향한 지극한 사랑, 순종, 봉사 없이는 완전한 정의를 실현할 수 없다.

우리나라, 즉 미국에서의 그의 활동들에 대한 이 은밀

한 지식을 알게 된 독자는 그와 가깝다는 느낌을 받을 수 있으며 그에게 사랑을 느낄 수 있다. 그리고 이러한 사랑은 독자의 삶에 살아 숨 쉬는, 실재하는 힘이 된다.

이 책에서 나오는 광휘는 오직 상승 마스터에게서만 나올 수 있는 것이다. 다시 말해 이 책이 담고 있는 광휘는 친애하는 위대한 '빛의 전달자', 세인트 저메인의 광휘다.

— 고드프리 레이 킹Godfre Ray King

서문

　내가 이 책 시리즈에 기록된 것들을 경험할 특권을 누릴 수 있었던 것은 세인트 저메인의 도움 덕분이었다. 그리고 나는 이 경험들을 대중에게 공개해도 된다는 허락을 받았다. 나와 비슷한 도움을 받은 사람이 아니라면 세인트 저메인과 내게 도움을 주었던 다른 상승 마스터들을 향한 내 사랑과 감사가 얼마나 크고 영원한 것인지 아무도 모를 것이다.

　이 책에서는 세인트 저메인을 제외한 상승 마스터의 진짜 이름, 정확한 장소, 기록, 날짜, 보물에 대한 묘사를 — 세인트 저메인의 명령에 따라 — 일부러 공개하지 않았다. 여기에는 분명한 이유가 있다. 오직 사랑의 봉사와 상승 마스터의 초대에 의해서만 가시적이고 실재하는, 살아 숨 쉬는 몸을 가진 그들과 함께할 자격이 생기기 때문이다. 이외의 다른 접근 방법은 실망과 실패를 불러올 가능성이 크다. 왜냐하면 위대한 **현존**과 권능이 수 세기에 걸쳐 그들을 지켜왔으며, 지금도 여전히 그러하기 때문이다.

인간의 내적 순결, 힘, 성취는 그가 이러한 활동들 속으로 들어갈 수 있는, 그가 상승 마스터들과의 유대를 만들수 있는 유일한 열쇠다. 어떤 개인이 자신의 결점을 스스로, 의식적으로 수정함으로써 특정 지점에 도달하면 우주의 어떤 것도 그를 그 결점에 붙잡아둘 수 없다.

미국에는 대백색 형제단의 가장 오래된 빛의 초점 중하나가 있다. 그곳은 인류가 지구상에 출현했을 때부터 인류의 자유를 위해 일해온 상승 마스터들의 가장 오래된 은둔처이다. 만약 독자가 준비되었다면, 그리고 그가 자신의 내적 빛으로 강력한 신적 광휘의 센터를 통해 쏟아지는 위대한 빛과 의식적으로 접촉할 수 있다면 이 은둔처에서 일어나는 활동 중 일부가 독자에게 밝혀질 것이다. 그리고 이렇게 됨으로써 독자는 다시 한번 고대 지혜의 샘을 들이키게 될 것이며 그의 지친 형제들에게 평화, 사랑, 힘 그리고 승리의 크리스털 컵을 전해주게 될 것이다.

이 책을 대중에게 공개하는 이유는 사람들에게 격려와 힘을 전달하기 위함이다. 이 격려와 힘은 지금 우리가 들어와 있는 이 과도기적 시기 동안 사람들을 고무시키고 지탱해줄 것이다. 또, 지금 이 순간 만들어지고 있는 미국의 미래와 다가오는 시대에 대한 확고하고 온건한 기초를 밝

24

허줄 것이다.

이 책은 샤스타산의 장엄한 현존 속에서 집필되었다. 샤스타산의 봉우리는 '영원의 빛'을 상징하는, 순수하고 반짝이는 순백색 눈을 영원히 입고 있으리라. 이 책은 친애하는 마스터 세인트 저메인과 지구 인류를 돕기 위해 끊임없이 봉사하는 다른 위대한 상승 마스터와 대면한 기록이다. 또, 이 책에는 평화, 사랑, 빛, 영원한 완전성으로 가는 길에서 고군분투한 나의 이야기가 담겨 있다.

이런 경험을 한 나는 생명의 진리를 '절대 확신할 정도로' 보고, 듣고, 알고 싶다는 엄청난 열망을 내면에 변함없이 가지고 있었다. 나는 내 존재 안에 있는 전능하신 하나님의 **현존** — 세상으로 들어오는 모든 사람을 밝혀주는 빛 — 인 그리스도를 깨닫고 받아들일 수 있도록 차근차근 인도되었다. **빛**, 전지하신 편재, 조금도 틀리지 않는 정확한 활동과 접촉하는 길이 내게 드러났으며 나는 이 책에서 독자들에게 그것을 알리고자 한다.

나는 내가 받은 가르침과 실제 발생했던 사건의 일부만을 기록할 수 있었다. 나의 엄청난 열망은 하나씩 하나씩 이루어졌다. 왜냐하면 이것들은 이기심 없는 열망이었기 때문이다. 진리와 행복에 대한 나의 탐구는 길고 꾸준했고, 나는 이 둘 모두를 발견할 수 있었다. 그 어떤 누구도 내게서 이것을 빼앗아갈 수는 없을 것이다. 진리와 행복은 '영원하며', 나 자신의 위대한 신적 자아로부터 나온 것이기 때문이다.

나는 이런 경험을 책으로 내며 독자가 **빛**과 축복을 받고, 영원한 행복을 찾을 수 있는 단 하나의 길인 진리의 길을 걸으며 번창하기를 마음 깊이 기도한다. 오직 그 길을 걸을 때만 **빛**을 따르는 구도자는 영원한 평화를 찾고 사랑의 사도가 될 수 있다. 만약 이 책을 세상으로 내보내려는 지금의 내 노력이 나처럼 **빛**을 간구해온 사람들에게 내가 받았던 사랑, 빛, 행복을 전달하는 데 조금이라도 보탬이 되었다면 나는 충분한 보상을 받은 셈이다.

이 책에는 "진실은 허구보다 더 낯설다"라는 말이 적용된다. 이 책의 내용을 받아들이느냐 거부하느냐는 독자의 마음이지만 내게 도움을 주었던 상승 마스터들은 종종 이렇게 말씀하셨다. "더 많은 인류가 우리의 **존재**를 받아들일수록 우리가 인류를 도울 수 있는 문도 더 활짝 열린다. 그러나 이 진리에 동의하지 않는 사람이 우리를 거부한다고 해서 우리가 사라진다거나 우리가 우주에서 벌이는 활동들이 바뀌는 것은 아니다."

이 책에 기록된 진리를 받아들이는 이들은 새롭고 강력한 **힘**이 자신의 삶 속으로 들어오는 것을 발견하게 될 것이다. 이 진리가 인쇄된 이 책은 전능한 **현존**, 그리고 그 현존의 광휘와 생명력(Sustaining Power)을 전달해준다. 이 책의 내용을 성실하게, 깊게, 끈질기게, 진심으로 공부하는 모든 이들은 이 힘과 **현존**의 실재를 알게 되고, 또 접하게 될 것이다. 나는 이 책을 읽는 이들에게 이렇게 말하고 싶다. 이 경험들은 인류가 오늘날 이 지구상에 존재하는 것만큼이나 실제이며 진실이라고. 그리고 이 경험들은 미국 캘리포니아주 샤스타산에서 1930년 8월에서 10월까지 벌어진 실제 일들이라고.

— 고드프리 레이 킹

〈상승〉

차네라* 지음

나의 신적 불꽃이 이마에 닿는 것이 느껴지네
사랑의 숨결, 영원한 지금
눈을 들어 보니 아, 알겠구나
나 자신의 위대한 신적 자아 내 위에 계신다

눈부신 구름이 모든 것을 감싸고
나 자신의 신적 현존이 부르시는 소리가 들리네
사랑의 위대한 힘이 솟구치는 것이 느껴지고
나는 그것의 깊은 숨결 — 빛 — 속으로 들어가네

---

* Chanera: 고드프리 레이 킹의 쌍둥이 광선이자 아내인 로터스 레이 킹의 필명.

나는 내면의 이 맥동하는 불꽃을 보네

나의 비밀 이름이 들려오고, 나는 그것을 듣네

나는 불빛 — 위대한 불꽃의 숨결 — 을 느끼네

'나는'(I AM) 죽음을 이겨낸 승리자

나는 자유로이 서 있고, 이제 상승하네

내 가슴의 빛에게 모든 것이 고개를 숙이네

'나는' 스스로 존재하는 자이며

이 존재의 기인은 사랑 — 신성한 기품 — 이라네

나는 생명을 쏟아붓고, 고양되고, 상승하네

내 가슴은 넘쳐흐르고, 찬양하며 노래하네

내 힘은 더 강해지고 영감을 받으며

내 위대한 빛의 광선들은 하나님의 불이니

'나는' 태양이고, 내 사랑은 그 빛이라!

다른 모든 것은 희미해지고, 지구는 시야에서 사라지네

나는 아네, '나는' 하나님이라는 것을

근원, 그 위대하고 위대하신 중심 태양

1

Meeting the Master

마스터와의 만남

샤스타^{Shasta}산은 서쪽 하늘을 배경으로 우뚝 서 있었다. 산 아래에 자라고 있는 소나무와 전나무는 이 산을 마치 초록빛 링에 세팅된, 백광으로 빛나고 있는 다이아몬드처럼 보이게 했다. 눈 덮인 산봉우리는 반짝거렸고, 해가 지평선으로 내려가 그림자가 드리워지면서 순간순간 산봉우리의 색이 달라지고 있었다.

지역 전설에 따르면 이 산에는 '샤스타산의 형제단'(The Brotherhood of Mount Shasta)이라고 불리는 신성한 존재들의 그룹이 있다고 하는데, 이들은 대백색 형제단(Great White Lodge)의 일부이며 아주 먼 고대부터 오늘날까지 계속해서 그 맥이 이어져왔다고 한다.

나는 연방정부와 관련된 업무를 맡아 산자락에 위치한 작은 마을에 일정 기간 파견되었고, 공무를 보는 시간을 제외한 나머지 시간은 이 형제단에 관한 소문이 사실인지 알아보고 싶은 마음에 산 근처를 여기저기 돌아다녔다. 나는 동양을 여행하면서 배운 것이 있었는데, 바로 대부분의 소문, 신화, 전설은 그 근원에 있어서 일반인들보다는 궁극의 진리를 구하는 학생만이 알아볼 수 있는 진실이 있다는 것이었다.

나는 샤스타산과 사랑에 빠졌고, 매일 아침 거의 무의식적으로 샤스타산의 영과 이 전설의 형제단의 멤버들에게 나의 경외심을 보냈다. 나는 이 지역 전체에서 뭔가 비범함을 느낄 수 있었는데, 여기서 내가 경험했던 일들을 돌이켜보면 이 산은 아주 오랜 세월 동안 그 특별함을 유지해왔던 것이 분명하다.

홀로 생각해야 할 것이 있거나 뭔가 중요한 결정을 내려야 할 때면 산길을 따라 긴 하이킹을 하는 것이 내 습관이 되었다. 나는 여기, 이 자연의 위대한 거인 안에서 즐거움과 영감을 얻을 수 있었으며 내 영혼을 감싸주고 몸과 마음을 재충전해주는 평화를 찾을 수 있었다.

여느 날처럼 나는 또다시 산의 중심부로 깊이 들어가 이런 깊은 숙고의 시간을 보낼 요량으로 하이킹을 떠났다.

그러나 뒤이어진 경험은 다시 일상으로 돌아가 공무에 매진하기 전까지, 내가 다른 행성에 와 있는 것이 아닌가 하고 생각해봐야 할 정도로 내 삶을 완전히 뒤바꿔놓았다.

그날 아침, 나는 해가 뜨기 전 새벽에 집을 나서서 마음이 이끄는 대로 걸을 작정을 하고는 조금은 막연한 마음으로 신께서 내 길을 인도해주시기를 기도했다. 정오쯤 나는 산 중턱에 올랐는데, 그곳의 남쪽 풍광은 마치 꿈처럼 아름다웠다.

오후가 되면서 점점 날씨가 더워졌고 나는 휴식을 취할 겸 자주 멈춰 서서 매클라우드McCloud강과 계곡, 그리고 마을 주변으로 길게 뻗어 있는 이 넓은 지역의 빼어난 풍경을 감상했다. 점심을 먹을 시간이 되었을 때, 나는 맑고 차가운 샘물을 찾았다. 손에 든 컵으로 물을 뜨기 위해 몸을 숙인 그때, 머리부터 발끝까지 전류가 흐르는 것이 느껴졌다.

나는 주변을 둘러보았는데, 바로 내 뒤에 한 젊은 남자가 서 있었다. 언뜻 보기에는 나처럼 하이킹을 온 사람 같았다. 나는 그를 더 자세히 살펴보았고, 그가 평범한 사람이 아니라는 사실을 즉시 깨달았다. 이 생각이 내 마음에 스쳐 지나간 순간, 그가 미소를 지으며 다음과 같이 말을 걸어왔다.

"형제여, 당신이 손에 든 그 컵을 잠깐 준다면 내가 그

샘물보다 훨씬 더 생명력으로 가득 찬 음료를 주겠습니다." 나는 그에게 컵을 주었고, 컵은 부드러운 크림처럼 보이는 어떤 액체로 금방 가득 찼다. 나에게 컵을 돌려주며 그가 말했다.

"이걸 마시세요."

액체를 마신 나는 화들짝 놀랐다. 맛있는 것은 물론이거니와, 내 몸과 마음이 순간적으로 전기에 충전된 것처럼 활기를 되찾아 헉 소리가 날 정도로 놀랐기 때문이다. 나는 그가 컵 속에 그 어떠한 것도 넣는 모습을 보지 못했으므로 무슨 일이 일어난 건지 궁금했다.

"당신이 방금 마신 액체는 순수한, 살아 있는 생명 그 자체인 우주의 창고(Universal Supply)에서 직접 온 것입니다. 달리 말하자면 이것은 만상에 편재한 생명 그 자체에서 온 것이죠. 이 생명은 우리 주변의 모든 곳에 존재하고 있습니다. 만약 우리가 충분한 사랑을 가지고 명령한다면 이것은 우리의 의식적 통제와 명령에 기꺼이 복종하여 따르게 됩니다. 우주 전체가 사랑의 명령에 순종하기 때문이죠. 사랑으로 명령할 때, 내가 현현하기를 원하는 모든 것이 그 순간 나타납니다. 그래서 내가 당신을 위해 원한 그것이 컵 속에 나타난 것입니다. 보세요! 내가 손을 내밀어 금을 원하기만 하면 금은 여기 있게 됩니다." 그 순간 그의 손바닥 위에는 10달러어치의 작은 금덩이가 놓여 있었다. 그가 이어서 말했다.

"나는 당신 안에 이 위대한 법칙에 대한 어떤 내적 이해가 있음을 봅니다. 그렇지만 당신의 외적 의식은 이 법칙을 스스로 사용해서 편재한 우주의 근원 창고에서 원하는 것을 끌어올 수 있을 만큼 이를 충분히 인식하지 못하고 있습니다. 당신은 이러한 법칙의 현현을 목격할 수 있기를 흔들림 없이, 진심으로 아주 강하게 열망해왔습니다. 따라서 오늘의 이러한 일들이 당신에게 일어나는 것이 더는 늦추어질 수 없었던 겁니다.

하지만 물질화는 존재의 위대한 진리의 활동 중 하나일 뿐입니다. 만약 당신의 그 내적 갈망이 이기적인 동기 혹은 단순 호기심에서 자유롭지 못한 것이었다면 오늘의 이런 경험은 결코 당신에게 찾아오지 않았을 겁니다. 오늘 아침 집을 나서면서, 당신의 외적 마음은 평소처럼 하이킹을 하러 간다고 생각했습니다. 그러나 좀더 깊은 측면에서 보면, 당신은 내재한 신적 자아에서 나온 충동을 따라 당신이 정말로 간절히 열망했던 것들이 실현될 수 있는 장소와 상황, 사람에게로 스스로를 이끈 것입니다.

생명의 진리는 당신이 이 우주에서 현현할 수 있는 모든 가능성들을 창조할 수 있음을 가르쳐줍니다. 그리고 이 창조의 욕구가 강렬한 '감정'을 수반할 때 이 욕구는 더 빨리 충족됩니다. 그렇지만 어떤 이가 어리석게도 하나님의 자녀들이나 그의 다른 창조물들을 파괴하고 고통을 주는 것을 창조하기를 욕구한다면, 그는 자신의 인생에서 그 부조화와 실패에 대한 대가를 경험하게 될 겁니다.

하나님께서는 그의 자녀들 모두가 모든 선한 것들의 풍요와 완전성 속에서 살아가길 바라십니다. 이것을 완전히 깨닫는 것은 진실로 중요합니다. 하나님은 완전성을 창조하셨으며 그의 자녀들에게도 그와 완전히 똑같은 권능을 주셨습니다. 따라서 하나님께서는 하나님의 자녀들이 완전성을 창조하기를, 그리하여 이들이 지구와 지상의 모든 창조물들에 대한 신적 주권을 행사하고 표현하기를 바라십니다. 인류는 원래 하나님의 이미지 그대로 창조되었습니다. 그런데도 인류가 이 신적 주권을 행사하지 못하고 있는 것은 단 한 가지 이유 때문인데, 바로 그들에게 부여된 '그가 사는 세계를 다스릴 수 있는 신성한 권리'를 의식적으로 사용하지 않기 때문입니다. 다시 말해, 하나님의 자녀들이 모든 창조물들을 향해 평화와 축복의 파동을 의식적으로 방사함으로써 이루어지는, 하나님의 사랑의 법칙에 순종하고 있지 않기 때문입니다.

이것은 인류가 자신이 '가장 높은, 살아 계신 하나님의 신전'임을 받아들이고 인정하며, 이 깨달음을 굳은 의지로써 자신의 의식에서 유지하지 못하고 있기 때문입니다. 지금처럼 시공간 안에 한계 지어진 인류는, 마치 돈이 필요하면서도 손을 내밀어 돈을 받지 않으려는 자와 비슷한 상황에 처해 있습니다. 돈이 필요한 사람이 앞으로 나와서 자신 앞에 내밀어져 있는 풍요를 받지 않으려 한다면 도대체 어떻게 그가 도움과 이익을 얻을 수 있겠습니까?

오늘날 대부분의 인류가 이 비유와 정확히 일치하는 의식 상태에 있습니다. 하나님이 자신의 가슴 안에 계시고, 하나님이야말로 이 세계에 현현되는 모든 선함의 주인(Owner)이요, 주시는 이(Giver)요, 행하시는 이(Doer)라는 진리를 인류가 받아들일 때까지는 이런 상황이 계속될 것입니다.

모든 인간의 '개체적 자아'는 인간의 외부적 활동과 의식 안에 있는 그 어떤 것도 진실로 자신의 것이 아니라는 사실을 완전히, 그리고 조건 없이 인정해야 합니다. 하다못해, 그가 자신 안에 내재한 위대하신 하나님을 인식할 수 있게 하는 에너지조차도 하나님에게서 나오고 있는 것입니다.

내재하신 그 위대한 자아를 향한 사랑과 감사, 그리고 진리, 건강, 자유, 평화, 풍요 등과 같은 올바른 창조력의 사용을 당신의 의식적 마음 안에 흔들리지 않은 채로 붙들고 있을 수 있다면 그것들은 베풀고 봉사하고자 하는 사랑과 자비의 마음을 통한 감정에 의해, 그리고 우주의 위대한 자력의 법칙에 의해 당신이 쓸 수 있도록 이 창조계*에 나타날 것입니다.

영원히 변치 않는 생명의 법칙은 다음과 같습니다. '당신이 생각하고 느끼는 것은 무엇이든 이 세계에 형태로 나타난다. 당신이 생각하는 곳이 당신이 존재하는 곳이다. 당신과 당신의 의식이 진실로 하나이기 때문이다. 당신은 당신이 명상하는 대상의 형태 그대로 존재하게 된다.'

누군가가 미움, 저주, 욕심, 부러움, 질투, 비판, 두려움, 의심 또는 의혹 등과 같은 부정적인 것에 상념과 생각을 집중하고 자신의 감정을 이 상념들에 놓아둔다면 그는 반드시 부조화와 실패 그리고 큰 피해를 자신의 세계로 불러오게 될 것입니다. 국가, 사람, 장소, 상황, 사물 등 그것이 어떤 것에 대한 생각이든 상관없이, 이러한 상념이 자신의

---

* 7차원 아래의 모든 다차원계를 의미한다. 이 차원들은 영혼이 배우고 성장하는 학교와 같다. 어린 영혼들은 여기서 하나님께서 주시는 창조 에너지를 어떻게 지혜롭고 책임 있게 쓸 수 있는지에 대해 배우고 성장하게 된다. 영적 성장을 통해 이 단계들을 마스터한 성숙한 영혼들은 아버지 우주(Father Universe)로 불리는 더 높은 우주로 올라가 창조주 하나님의 자녀로서 더 높은 지혜와 권능의 차원으로의 성장을 계속하게 된다.

의식에 계속 거하도록 허용하는 것은 곧 자신의 의식으로 이러한 부조화의 활동을 계속해서 흡수하고 있는 것입니다. 이러한 어려움과 고통을 자기 자신이 경험하도록 '스스로를 밀어 넣는' 꼴과 같은 것이지요.

이런 모든 부조화적인 창조물들은 그의 상념과 감정에 의해 그 자신의 내면과 그의 세계에 나타납니다. 어떤 경우, 당신이 자신의 외적 의식에서 한 특정 생각을 인식하기도 전에 이에 대한 습관적인 감정 에너지가 순간적으로 떠오를 때가 있습니다. 이런 경험들은 당신이 무의식적으로 그리고 습관적으로 자신의 의식 안에 창조해 쌓아왔던 에너지가 얼마나 큰지를 보여줍니다.

생명의 감정적 활동은 인간의 의식에서 가장 취약한 부분입니다. 이러한 무의식적 감정 에너지의 축적에 의해 생각이 물질의 원자를 구성하는 창조계로 투사되고, 결국 상념은 물질화되어 나타납니다. 의식과 무의식에서 올라오는 '느낌의 통제'가 얼마나 중요한 것인지는 아무리 강조해도 지나치지 않습니다. 감정을 통제하는 것은 생명의 활동에 있어, 마음의 균형과 몸의 건강을 유지하는 데 있어, 그리고 마침내는 이 세계에서의 일의 성공과 성취를 이루는 데 있어 가장 중요하기 때문입니다. 생각은 감정의 옷을 입기 전에는 결코 사물이 될 수 없습니다.

성령은 생명이신 하나님의 감정적인 부분이고 신성한 사랑의 활동이며 하나님의 모성의 표현입니다. 성령에 대한 죄가 크나큰 괴로움을 불러일으키는 이유가 바로 이겁니다. 모든 감정 안에 나타나는 어떤 형태의 부조화도 사랑의 법칙, 즉 균형, 조화, 완전성의 법칙을 거스르는 것이기 때문입니다.

우주에서 이 사랑의 법칙을 거스르는 가장 큰 죄악은 인류가 매 순간 내보내고 있는, 파괴적이고 흥분된 감정입니다.

언젠가 인류는 자신이 매일 경험하는 개인적인 감정의 파도를 통제할 수 없을 때, 현재 지구 위와 그 하위 차원에 존재하는 사악하고 파괴적인 세력들이 자신을 표적으로 삼아 영향을 줄 수 있다는 사실을 깨닫게 될 것입니다.

하지만 아무리 파괴적인 상념이라 해도 감정의 세계를 통과하지 않고는 그것이 행위로 나타날 수도, 물질계에서 나타날 수도 없습니다. 왜냐하면 물질적 원자들은 이 감정체 혹은 감정계의 단계에서 구체적 상념에 의해 형태로 나타나기 때문입니다.

갑작스러운 폭발음이 그것을 듣는 사람의 신경계에 충격을 주어 육신을 구성하는 세포 구조에 급격히 떨리는 느낌을 만들어내는 것처럼, 흥분되어 있는 사람의 상념과 감정의 폭발들은 '의식적'으로든 '무의식적'으로든 — 의도적이었든 그렇지 않든 — 이러한 부조화적인 파동을 내보내는 사람의 마음과 몸 그리고 그의 세계를 이루고 있는 원자들의 구조 안에 있는 미묘한 에너지체들에 충격을 줍니다. 그리고 결국에는 이들을 방해, 분해하게 됩니다.

부조화스러운 감정은 육신의 노화와 기억력 감소 등과 같은, 인간적 경험 세계에서의 모든 실패들을 만들어냅니다. 부조화스러운 감정이 육신에 미치는 영향은, 비유하자면 건물의 벽돌을 고정해주는 시멘트가 반복적인 충격을 받게 되는, 그리고 그 강도가 매일 증가하는 상황과 같습니다. 시멘트를 구성하는 입자들에 이렇게 계속 충격이 가해지면 벽돌을 붙잡고 있는 힘이 약해져서 결국 건물은 통째로 무너져내릴 것입니다. 바로 이것이 인류가 '끊임없이' 자신의 몸을 이루는 원자 구조물에 행하고 있는 일입니다.

부조화스러운 상념과 감정에 집중함으로써 이것이 그대로 자신 안에 표현되도록 허용하는 일에는 사실상 노력이 거의 필요하지 않습니다. 이렇게 하는 것은 미성숙하고 훈련되지 않은 인류의 습관적 활동이기도 합니다. 아집만이 강해진 인류는 '자신이 존재하는 법칙'(Law of his own Being)을 이해하기를 거부하고 그 법칙에 순종하기를 거부

41

합니다.

자신의 생각과 감정을 통제하지 못하거나 통제하지 않으려는 이는 나쁜 길에 들어서 있는 것입니다. 그의 의식의 모든 문은 다른 사람의 감정과 마음의 파동에 의해 촉발되는 파괴적인 활동에 대해 활짝 열려 있기 때문입니다. 몰인정하고 파괴적인 충동에 굴복하는 데는 힘이나 지혜가 필요하지 않으며, 그 어떤 훈련도 필요하지 않습니다. 이런 충동에 굴복하는 인간은 그가 완전히 자란 성인이라해도 자기통제의 발달 면에서 보면 그저 어린아이에 불과하지요.

요람에서 무덤까지, 인류가 감정의 통제에 대해 거의 배우지 못했다는 사실은 인류의 삶에 드리워진 어두운 그림자입니다. 오늘날의 서구 세계에 그 무엇보다도 필요한 것은 이러한 점에 대한 '주의와 성찰'입니다. 부조화스러운 생각, 감정, 활동에 굴복하기는 쉽습니다. 예전에도 그랬듯, 지금 대부분의 인류는 전적으로 스스로 창조해낸 부조화스러운 환경과 인간적 관계들에 둘러싸여 있기 때문입니다.

한계 지어진 상황들을 '영원히' 초월하기 위해, 인간은 외적 의식을 통제하여 이러한 상황에서 벗어날 수 있도록 자유의지로 노력해야 합니다. 인간이 자신의 생각과 감정을 통제할 수 있기 전까지는 다른 어떤 이도 그를 불행, 부조화, 파괴적인 상황들에서 벗어나게 할 수 없을 것입니다. 이런 식으로, 인류는 편재한 '생명'이 자신의 마음과 육체로 온전히 흘러들어오는 것을 막고 있습니다. 그리하여 그는 부조화적 특성들을 자신의 생명의 흐름 속으로 가져오게 되는데, 이러한 부조화는 결국 그의 의식 안에서 일어난, 조화를 깨뜨리는 모든 세세한 것들에서 시작된 것입니다.

95퍼센트 인류의 감정과 생각들은 마치 작은 떠돌이 개처럼 통제되지 않은 채로 아무렇게나 떠돌아다니고 있습니다. 따라서 처음에는 많은 훈련과 끊임없는 노력이 필요한 것이 사실입니다.

하지만 생각과 감정이라는 이 두 활동을 통제하는 데 얼마나 많은 시간, 에너지, 노력을 들이든지 간에 이를 이루어내는 것은 충분히 가치 있는 일입니다. 자신의 삶과 세상에 대한 '영원한 주권'의 회복은 이런 노력 없이는 얻을 수 없는 것이니 말입니다. 내가 이 높은 법칙들의 사용법을 당신에게 가르칠 수 있다면 그것은 나에게 큰 기쁨이자 특권이 될 것입니다. 높은 법칙들의 올바른 적용과 활용은 당신 안에 내재한 참된 지혜와 모든 완전성이 나타날 수 있도록 도와줍니다.

자기 자신의 상념과 감정을 통제하는 가장 기본적인 첫 번째 단계는 몸과 마음의 '모든 외적 활동'을 고요히 하여 멈추는 것에서 시작됩니다. 자기 전 15분에서 30분, 아침에 일어나 하루를 시작하기 전 15분에서 30분 정도 내가 지금 알려드리는 수행을 하기 위해 노력하는 이에게는 놀라운 결과가 있게 될 것입니다.

　　두 번째 단계는 방해받지 않는 조용한 곳에서 몸과 마음의 활동을 완전히 멈추어 고요히 하는 것입니다. 그리고 눈부시게 반짝이는 백광(Dazzling White Light)에 자신의 육체가 감싸이는 것을 '느끼십시오.' 처음 5분 동안은 이 백광에 싸인 몸에 의식을 집중하세요. 그다음에는 가슴 중앙의 황금빛 태양으로 시각화할 수 있는, 내재하신 권능의 하나님과 당신의 외적 자아 간의 연결을 인식하고 또 '강하게 느껴보십시오.'

　　다음으로는 이 연결에 대한 인정의 단계가 필요합니다. '나는 지금 기쁘게 내 안에 내재한 신성한 하나님, 즉 순수한 그리스도를 완전히 받아들입니다' 하고 말하세요. 이 **빛**의 '크나큰 광휘'를 느껴보세요. 최소한 10분 이상 그 **광휘**가 몸의 세포 하나하나에서 더 '강렬하게' 타오르는 것을 느껴보세요.

　　그리고 다음과 같은 선언과 함께 명상을 마치세요. '**나**

는 내 안에 내재하신 이 빛의 아이(자녀)입니다. 나는 내 안에 내재하신 이 빛을 사랑합니다. 나는 내 안에 내재하신 이 빛에 봉사합니다. 나는 내재하신 이 빛과 함께 살아갑니다. 나는 보호되고, 밝아졌으며, 풍성하고 양육하는 빛에 잠겨 있습니다. 나는 내 안에 내재하신 이 빛을 축복하고 감사합니다.'

항상 기억하십시오. '사람은 자신이 명상하는 대상 그대로 존재하게 됩니다.' 만물이 빛에서 나왔기 때문에 빛은 최고의 완전성이자 권능 그 자체입니다.

빛에 대한 '묵상'과 '숭배'는 마음 안에서 '밝은 빛(illumination)' — 건강, 힘, 몸의 질서 — 이 나타나도록 합니다. 진정으로 빛을 묵상하고 숭배하며 그것을 유지하려 노력하는 사람이 있다면 그의 일에는 성공과 조화, 평화가 나타나게 됩니다.

시대와 상황을 불문하고 생명의 가장 위대한 업적을 표현해온 이들은 빛은 지고하고, 어디에나 있으며 우주 만상이 빛 속에 존재한다는 말을 해왔습니다.

이러한 진리는 오늘날에도 사실이듯이 백만 년 전에도 사실이었습니다. 인류의 기록이 남아 있는 가장 오래된 시대부터 살펴보면, 지혜롭고 위대한 이들의 몸과 머리에서 빛이 방사되어 나온다는 묘사가 모든 시대에 존재해왔습니다.

그들이 묘사한 **빛**은 당신의 집에 있는 전등불만큼이나 '실제적인' 것입니다. 각각의 사람들이 발산하는 **빛**을 보여줄 기계가 개발될 날이 머지않았습니다. 그때가 되면 누구든 물리적 시각으로 이를 관찰할 수 있게 될 겁니다. 이 기계는 오염되거나 변색된 오라의 부분들, 즉 하나님의 **빛** 주변에 낀 안개까지도 보여주는데, 이는 개인적 자아가 부조화스러운 상념과 느낌을 통해 만들어낸 것입니다. 바로 이것만이 위대한 생명과 그 에너지의 흐름이 오용되고 오염되는 길입니다.

만약 당신이 이 수행을 신실하게 매일 행하고, 이 백광의 **빛**을 당신의 몸과 마음을 이루고 있는 모든 원자들 안에서 깊고 강하게 느낄 수 있다면, 당신은 이 안에 영원히 내재한, 놀라운 활동과 권능 그리고 완전성에 대한 차고 넘치는 증거들을 받게 될 것입니다. 이 활동과 권능, 완전성은 **빛** 속에 깃든 것이며 **빛** 속에서 영원히 활동합니다. 당신이 아주 짧은 순간만이라도 이것을 경험한다면 당신은 더 이상 이에 대한 증거가 필요치 않게 될 것입니다. 왜냐하면 당신 자신이 그 증거가 될 것이기 때문입니다. 이 **빛**이 바로 하나님의 왕국입니다. 이 **빛**으로 들어가서 평안에 머무십시오. 아버지의 집으로 돌아가십시오.

이 연습을 열흘 정도 행한 후에는 아침, 점심, 저녁으로 하루에 세 번 행하는 것이 좋습니다. '저는 바빠서 그만큼의 시간을 못 내는데요'라고 불평하는 사람도 종종 있습니다. 나는 그런 이들에게 이렇게 말해주고 싶습니다.

'타인 혹은 상황이 자신이 원하는 것과 다르다는 이유 하나로 그들을 비판하고, 비난하고, 판단하는 데 쓰는 시간을 차라리 자신의 내재한 신성을 인식하고 **빛**을 올바로 사용하는 데 쓰세요. 이를 굳은 결의로 밀고 나간다면 지상에 천국을 현현시키게 될 겁니다. 불가능은 없습니다. 내재하신 신성의 **빛**은 절대로 실패하지 않습니다!'

빛은 질서, 평화, 완전성을 창조하고 유지하는 하나님의 방식입니다. 하고자 하는 '열망'만 충분히 강하다면 지구상의 모든 인간은 이를 연습할 시간을 가질 수 있습니다. 그가 '진정으로' 자기 자신을 고양시키기 위해 이 훈련을 하길 원한다면 열망의 '강렬함' 그 자체가 사람과 상황들, 그리고 그의 삶에서 일어나는 일들을 재구성하여 그 시간을 내주기 때문입니다. 이 법칙에서 벗어난 이는 단 한 명도 없습니다. 왜냐하면, 건설적인 무언가를 하고자 하는 강렬한 열망이 '충분히 강해지면' 그 의도 자체가 신적 권능이 되어 욕망한 것을 창조하고 표현하는 데 필요한 에너지를 발산하기 때문입니다.

모든 사람은 하나님의 전능하신 현존과 접촉할 수 있는 최고의 특권을 지니고 있습니다. 이것은 개인적인 자아 및 그의 세상을 지상의 부조화와 한계 위로 고양시켜줄 유일한 힘입니다. 이러한 사실은 예전이나 지금이나 같으며, 앞으로도 역시 그러할 것입니다.

사랑하는 고드프리, 당신의 위대한 투지로써 이를 시도해보십시오. 그리고 '당신 안에 하나님이 계시기에 당신의 승리는 이미 확실히 정해진 것'이라는 점을 아십시오."

그의 가르침이 끝났을 때, 나는 그가 분명 여러 상승 마스터 중 한 명이라는 사실을 깨닫기 시작했다. 그는 자신의 몸을 물질화함으로써 원소(element)를 지배할 수 있다는 증거를 보여주었을 뿐 아니라, 자신이 한 일을 설명해주고 가르쳐주었기 때문이다. 나는 그가 나를 어떻게 알았는지 궁금했다.

그러자 그가 단번에 내 생각을 읽고 말했다. "고드프리, 내가 당신을 알게 된 것은 아주 오래전부터였습니다. 당신은 의식적인 노력으로 스스로의 상념을 고양시켰지요. 그리고 그것이 지금 당신과 나의 만남을 가능하게 했습니다. 나는 우리가 각자의 높은 진동수의 몸(finer body)으로 있을 때 언제나 당신과 접촉해왔습니다. 하지만 상승 마스터들 중 한 명과 접촉하고 싶어하는 당신의 의식적 노력으로 인해 나는 훨씬 가시적인 방식으로, 즉 당신이 육체적 감각으로 감지할 수 있는 방식으로 당신 앞에 나타날 수 있었습니다.

당신이 나를 외적 의식 속에서는 잘 인식하지 못한다는 것을 알고 있습니다. 나는 당신이 태어났을 때 그리고 당신의 육신의 어머니가 돌아가셨을 때도 당신과 함께 있었고, 당신과 로터스가 정확한 시간에 한데 모이도록 했습니다.

또, 나는 당신과 당신의 아들이 이번 생애에서 지금과 같은 관계로 태어날 수 있도록 도왔습니다.

하지만 인내심을 가지십시오. 잠시 가만히 앉아 나를 면밀히 살펴보십시오. 내 진정한 모습을 보여주겠습니다." 내가 그의 요청대로 하자 1분이 채 지나기도 전에 그의 얼굴, 몸, 옷차림이 살아 숨 쉬는 마스터 세인트 저메인의 '현현'으로 변형되었다. 내가 깜짝 놀라자 그는 그런 나를 보고 즐거워하면서 웃었다.

내 앞에 서 있는 그는 하나님과 같은, 참으로 아름다운 인물이었으며 보석이 박힌 흰 로브를 입고 있었다. 그의 눈에서 반짝이는 빛과 사랑은 그가 지닌 권능과 신적 주권을 드러내고 증명해주었다.

"이것은 내가 인류의 복지를 위해 일하는 대부분의 시간 동안 쓰는 몸이란다. 하지만 외적 세계의 일들과 더 긴

밀한 접촉이 필요할 때도 있지. 그럴 땐 그 나라의 옷과 특징에 맞춘 몸을 입는단다." 그가 설명했다.

"아!" 내가 외쳤다. "이제 당신을 알겠어요. 나는 의식의 내적 차원에서 당신을 그런 식으로 여러 번 봐왔죠."

"애야, '진정한 마스터리'가 무엇인지 모르겠니? 상승 상태에 있는 우리는 마치 도공이 점토를 빚듯 우리 세계의 원자 구조를 통제할 수 있단다. 우주 속 모든 전자와 원자는 우리의 바람과 명령에 순종하지. 이는 우리가 통제하는 신적 권능 때문이며 우리가 지휘자가 될 '권리를 얻었기' 때문이야. 상승하지 못한 상태인 인류는 이런 것들에 경이로워하지. 하지만 우리가 외모를 변화시키거나 몸을 바꾸는 것은 평범한 사람이 옷을 갈아입는 만큼의 노력밖에 들지 않는단다. 자신이 창조한 한계 속에 스스로를 가두는, 인간 의식 속의 부적절한 조건은 바로 그들의 마음가짐이야. 이러한 마음가짐은 자신이 이해할 수 없는 것을 두려워하거나 조롱하지. 하지만 제일 나쁜 것은 '그건 불가능해'라는 무지의 말이란다. 특정한 인간적 조건에서는 어떤 것이 있을 수 없는 일일 수도 있어. 하지만 위대한 **빛**인 하나님의 자아는 모든 인간적 상황들을 바꿀 수 있기 때문에 불가능한 것은 아무것도 없단다.

모든 인류 한 사람 한 사람은 그 안에 내재하신 생명의 신성한 불꽃을 지니고 있어. 그리고 그의 신성한 자아는 우주 어디에 가든 자신의 신성한 주권을 가지고 있지. 만약 그가 자기 자신의 정신적 장애물로 인해 수많은 생애들을 통해 쌓은, 오래된 몸과 마음의 습관들을 청소하고 재정리하려 하지 않는다면 그는 영원히 스스로 만든 사슬에 묶인 채 살 수밖에 없단다. 그러나 만일 그가 자신 안에 내재하신 하나님을 알기를 선택한다면, 그리고 더 나아가 '용기를 내어' 자신의 외적 자아와 모든 활동들을 내재하신 신성한 자아에 온전히 맡긴다면 그는 원래부터 그에게 주어졌던 모든 창조물들에 대한 자신의 신성한 주권을 다시금 받게 될 거야.

많은 인류가 빠르게 깨어나고 있는 시기가 도래했단다. 인류는 자신이 몇백, 혹은 몇천 번의 삶을 각기 다른 육체로 계속해서 살아왔다는 것을 어떤 식으로든 이해해야만 해.

환생의 법칙은 인간의 성장 활동이란다. 또, 환생은 인간이 '의식적으로' 균형을 잃게끔 만든 상황 속에서 다시금 균형을 만들어낼 수 있는 기회이기도 해. 이것은 보상 — 원인과 결과 — 법칙의 한 활동인데, 다른 말로 우주 모든 곳의 모든 힘을 통치하는 자동적 균형 과정이라고도 불린단다. 이 법칙에 대한 올바른 이해는 완전히 부당해 보였던 많은 인간적 경험의 상황들을 설명해주지. 이 법칙은 인간 현실의 무한한 복잡성과 인간적 창조물의 경험에 대한 유일한 논리적 설명이야. 또한 이것은 현현하는 모든 것을 떠받치고 있는 법칙과 그것의 운용을 드러내고 있어. 법칙은 '우연'이나 '사고' 따위는 없다는 것을 알려준단다. 인류가 겪어가는 모든 일들은 정확한 지시를 내리는 완벽한 법칙 아래에 있어. 의식의 모든 경험은 과거 원인에 의한 것이야. 또, 의식의 모든 경험은 미래에 영향을 미치는 원인이 되기도 해.

한 남자가 어떤 생애에서 한 여자에게 상처를 입혔다면 그는 반드시 여성적인 모습으로 환생해 '자신이 그녀에게 한 행동'을 똑같이 경험하고 깨달을 때까지 계속해서 비슷한 경험을 하게 된단다. 여자가 남자에게 상처를 입혔거나 그를 부당하게 대한 경우도 마찬가지야. 인간은 오직 이런 방법만을 통해 자신이 세상 속에서 만들어낸 모든 것의 원인과 결과라는 두 가지 모두를 경험할 수 있어. 인간은 자신의 세계에서 그 어떤 것이든 창조하고 경험할 수 있단다. 하지만 만약 그의 선택이 다른 이들이 부조화를 경험하게 하는 것이라면, 그는 자신의 창조가 우주의 다른 생명에게 어떤 영향을 미쳤는지 이해할 때까지 그와 비슷한 상황을 겪어야만 해.

나와 같이 한때 네가 입었던 여성적 육체의 삶을 되살펴보자. 그 당시 너는 보기 드물 만큼 아름답고 힘 있는 목소리를 지닌 여가수였고, 매우 훌륭한 성취를 이뤘었지."

그가 말을 끝내는 즉시, 나는 어느새 내 몸 밖으로 나와 있었다. 그리고 내 몸이 땅 위에서 휴식을 취하는 것을 똑똑히 볼 수 있었다. 나는 산비탈에 있는 내 몸이 안전할까 궁금했는데 세인트 저메인이 그런 내 생각을 읽고 이렇게 답했다.

"불안해할 필요 없단다. 우리가 가 있는 동안에 네 몸을 해칠 수 있는 것은 아무것도 없어. 여길 보렴!" 그 순간 나는 하얀 불꽃이 15미터 지름의 원 모양으로 내 육체를 둘러싸고 있는 것을 보았다.

그는 오른팔로 나를 감쌌다. 우리는 급속도로 날아올랐지만 나는 그의 차원을 관통하는 듯한 진동적 움직임에 곧 적응하게 되었다. 공간을 이동한다는 뚜렷한 느낌이 없었는데도 불구하고, 우리는 곧 프랑스 남부의 한 마을을 내려다보고 있었다. 그가 말했다.

"여기서 너는 외동딸로 태어났었지. 네 어머니는 아름다운 여성이었고, 그녀의 삶은 이상주의의 본보기였어. 네 어머니는 그 당시의 대중보다도 훨씬 더 진보된 사람이었단다. 또, 너의 아버지는 최고로 헌신적인 남편이자 동반자였어. 아주 교양 있는 사람이자 초기 기독교 정신에 영감을 받은 사람이었지.

모든 환경의 대기에 있는 에테르가 그곳에서 발생한 모든 일을 기록한단다. 내가 이런 에테르적 기록들에 생기를 불어넣으면 너는 네 과거 삶의 모든 세부적인 것들을 보여주는, 살아 있는 사진들을 보게 될 거야.

너는 이 마을 교회에서 노래를 불렀고, 선생님과 함께 음악을 공부했단다. 선생님은 아이에게 필요한 공부를 할 수 있게 해달라고 네 부모님을 설득했었지. 너의 실력은 빠르게 성장했고, 파리로 이사를 한 뒤로는 더 큰 진전을 이루었어. 1년간의 집중적인 연습 끝에, 프랑스 여왕 앞에서 노래할 기회가 있었단다. 그리고 너는 여왕의 후원으로 그녀가 주최하는 많은 모임에 모습을 드러내게 되었지. 이 경험은 네게 성공적인 음악 경력을 보장해주었어. 그렇게 5년 동안 너는 많은 명성과 부를 축적했단다.

하지만 갑자기 너의 부모님 두 분 모두 죽음이라 불리는, 급작스러운 변화를 겪게 되지. 네가 받은 충격은 정말 커서 그 뒤 몇 주 동안 큰 병을 앓게 돼. 그렇게 병에서 회복한 너는 다시 음악회에 복귀했는데, 최근 겪은 큰 슬픔 때문인지 목소리에 새로운 호소력이 묻어나게 되었단다.

너의 음악 공부를 담당했던 남자는 네 대표작을 만든 감독이 되었고, 너는 그를 훌륭하고 믿을 만한 사람으로 생각하며 의지했단다. 그 후 14년 동안은 눈부신 성공을 거뒀어. 그리고 마침내, 너는 갑작스레 병에 걸려 일주일 도 채 되지 않아 세상을 떠났지. 너의 보석과 재산은 그 감 독에게 넘어가도록 되어 있었단다. 그리하여 다른 사람들 을 돕고, 네가 평생에 걸쳐 이루려 했던 어떤 계획들을 달 성할 수 있도록 말이야. 하지만 마지막 장례 의식이 끝나 자마자 그 남자의 내면에서 엄청난 변화가 일어났어. 탐욕 이 그를 완전히 지배해버린 거야. 이제 그 남자를 보여줄 게. 그는 네가 몇 년 전 이곳, 미국에서 사업차 만났던 사 람이란다. 이 정도 말했으면 이제 너도 누군지 알겠지."

그는 한 사업 협회를 내게 보여주었다. 그것은 10년쯤 전에 내가 서부에 있는 동안 벨기에 정부 대표자와 관련해 여러 사람을 도우려고 했던 사업 협회였다.

"그때 이 남자에게 프랑스에서의 잘못을 바로잡을 기회 가 주어졌었지." 세인트 저메인이 말했다. "그는 그 상황에 대해 대단히 잘 알고 있었어. 우리가 그에게 그것을 알려 줬거든. 하지만 그는 정의롭고 위대한 우주의 법칙을 실현 하고 네게 진 빚의 균형을 맞출 수 있을 만큼 충분히 강하 지 못했어. 만약 그가 자신의 자유의지로 그렇게 했더라면 그는 여러 방식으로 자유를 얻을 수 있었을 거고, 이번 생 에서 훨씬 더 빠르게 진보할 수 있었을 거야."

이처럼 외적 삶은 필연, 환생, 계속되는 투쟁과 고통의 수레바퀴에 인간을 묶어둔다. '내면에 있는 그리스도의 빛'이 우리를 밝히고 정화하도록 '허용'할 때까지, 즉 우리가 오직 하나님의 계획 — 그분의 창조를 위한 사랑, 평화, 완전성 — 에만 반응하게 될 때까지 말이다. 이것은 절대 잊지 못하는 교훈이 되었다. 왜냐하면 이러한 인간적 삶들의 통찰과 반추를 통한 실증적인 가르침은 마음의 경험뿐 아니라 비전^{vision}의 경험까지도 두뇌에 기록되도록 하기 때문이다. 가르침을 받는 이의 눈에 보이는 과거의 기록은 더욱 깊은 단계에서 받아들여지며, 필연적으로 인간 지성의 외적 활동으로부터 더 많은 주의와 관심을 받게 된다.

오랫동안 잊고 있었던 그 경험의 정수가 내 기억 속에 영구히, 그리고 확실히 자리를 잡았다. 지금도 그와 함께 그 경험을 관찰했을 때만큼 선명하게 그 경험들의 세부 사항을 확실히 기억할 수 있을 정도니까 말이다.

"이제, 이집트에서의 네 전생을 보도록 하자." 그가 말했다.

우리는 지구 위로 떠올라 빠른 속도로 움직였다. 우리가 지중해의 아름다운 물결 위를 지날 때 나는 즉각 이를 알아보았다. 우리는 카르나크^{Karnak}와 룩소르^{Luxor}로 갔고, 다시 지구로 내려왔다.

"잘 보렴." 그가 말했다. "이 기록은 룩소르에 있는 아주 오래된 신전에 관한 것이란다. 이 신전은 오늘날 고고학자들이 발굴하고 있는 그런 유적 같은 게 아니야. 지금껏 밝혀진 그 어떤 유적보다도 훨씬 오래된 신전이지. 만약 고고학자들이 어디를 파헤쳐 보아야 이것을 찾을 수 있는지 안다면 거의 완벽한 보존 상태를 자랑하는 이 아름다운 신전을 어렵지 않게 발견할 수 있을 거야."

그가 오늘날 여행가들이 볼 수 있는, 폐허로 가득한 어떤 장소를 가리키자 에테르에 기록되어 있었던 고대의 그 살아 있는 장면이 보였다. 그 장면은 현재 남아 있는 이집트 문명의 그 어떤 것보다도 아름다운, 그 신전이 원래부터 지녀왔던 미와 광휘를 보여주고 있었다.

신전의 정원과 연못은 흰 대리석과 장미 화강암으로 만들어진 거대한 기둥으로 둘러싸여 있었고 그곳 전체가 살아 있는, 생기 넘치는 실재가 되어 있었다. 그곳은 마치 오늘날 지구상의 어떤 물리적 도시처럼 분명하게 실재하는 곳이었다. 나는 이것이 너무나 자연스럽고 평범해서 그에게 어떻게 이렇게 생생한 경험들을 만들어낼 수 있는지 물었다.

"자연뿐만 아니라 인간과 그의 창조물도 에테르적인 대응점, 즉 패턴을 가진단다." 그가 대답했다. "이 패턴은 그가 다녀간 곳의 대기에 영원한 인상을 남기지. 개인의 활동과 삶의 경험 패턴은 언제나 그의 오라 안에 존재해. 모든 장소의 오라에는 지금 우리가 보는 것과 비슷한 기록이 존재한단다. 상승 마스터는 그가 원하기만 한다면 한 인간의 이전 활동 기록에 활기를 불어넣을 수 있어. 마스터가 이 에테르적인 기록에 원자 구조를 합치는 패턴이 항상 그 인간의 오라 속에 있기 때문이란다. 마스터가 한 장소의 기록에 활기를 불어넣을 때는 똑같은 그 지역에서 해야해. 활기가 불어넣어진 이런 기록은 그것이 물리적 실체로 존재했던 그 당시와 똑같은, 살아 있는 구조와 형체가 된단다.

이런 식으로, 상승 마스터는 어떤 선한 목적을 이루고자 할 때 건물 전체와 그 주변의 물리적 구조를 다시 결합할 수 있단다. 하나님에 의해 주어진 이 통치권을 얻은 자가 자신의 학생 또는 다른 이들의 유익과 가르침을 위해 시각화하고자 하는 에테르적 기록이 있다면, 그는 그 기록에 활기를 불어넣어 그것을 되살릴 수 있어.

그러면 그 장면은 '현실 그 자체만큼이나 현실적인 것'이 돼. 활기가 불어넣어진 대상들은 사진으로 찍을 수 있어. 또, 그것을 관찰하는 이의 육체적 감각으로 감지할 수도, 만져볼 수도 있지."

"주목하렴!" 그가 말했다. "너는 이런 활동들을 지금 높은 진동수의 몸으로 경험하고 있지만 그럼에도 불구하고 이것은 '실제'란다. 너의 육체적인 몸은 자아의식이 스스로를 개인이라고 생각하게 만들어 개체적 자아를 경험하게 해주는 하나의 의복에 불과하기 때문이야.

이것은 추운 겨울에는 두꺼운 외투를 입고, 더운 여름날에는 얇은 옷 한 벌만 입는 것과 같아. 가벼운 옷차림으로 경험한 것은 두꺼운 외투를 입고 경험한 것과 똑같은 '실제' 경험이야. 나는 네가 이 점에 주목했으면 한단다. 너는 더 충만하고 덜 제한적인 생명의 활동들을 이해할 수 있을 거야." 우리는 땅, 주변 국가, 건축 양식을 고찰했다.

"이리 오렴. 들어가자." 그가 정문을 지나 신전으로 들어가며 말했다. 그러자 우리는 살아 있는 배우인 동시에 다음과 같은 경험의 '관찰자'가 되었다. 우리는 신전의 중심부로 들어가서 내부 성소를 향해 나아갔다. 그러자 한 대사제가 나타났는데, 그는 나를 아는 듯했다.

"이 고대의 사제는 현생에서의 네 아들이란다." 세인트 저메인이 설명했다. 뒤이어 조금 더 급이 낮은 사제가 한 명 더 나타났고, 나는 그를 보자마자 즉각적으로 그가 내가 아는 인물임을 느꼈다. 세인트 저메인은 이렇게 말했다.

"저 사제는 바로 너 자신이야." 우리는 내부 성소로 들어갔고, 신성한 불을 지키고 있는 베스타의 처녀*를 보았다. 내가 바라보고 있는 그녀는 다름 아닌, 내가 사랑하는 쌍둥이 광선인 로터스였다. 나는 몇 년 전에 로터스를 만나 결혼했고, 지금 그녀는 한 아들의 어머니였다.

장면이 바뀌었다. 우리는 먼 곳에서 온 한 왕자를 보게 되었는데, 그는 그 여사제를 자신의 신부로 삼기 위해 납치 계획을 세우고 있었다. 대사제는 곧 일어날 일에 대한 비전을 보았다. 그는 그 비전 때문에 불안해졌지만 자신의 결심을 따르기로 했다. 마침내 대사제는 왕자의 하수인들이 성소로 접근하는 것을 막아섰다. 그들이 성소에 가까이 다가가자 대사제는 앞으로 나아가 외쳤다.

"멈춰!"

대담한 기질의 한 하수인은 그의 말에 아랑곳하지 않고 더 가까이 다가갔다. 대사제는 물러서라고 경고했지만 그는 계속해서 걸어왔다. 마침내 그 하수인이 제단에서 뿜어져 나오는 힘으로 이루어진 신성한 원(Sacred Circle)에 다다르자 대사제는 더 이상 거리낌이 없었다. 그는 그 보호하

---

* vestal virgin: 고대 로마에서 화로의 여신인 베스타Vesta를 섬기는 여사제들을 일컫는 말이다. 이들이 하는 일은 밖으로 가지고 나갈 수 없는 신성한 불을 지키는 것이었다. 이들은 결혼과 출산이라는 사회적 의무에서 자유로울 수 있었으며 30년간의 정절을 서약했다.

는 광휘의 바깥 가장자리로 간 다음 오른손으로 하수인을 가리켰다.

불꽃의 섬광이 번개처럼 뿜어져 나왔고, 하수인은 바닥으로 죽은 듯이 쓰러졌다. 이를 지켜보고 있던 왕자는 미친 사람처럼 화를 내며 앞으로 나왔다.

"멈춰!" 대사제가 우레 같은 목소리로 다시 한번 명령했다. 왕자는 그 말에 담긴 힘에 놀라 잠시 멈칫했고 대사제는 다음과 같이 말을 이었다.

"내 말을 잘 들어라! 하나님께서 생명의 신전에 내려주신 가장 고귀한 선물을 훼손해서는 안 되는 법이다. 잘못된 지시를 이행하려 한 네 뻔뻔스러운 하인처럼 되기 전에 썩 꺼지지 못할까!"

대사제는 자신이 가진 힘을 충분히 의식하고 있었고, 자리에 서서 왕자를 노려보고 있었다. 그는 자기통제의 화신이자 무한한 권능의 화신 그 자체였으며 그가 의식적으로 유지하는 이 무한한 권능은 그의 의지에 순종하고 있었다. 그는 영원한 권능이라는 주권을 지닌 자였다.

왕자의 의지 역시 강했지만, 왕자는 결국 자기 자신을 통제할 수 없었다. 그는 자신에게 대항하는 이가 있다는 사실에 또다시 분노가 치밀어 올랐고, 자신의 욕망을 마음껏 발산하며 덤벼들었다. 그러자 대사제는 번개처럼 빠르게 손을 들어 올렸다. 불꽃이 또다시 번쩍였고 왕자는 앞선 하수인과 똑같은 운명을 따르게 되었다.

세인트 저메인은 내 쪽을 돌아보며 그 경험을 더 상세히 설명해주었다.

"너도 보았다시피, 저런 방식으로 모든 힘 안에 있는 특성이 그것을 내보내는 사람에게 '되돌아간단다(react).' 왕자와 그의 하수인은 증오, 이기심, 타락이라는 특성을 그들의 감정 속에 지니고서 다가왔지. 대사제는 마스터로서 지닌 자신의 힘을 그들에게 썼고, 그 힘이 그들의 오라에 닿는 순간 그것은 그들의 특성을 띠게 되었어. 대사제는 그저 그들 자신의 감정과 이기심을 다시 그들에게 돌려보낸 것뿐이었단다. 다른 이를 보호하려는 사심 없는 그의 활동은 그 자신까지도 보호해주었어."

사건은 마무리되었고 웅장했던 그 장면도 사라졌다. 우리는 다시 신전 유적 한가운데에 서 있었다. 세인트 저메인은 역사적 기록에 없을 수도 있는 더 많은 것들을 내게 보여주었다.

그가 말을 이었다. "원인과 결과라는 우주적 수레바퀴 — 필연적인 환생 — 를 피할 방법은 단 한 가지뿐이란다. 그것은 바로 자신의 의식적 노력으로 생명의 법칙을 이해하는 것이지. 인간은 내면의 하나님을 간곡히 찾고, 그

'내적 자아'와 영구적이고 의식적인 접촉을 해야 해. 그리고 외적 삶의 '모든 상황'을 직면하면서 그것을 굳게 지켜야 하지. 네게 더 많은 것을 보여주는 건 내 기쁨이자 특권이지만, 그렇게 하는 것은 오로지 너와 다른 이들을 안내해주려는 목적이란다. 이리 오렴! 우리는 이제 돌아가야 해." 나는 그와 함께 내 육신이 있는 곳으로 돌아왔다. 그는 다시 말했다.

"하얀 불꽃으로 된 원이 사라지는 것을 보렴!" 나는 그가 가리킨 쪽을 보았고, 정말로 그 원은 사라졌다. 잠시 후 나는 내 몸으로 돌아왔다. 해가 지고 있었다. 나는 우리가 집에 도착할 때쯤이면 자정이 다 된 시간일 거라 생각했다.

"네 팔을 내 어깨에 두르고 눈을 감아보렴." 세인트 저메인이 말했다. 몸이 땅 위로 솟아오르는 느낌이 들었지만 딱히 앞으로 나아가고 있다는 생각은 안 들었다. 얼마 지나지 않아 발에 바닥이 닿아서 눈을 떴다. 나는 오두막집 안에 서 있었다. 내가 어떻게 사람들의 이목을 끌지 않고서 이런 식으로 돌아올 수 있었는지 물어보자 세인트 저메인은 정말로 재밌어하면서 대답해주었다.

"우리가 물리적 형태를 지닌 채로 이동할 때는 대개 우리의 몸을 투명 망토로 감싼단다." 그는 말을 마치고 곧바로 사라졌다.

나는 어디서든 나타날 수 있으며 원하는 것을 보편 세계에서 가져와 물질화할 수 있는 위대한 상승 마스터들에 대해 들어본 적이 있었다. 하지만 그들 중 한 명과 실제로 만나는 일은 정말 색다른 일이었고, 나는 이 경험의 경이로움을 완전히 깨달으려 노력했다. 세인트 저메인에게 있어 이런 일은 분명 평범한 일이었을 것이다.

나는 오랫동안 감사한 마음속에 깊이 잠겨 있었다. 그리고 조용히 명상을 하며 그가 설명했던 열망에 관한 '법칙'을 이해하고 그것을 완전히 깨닫기 위해 노력했다. 그는 그것이 얼마나 중요한 것인지 힘주어 말했었다. 또, 그는 열망의 중요성과 그것의 활동을 우주에서 새로운 아이디어를 추진하는 원동력으로서 강조했다. 열망은 모든 개체의 생명 안에서 의식의 확장이 일어나도록 만든다. 그는 이것을 다음과 같이 설명했었다.

"건설적인 열망은 생명이 확장하는 활동이란다. 오직 이렇게 해야만 갈수록 더 큰 아이디어, 활동, 성취를 물질과 형태로 이루어진 외적 세계에 표현할 수 있기 때문이야. 모든 '올바른 열망' 안에는 그 열망을 충족시키는 힘이 있단다. 인간은 하나님의 자녀야. 인간은 아버지로부터 자신이 받은 생명 에너지를 어떻게 쓸 것인지 선택하라는 명령을 받았고, 그가 소망하는 특성과 그가 실현하고자 하는 열망을 스스로의 의지로 표현하라는 명령을 받았는데, 인간은 '반드시' 이 명령을 따라야 해. 왜냐하면 이것이 '자유의지'라는, 인간에게 주어진 권리이기 때문이지.

이런 '모든' 의식의 확장을 건설적인 쪽으로 안내하는 것이 지성의 외적 활동의 기능이란다. 이것이 외적 자아의 존재 목적이자 의무인 것이지. 인류 대부분의 습성이 그러하듯, 위대한 생명 또는 하나님의 에너지를 오직 감각적 욕망의 만족에만 쓰는 것은 그것을 파괴적으로 쓰는 것과 같단다. 또, 여기에는 항상 '어떠한 예외도 없이' 부조화, 약함, 실패, 파괴가 뒤따르지.

열망의 건설적인 사용은 지혜에 의한 이 무한한 하나님 에너지의 '의식적 명령'이야. 지혜가 이끄는 모든 열망은 다른 창조물들에게 일종의 축복을 가져다준단다. 내면의 하나님께서 이끄는 모든 열망은 언제나 사랑과 축복의 감정으로 이어져."

나는 다음 며칠 동안 내 경험을 기록으로 남겼다. 그러던 어느 날 아침, 잠에서 깬 나는 소파 옆 테이블에 황금 카드가 놓여 있는 것을 발견했다. 그것은 얇은 금 조각처럼 생겼으며 다음과 같은 글씨가 아름다운 보라색으로 새겨져 있었다.

"아침 7시에 산에 있는 우리의 밀회 장소로 나오렴.

— 세인트 저메인"

나는 카드를 조심스레 내려놓고 그와 만날 시간이 다가오기만을 기다렸다. 그와의 만남이 너무나도 기대됐다. 다음 날 새벽 나는 점심을 준비하고 있었는데, 문득 아무것도 가져가지 말아야 한다는 분명한 충동이 느껴졌다. 따라서 그 충동에 복종했고, 내가 필요로 하는 모든 것은 보편 세계에서 직접 공급될 것이라고 '믿기로' 했다.

나는 가벼운 마음으로 곧 길을 나섰다. 그리고 만약 그가 허락한다면 그에게 질문할 기회를 놓치지 않겠다고 결심했다. 약속 장소에 다가갈수록 내 몸은 점점 더 가벼워졌고, 남은 거리가 400미터쯤 되자 발이 땅에 거의 닿지 않았다. 약속 장소 주변에는 아무도 보이지 않아서 통나무에 앉아 세인트 저메인을 기다렸다. 15킬로미터 정도 하이킹을 했지만 피로는 전혀 느껴지지 않았다.

나에게 찾아온 이 엄청난 특권과 축복에 대해 사색하고 있을 때, 잔가지 부러지는 소리가 났다. 나는 그가 왔으리라 생각하고 주변을 둘러봤다. 15미터도 안 되는 거리에서 흑표범이 천천히 다가오고 있는 것을 발견했을 때 내가 얼마나 놀랐을지 상상해보라. 그 순간 머리가 쭈뼛 섰다. 나는 미친 듯이 소리 지르면서 도망가고만 싶었다. 내 안에서 공포가 느껴졌다. 하지만 흑표범의 점프 한 번이면 치명상을 입을 것이 뻔하므로 움직이는 것은 아무 소용 없을 것이었다.

머릿속이 혼란스러웠고 두려움도 엄청났다. 그러나 한 가지 상념이 분명하게 머릿속에 들어왔고, 그 생각이 계속해서 나의 주의를 사로잡았다. 나는 내 안에 장대한 **하나님의 현존**이 있음을, 그리고 이 **현존**은 전부 사랑이라는 것을 깨달았다. 저 아름다운 동물 역시 하나님 생명의 일부였다. 나는 이런 시각을 가지고 흑표범을 바라보았다. 그러자 하나님의 한 부분이 다른 한 부분을 해칠 수는 없다는 생각이 들어왔다. 따라서 나는 그 사실 하나만을 의식하고 있었다.

나를 휩싼 사랑의 감정은 마치 빛의 광선처럼 흑표범에게 곧장 보내졌다. 이 사랑과 함께 내 두려움은 모두 사라졌다. 내 쪽으로 천천히 다가오던 흑표범이 발걸음을 멈추었고, 나는 하나님의 사랑이 우리 둘 모두를 채우는 것을 느끼며 천천히 그쪽으로 걸음을 옮겼다. 흑표범의 사나운 눈빛이 부드러워졌다. 그 동물은 자세를 바로 하고 내게 천천히 다가와 내 다리에 자신의 어깨를 문질렀다. 나는 손을 뻗어 흑표범의 부드러운 머리를 쓰다듬었다. 그 동물은 잠시 내 눈을 올려보다가 누워 장난기 많은 고양이처럼 뒹굴었다. 어둡고 붉그스름한 갈색 털이 무척 아름다웠다. 흑표범의 몸은 길고 유연했으며 힘이 굉장히 셌다. 내가 그 동물과 함께 놀고 있을 때, 문득 고개를 들자 세인트 저메인이 내 옆에 서 있었다.

"얘야, 나는 네 안에 있는 엄청난 힘을 보았단다. 만약 내가 그런 힘을 보지 못했더라면 네게 이런 큰 시험을 치르게 하지는 않았을 거야. 너는 '두려움'을 정복했어. 축하한다! 만약 네가 외적 자아를 정복하지 못했다 하더라도 그 흑표범이 너를 해치도록 그냥 두지는 않았을 거야. 하지만 우리의 교제는 잠시 중단됐겠지. 나는 흑표범을 일부러 네 앞으로 불러오지 않았어. 이 동물이 나타난 것은 그저 위대한 법칙의 내밀한 작용이란다. 새로 만난 이 친구와의 관계가 끝나기 전에 그걸 이해할 수 있게 될 거야. 이제 너는 용기의 시험을 통과했으니 나는 네게 훨씬 더 많은 도움을 줄 수 있단다. 너는 매일 강해질 것이고, 행복해질 것이며 훨씬 더 큰 자유를 표현하게 될 거야."

그는 자신의 손을 내밀었고, 그 순간 그의 손에 케이크 네 개가 나타났다. 케이크는 아름다운 황금빛 갈색을 띠고 있었고 가로세로 길이가 각각 5센티미터 정도였다. 그는 그것을 먹으라고 했고, 나는 그의 지시에 따랐다. 내가 먹어본 것 중 최고의 맛이었다. 나는 즉시 몸 전체의 진동을 가속시켜주는, 톡톡 쏘는 듯한 감각을 느낄 수 있었다. 명정한 마음과 건강의 새로운 감각이었다. 세인트 저메인은 내 옆에 앉았고, 그렇게 그의 가르침이 시작되었다.

2

The Sahara Dessert

사하라 사막

"오늘은 네가 얼마 전에 경험했던 것처럼 몸 밖으로 나
가는 대신, 투영된 의식*을 사용해보려고 한단다." 그가
말했다. 그는 자신의 오른쪽 엄지손가락을 내 미간에 대고
나머지 네 손가락은 내 정수리에 가져다 댔다. 그 느낌은
마치 강력한 전류가 내 온몸으로 흘러가는 것 같은 느낌이
었다. 그는 손을 떼고 말을 이었다.

---

* Projected Consciousness: 투영된 의식은 우리의 두뇌 중심에 위치한 제3의 눈,
즉 송과선을 통해 이루어진다. 인간은 투영된 의식을 통해 다차원적 파동의 세계
로 자신의 의식을 나눈 상태에서 여러 차원적 현실을 동시에 경험할 수 있다. 이
러한 경험들은 자신 안에 내재한 신성에 대한 확연한 깨달음과 동시에, 의식의 다
차원적 확장을 경험할 만큼 자신의 에너지 통로들이 정화되고 강화되었는가에
달려 있다.

"내가 가르치고 설명했던 그 법칙들이 너를 지구상의 모든 힘과 사물을 초월한 의식적 마스터리의 상태로 이끌어준다는 사실을 네가 명상 중에 자주 상기하고 명심하면 좋겠구나. 다시 말하면 네가 어떤 것을 경험하고 있든 너는 항상 자신의 심신을 완전하게, 그리고 의식적으로 통제할 수 있으며 언제나 너 자신의 자유의지를 사용할 수 있단다.

이러한 투영된 의식의 상태에서, 너는 완전히 의식적이게 되고 매 순간 네 능력을 초월한 완전한 자기완성(mastery)을 이루게 돼. 이 안내와 그 활용은 트랜스 또는 최면 상태와는 아무런 관련이 없단다. 트랜스 또는 최면 상태 둘 다 개인의 의식적인 의지가 기능하지 않기 때문이야. 자신의 몸과 마음에 이런 일이 일어나도록 허용한다면 이는 '누구에게나' 가장 위험하고도 처참한 일이 될 거란다.

트랜스 또는 최면 상태에서는 의식적인 자기완성이나 권능을 찾아볼 수 없어. 이런 기법을 허용하는 자에게는 이것들이 그의 영혼의 성장에 있어서 '가장 위험하고 파괴적인' 것들이 되지. 의식적 통제, 자기완성, 지상의 물질 및 힘들의 사용은 항상 너의 내적 지시하에, 즉 신적 자아의 지시하에 있어야 한다는 것을 철저히 이해해야 한단다.

이렇게 하려면 몸과 마음이 지닌 모든 외적 능력이 내적 안내에 완벽하게 협력하고 복종해야 해.

이렇게 하지 않는다면 자기완성을 이룰 수 없어. 상승 마스터라고 알려진 이들은 '절대, 절대로' 하나님에 의해 주어진 특권인 개인의 자유의지를 침해하지 않는단다.

만약 상승 마스터가 한 학생의 의식을 일시적으로 확장 해주기로 선택한다면 그 학생은 투영의 경험을 할 수도 있어. 그러면 그는 동시에 두 곳 혹은 그 이상의 장소에서 일어나는 일들을 경험할 수 있지. 이런 상태에서 의식이 확장된 학생의 정신적 능력은 매 순간 '완전히' 자신이 지닌 자유의지의 통제와 지휘하에 있게 되지. 또, 그는 자신의 몸이 어디 있든 상관없이, 상승 마스터가 가르침을 위해 그 학생의 의식을 이끌기로 선택한 장소에서 완전히 의식이 깨어 있게 되고, 스스로 선택하는 능동적인 존재로서 활동하게 된단다.

상승 마스터가 일시적으로 학생의 의식을 높여주는 이유는 그 자신의 '의식적인' 노력과 의지로써 그와 같은 것을 이룰 수 있다는 사실을 보여주기 위해서야.

투영된 의식은 학생의 몸과 마음 모두에서 원자 구조의 진동 속도를 높이는 것에 불과해. 이런 일은 상승 마스터의 '광휘(radiation)'에 의해 이루어진단다. 또, 이것은 상승 마스터가 그 학생의 경험을 위해 설정해둔 주음(keynote)까지 진동수를 높이는 **빛**의 활동이기도 해. 높은 진동수에 있는 사람은 그가 다음 옥타브, 즉 인간보다 위에 있는 영역까지 확장되었다는 것만 제외한다면 자신의 시각, 청각 능력을 일상생활에서와 똑같이 사용하지.

이러한 감각의 사용은 우리가 매 순간 깨어 있는 상태를 경험하는 것과 같단다. 왜냐하면 가까이 있는 것과 멀리 있는 것을 정확히 같은 순간에 인식하게 되거든. 우리 의식의 확장과 수축은 전적으로 개인의 욕망에 달려 있고, 언제나 학생의 자유의지와 '의식적인' 지시의 영향을 받아.

인간은 '그 자신의 선택'에 따라 자신의 정원에 있는 어떤 나무 하나를 의식할 수도 있고 정원 전체를 의식할 수도 있단다. 인간은 그 두 가지를 볼 때 똑같은 시각 능력을 사용하며 정확히 같은 방식으로 그 능력을 사용하지. 만약 그가 정원 '전체'를 보고 싶어한다면 그는 자기가 욕망했던 모든 것을 볼 수 있을 때까지 자신의 시야를 확장할 거야. 더 큰 확장은 여전히 그 안에 더 작은 것을 포함하고 있단다. 그러니 너는 동시에 '두 곳 모두'를 '완전히' 인식 및 통제할 수 있는 자신의 '모든' 감각 능력들을 반드시 의식해야 해. 이것은 실제로 의식의 진동수와 관련된 역장(force-field)이 확장됨으로써 일어나는 것이란다.

이 의식의 확장 또는 의식의 투영 속에서 네 시각 능력을 사용하는 것은 시신경의 진동수를 높임으로써 이루어져. 이 모든 과정은 사람이 망원경을 사용할 때 일어나는 일과 비슷하단다.

일상 속에서 인간의 의식은 특정 영역 혹은 특정 역장에서만 능력을 발휘하는 데 익숙해져 있어. 이에 대한 증거로, 인간은 물리적으로 방 안에 존재하는 어떤 사람이 자신에게 얘기하는 것을 들을 수 있으며, 그와 '동시에' 집 안 어딘가에서 전화벨이 울리는 소리도 들을 수 있지. 외적 활동의 모든 지각 능력에는 이처럼 조절이 가능한 융통성이 있단다. 따라서 이것들은 전적으로 개인의 '열망'과 '의지'에 따라 현미경 혹은 망원경처럼 사용될 수도 있는 거야.

자신의 육체가 있는 방에서 나는 소리를 의식할 수 있다면 정확히 이와 같은 식으로 멀리 떨어져 있는 두세 개 방에서 나는 소리를 인지할 수도 있어. 그리고 이런 능력을 더욱 확장해가면 인간은 그보다 더 멀리 있는 곳에서 나는 소리도 들을 수 있단다. 이렇게 하려면 인간은 더 먼 영역까지 자신의 능력이 닿을 수 있도록 자신의 진동수를 높여야 해.

네가 이 위대한 내면의 하나님이 하시는 활동을 깊이

숙고할 때, 너는 외적인 감각이 얼마나 '완벽하고 쉽게' 내면과 합쳐지는지를 보게 될 것이고, 그 두 가지가 '하나되는' 것을 보게 될 거야.

이런 의식의 활동은 시각, 청각뿐만 아니라 다른 모든 감각에도 적용될 수 있단다. 이러한 의식의 고양 과정은 자연스럽고, 정상적이며, 조화로워. 마치 라디오를 원하는 주파수에 맞춰 조율하는 것과 같지. 라디오 주파수와 시각, 청각은 똑같은 활동의 일부란다. 소리는 색깔을 가지고 있고 색깔에도 소리의 파동이 들어갈 수 있지. 인간의 마음이 충분히 고요하다면 그는 일상적인 경험 속에서도 색을 듣거나 소리를 볼 수 있어.

특정 옥타브 혹은 영역에서는 눈의 신경으로 진동을 인식할 수 있게 돼. 우리가 시각이라고 부르는 것이 바로 그 결과란다. 다른 것들은 귀의 신경으로 인식할 수 있고, 우리가 청각이라고 부르는 것 역시 그 결과야. 보통 사람들의 눈은 이 특정 옥타브 안에서 진동하는 물체만을 봐. 왜냐하면 그들은 적외선보다 낮은 파장 혹은 자외선보다 높은 파장은 볼 수 없기 때문이야. 두뇌와 눈의 원자 구조는 상승 마스터의 광휘를 통해 보통 인간이 인식할 수 있는 것보다 상위 차원에 있는 다음 옥타브까지 확장될 정도로 빠르게 진동할 수 있단다.

이 같은 활동은 마스터들의 광휘에 의해 또는 개인의 내적 자아, 신적 자아에 의해 몇 옥타브 더 확장될 수도 있어. 많은 사람들이 본의 아니게 이런 경험을 하지만 그것이 무슨 의미인지, 혹은 어떻게 생겨난 경험인지 이해하는 사람은 거의 없지. 초월적 의식의 순간을 경험했거나 상위 차원의 영감을 받은 경우, 비록 자신이 어떤 도움을 받았는지 알아채는 사람은 거의 없지만 그것은 실제로 일어난 일이야.

한 사람이 다른 사람에게 특정한 심상을 일으키는 말이나 느낌(suggestion)을 건네면 그 의도된 생각과 이미지들이 불현듯 타인의 마음에 직접적으로 떠오르게 되지. 하지만 투영된 의식이나 비전vision은 다른 인간의 마음속 심상으로 인해 만들어진 정신적 이미지들과는 아무런 상관이 없단다. 이것은 거울로 태양을 반사해서 벽에 빛을 비추는 활동과도 같아.

어떤 장소를 생각하는 것과 그곳에 실제로 존재하는 것이 다른 것처럼, 심상도 투영된 의식과는 다르단다. 투영은 마치 네 육체가 어떤 경험을 겪을 때처럼 '생생하고, 살아 있으며, 실제적'이야. 그것이 네 내면에 있는 신적 자아의 활동이기 때문이야. 이 신적 자아와 상승 마스터는 '하나'이자 하나님(The Supreme)이셔."

그런 후 세인트 저메인과 나는 아주 오래전의 어떤 장면을 관찰하는 관찰자이자 배우가 되었다. 다시 말해서, 나는 이 장면들 속에서 생각, 감정, 행위로 나타나는 나의 경험들을 외적 의식으로 인식하고 있었다. 이것들의 모든 작용이 호흡만큼이나 자연스럽고 정상적이었다. 색다른 것이 있었다면, 내가 느끼는 더 큰 자유와 신적 통치권의 느낌이었다. 그가 에테르적 기록에 활기를 불어넣는 동안, 우리는 잠시 매우 고요해졌고 곧 가르침이 시작되었다.

"이곳은 사하라 사막이란다." 그가 말했다. "이곳은 한때 아열대 기후를 가진 비옥한 나라였지."

그곳에는 어딜 가든 개울이 많아서 물이 풍부했다. 이 왕국의 중심에는 수도가 있었는데, 상당히 웅장해서 세계적으로 유명한 곳이었다. 관청 건물은 약간 높은 곳 중앙에 지어져 있었고, 이 때문에 도시는 모든 방향으로 똑같이 확장되었다.

"이 문명은 7만 년 전에 정점을 이루었어." 그가 말을 이었다.

우리가 도시로 들어가 그곳을 걷는 동안 이상한 경쾌감을 주는, 특이하고 율동적인 활기가 느껴졌다. 그곳 사람들은 매우 편안하고 우아하게 움직였다. 세인트 저메인에게 그 이유를 물어보자 그는 이렇게 대답했다.

"이 사람들은 자신의 근원을 기억하고 있으며 자기 자신이 하나님의 자녀라는 것을 알고 있었단다. 따라서 그들은 힘과 지혜의 소유자이자 운용자였어. 그들의 힘과 지혜가 너에게는 마치 기적적이고 초인적인 것처럼 보일 수도 있어. 진실로 말하건대, 기적 같은 것은 없단다. 모든 것은 법칙에 따르기 때문이야. 현재 인류의 사고방식으로 보면 그것이 기적처럼 생각되겠지만 사실 그것은 법칙을 적용한 결과일 뿐이야. 인류의 현 의식은 아직 이 법칙에 익숙하지 않아. 그래서 그렇게 이상하고 비범한 것처럼 보이는 것이란다.

생명의 실재를 올바르게 이해하면 너의 현재 의식에 기적적으로 보이는 모든 현현은 알파벳을 배운 사람이 말을 하기 시작하는 것만큼이나 자연스럽고 정상적인 경험이라는 것을 알게 될 거야. 이것은 형상을 지닌 차원에서 끝없이 확장하고 끝없이 전진하는 생명의 현현 활동이야. 그리고 이것은 항상 사랑과 평화 안에서 법칙의 질서정연한 과정을 통해 나타난단다.

인류의 현 정신 상태로 봤을 때 아무리 이상하고, 비범하고, 불가능한 경험 혹은 현상이라 하더라도 그것이 지혜로운 지성과 위대한 법칙이 없다는 증거가 될 순 없어. 그것들은 항상 우리를 둘러싸고 있는 창조의 경이를 더욱더 확장시키기 위해 활동하고 있거든.

이 위대한 내적 지혜와 힘에 비하면, 오늘날의 외적 세계에서 인류 중 가장 위대한 지성들이 가진 지식들은 마치 작은 아이가 미적분학에 대해 가질 수 있는 이해와 같단다."

우리는 한 중앙 건물에서 아주 멋진 옷을 입고 있는 안내원들을 발견했다. 그들이 입고 있는 옷은 빛나는 색의 부드러운 소재로 만들어졌으며, 실내 장식과 조화를 이루고 있었다. 그중 하나가 우리를 중앙 건물로 안내하며 이 위대한 사람들의 황제에게 우리를 소개했다. 그 황제는 분명히 세인트 저메인이었다.

그의 옆에는 매우 아름다운 소녀가 서 있었다. 금사金絲 같은 그녀의 머리카락은 매우 길어서 거의 바닥에 닿을 정도였고, 청보라색 눈은 꿰뚫어 보는 듯한 눈빛을 하고 있었다. 그녀의 모든 태도가 하나의 사랑 어린 명령이었다. 나는 그녀가 누구인지 궁금해서 세인트 저메인을 물끄러미 쳐다보았다. 그러자 그가 말했다.

"로터스야."

그녀 옆에는 스무 살쯤 되어 보이는 젊은 남자와 열네 살쯤 되어 보이는 소년이 서 있었다. 젊은 남자는 우리가 룩소르의 신전에서 보았던 대사제였고, 소년은 그곳의 사제였다. 이들은 모두 황제의 자녀였으며 현생에서와 같이 넷이서 함께 일하고 있었다.

"전생들을 이렇게 간단히 살펴보았으니 이번에는 저 축복받은 사람들의 활동을 보자꾸나." 그가 말했다. "나는 방금 조심스레 '축복받은'이라고 말했는데, 너도 곧 그 이유를 알게 될 거야. 그들 대다수는 여전히 하나님의 자녀로서 지닌 자신들의 모든 지혜와 힘을 의식적으로 사용했고, 거의 무한정으로 그 지혜와 힘을 사용할 수 있었단다. 그들은 자신들이 진실로 어디서 왔고, 누구의 유산을 물려받을 상속자들인지 너무나 잘 알고 있었지.

이들의 외적 자아(the outer)는 내재하신 신성한 자아의 훌륭한 도구였을 뿐이며 그것이 창조된 목적에 따라서만 사용할 수 있도록 허락되었단다. 따라서, 위대한 내적 자아는 외적 자아의 방해 없이 제한받지 않은 채 행위할 수 있었고, 당연히 이 시대의 완전성과 인류의 활동은 위대한 성취에 다다랐지."

이 오래된 문명 시대 동안 왕국 전체가 놀라운 평화, 행복, 번영으로 가득 차 있었다. 이 왕국의 황제는 '고대 지혜의 마스터'이자 진정한 '빛의 전달자'였다. 그는 **빛**의 지배를 받았으며 그의 왕국은 신적 완전성의 살아 있는 본보기 그 자체였다.

"수백 년 동안 이 왕국의 완전성은 군대 없이도 유지되었단다." 세인트 저메인이 말했다. "빛의 상승 마스터 열네 명이 사람들의 통제를 맡았는데, 그들은 두 명씩 짝을 지어 각각 일곱 광선에 상응해서 관련되는 일들을 했지. 그리하여 그들은 하나님의 장대한 활동이 지상에 현현하는 빛의 초점들을 만들었어. 이 열네 명의 빛나는 존재들 아래에는 열네 명의 좀더 낮은 단계의 하위 마스터들이 있었는데, 이 하위 마스터들이 과학, 산업, 예술 활동을 관할하는 일곱 부서의 수장이었단다. 각 부서의 수장들은 자기 자신 안에 있는 하나님과의 의식적이고 직접적인 접촉을 통해 자신이 맡은 일을 지도했어. 따라서 모든 명령과 지시가 그들의 근원으로부터 직접 내려와 그들이 맡은 일을 지휘했지. 이렇게 하여 신성한 완전성은 인간의 간섭 없이 계속해서 이어질 수 있었단다.

이런 정부 형태는 모든 면에서 가장 주목할 만한, 대단히 성공적이고 만족스러운 것이었어. 그 이후로도 지구상에서 이렇게 높은 수준을 이룩한 정부는 없었지. 오늘날까지 전해져 내려오는 고대의 기록에서는 이 문명을 황금시대라고 불렀고, 이것은 생명의 모든 다양한 활동 속에서 황금시대라고 불릴 만했단다. 머지않은 미래에 네가 사랑하는 미국에서 진정한 내적 자아에 대한 비슷한 인식이 나타나게 될 거고, 미국 국민들은 높은 성취 속에서 이를 표현하게 될 거야. 미국은 빛의 땅이며, 그녀의 빛은 지상의 국가들 사이에서 한낮의 태양처럼 눈부시게 빛날 거란다. 아주 오래전에 미국은 위대한 빛의 땅이었고, 그 땅은 다시 그 영적 유산을 물려받게 될 거야. '그 무엇도' 이를 막을 수는 없어. 그녀의 몸과 마음은 네가 생각하는 것보다 더 강하고, 현재 자신을 무겁게 짓누르는 모든 것을 떨쳐내고 솟아오르기 위해 가진 모두를 쏟아 넣게 될 것인데, 그 힘은 정말로 강력하단다.

미국은 지구상의 다른 나라들에게 있어서도 대단히 중요한 운명을 지니고 있어. 수 세기 동안 미국을 지켜봐온 이들은 지금 이 순간에도 그녀를 '여전히' 지켜보고 있단다. 그들의 보호와 사랑을 통해 마침내 그녀는 그 운명을 실현시킬 거야. 미국! 우리와 빛의 상승 영단은 너를 사랑하며 너를 보호해주고 있어. 미국이여! 우리는 너를 사랑한단다.

아까 말한 정부와 비슷한 형태를 갖춘 완전한 정부가 다음 시대에 나타나게 될 거야. 곰팡이처럼 붙어 있는 내적 족쇄, 너희의 힘을 흡혈귀처럼 빨아먹는 어떤 내적 족쇄를 너희가 풀어 던졌을 때가 바로 그때가 되겠지. 사랑하는 미국인들이여, 먹구름이 낮게 드리워진 것처럼 보일지라도 낙담하지 말기를. 그 구름들 모두는 너희에게 그 뒤에서 찬란하게 나타나는 황금빛 내막을 보여줄 거야. 위협적으로 보이는 그 구름 뒤편에는 미국과 미국 정부, 그리고 그 국민들을 지켜보고 있는 **하나님의 순수한 크리스털 빛과 하나님의 메신저들, 사랑과 완전성의 상승 마스터들**이 있단다. 다시 말하지만, '미국이여! 우리는 너를 사랑한다.'

깨어난, 위대한 영혼들이 하나둘씩 나오고 있어. 그들은 자신들이 타고난 장대한 하나님의 권능을 분명하게 인식하게 될 거야. 그리고 이런 이들은 정부의 공직에 배치될 거란다. 그들은 개인적인 야망이나 재물의 축적보다 미국이라는 국가의 복지에 더 많은 관심을 가질 거야. 그리하여 또 다른 황금시대가 지구상에 군림해 오랜 시간 동안 계속될 거란다.

네가 경험한 이 시대의 바로 전 시대에는 많은 이들이 거대한 비행선을 이동 수단으로 사용했었어. 하지만 그들이 계속해서 발전을 이루게 되자, 외진 구역을 제외하고는 그들에게 더 이상 비행선이 필요하지 않게 되었지. 정부의 모든 공직 계급에 종사하는 이들은 그들 종족 내에서 영적으로 더 진보한 영혼들이었기 때문에 '높은 진동수의 몸'으로 이곳저곳을 돌아다니며 원하는 모든 것을 할 수 있었단다. 최근에 네가 룩소르에서 경험한 것과 비슷하게 말이야. 그들은 또한 물리적인 몸을 원하는 곳으로 옮길 수 있었는데, 그들에게는 네가 숨을 쉬는 것만큼이나 중력에 반하는 힘을 사용하는 것이 자연스러웠지.

다른 모든 '황금시대'에서도 그랬듯이, 이 시대에도 금은 흔했단다. 금에서는 정화, 균형, 활력을 북돋아주는 에너지 또는 힘이 자연적으로 방출되거든. 또, 금은 '창조의 주님들'에 의해 지구 내부에 배치되었단다. 창조의 주님들은 '빛과 사랑의 위대한 존재들'이자 모든 세계들과 태양계들, 그리고 그 안에 존재하는 이들의 빛의 확장을 창조하고 지휘하시는 분들이야.

인류의 외적 마음 혹은 지적 앎은 이 지구상에 금이 존재하는 '진정한' 목적이 무엇인지 전혀 이해하지 못하고 있어. 금은 지구 내부에서 마치 식물처럼 자란단다. 금은 자연의 성장과 우리가 숨 쉬는 대기뿐만 아니라 우리가 걷는 바로 이 땅에도 정화, 균형, 활력의 에너지 흐름을 계속해서 쏟아붓고 있지.

금은 이 행성에서 다양한 용도로 쓰이고 있는데, 그중에서도 가장 하찮고 중요하지 않은 두 가지 용도는 바로 장식과 금전적 교환에 금을 사용하는 거란다. 지구 내부와 지구상에서 금의 더 큰 목적과 활동은 금이 지닌 고유의 특성과 에너지를 방출해서 이 세계의 원자 구조를 정화하고, 활력을 북돋아주고, 균형을 맞추는 거야.

오늘날의 과학계는 아직 이 활동에 대해 아무것도 알지 못하고 있어. 하지만 금은 라디에이터가 우리들의 집에 따뜻한 온기를 전해주듯이, 지구에도 그러한 에너지를 전해주고 있단다. 금은 태양으로부터 온 에너지를 지구 내부로 공급시키고, 지구의 균형 잡힌 활동을 유지해주는 가장 중요한 방법 중 하나야. 이러한 에너지 매개체로서의 금은 태양의 힘을 지구상에서 자라나는 생명들로, 그리고 우리 세계의 물질로 이동시켜주는 트랜스(transformer) 역할을 하지. 금 속에 있는 에너지는 태양에서 비롯된, 낮은 옥타브에서 기능하는 복사輻射 전자력이라고 할 수 있는데, 금은 때때로 물질화된 태양 광선이라고도 불려.

또, 금 속에 있는 에너지는 극도로 높은 진동률을 지니고 있어서 높은 진동수를 지닌, 좀더 정묘한 생명의 차원에 흡수되어 작용한단다. 과거의 모든 '황금시대'에는 금이 풍부했고, 또 대중적으로 쓰였기에 이러한 황금시대의 사람들은 매우 높은 영적 진화를 이룰 수 있었지. 황금시대 동안에 금 사재기 같은 일은 결코 없었으며 대중들이 이용할 수 있도록 널리 공급되었어. 그리하여 사람들은 금의 정화 에너지를 흡수해 그들 자신의 의식을 더 완벽하게 고양시켰단다. 바로 이런 것이 금의 올바른 사용이야. 이러한 법칙을 의식적으로 이해하고 거기에 복종하는 사람은 그 법칙을 사용함으로써 자신이 원하는 만큼 금을 자신에게 끌어올 수 있지.

인간은 지구상의 그 어디에서도 찾을 수 없던 건강과 활력을 산의 생명 속에서 얻을 수 있어. 산맥에는 금이 매장되어 있기 때문이란다. 순금을 가까이하는 사람에게 해로운 영향이 있다는 말은 한 번도 나온 적이 없지. 순수한 금은 부드러운 데다가 쉽게 닳아 없어져. 하지만 바로 이러한 금의 특성이 내가 방금 말한 금의 용도를 실현시켜주는 것이란다.

황금시대의 사람들 중 좀더 진보한 이들은 보편 세계에서 직접 물질화하는 방식으로 금을 더 많이 만들어냈단다. 많은 건물들의 돔은 순금으로 덮여 있었고, 건물 내부는 눈부신 보석들로 장식되어 있었지. 특이하고 기묘한 디자인이었어. 그 보석들 역시 마음의 힘으로 물질화된 것이었는데, 영원한 하나의 물질로부터 직접 현현시켜 가져온 것이었단다.

과거 모든 시대와 마찬가지로, 이 문명에서도 위대한 신적 자아의 더 큰 창조적 계획보다 일시적이고 감각적인 쾌락에 더 흥미를 갖게 된 사람들이 있었어. 이 때문에 온 땅의 사람들은 결국 신적 권능의 의식을 잃게 되었고, 이 도시보다 조금 더 큰 정도의 면적에 살던 사람들만이 그 의식을 유지하고 있었지. 그곳의 수도는 '태양의 도시'라고 불렸단다.

이 통치자들은 이제 그곳에서 빠져나와야 한다는 것을 알게 되었어. 그들은 사람들이 이 고된 경험을 통해 모든 행복과 선이 내면의 하나님에 대한 경배에서 나왔음을, 그리고 행복하기 위해서는 **빛** 속으로 돌아가야 한다는 것을 배울 수 있도록 놔둬야 한다는 사실을 깨달았지."

황제 역시 내적 지혜를 통해, 사람들이 계속해서 감각적 만족에 깊이 걸려드는 모습을 보고서 이 왕국을 지속하는 것은 신성한 계획이 아니라는 것을 깨달았다. 황제는 자신보다 더 큰 영적 권한을 가진 이들에게서 이제 그가 떠날 것임을 알리는 고별 연회를 열라는 지시를 받았고, 참모들을 불러 모아 연회를 준비하라는 지시를 내렸다. 그는 왕국의 가장 아름다운 장소에서 연회를 열기로 했다. 그곳은 왕의 궁전 안에 있는, 보석이 화려하게 장식된 공간이었다. 이곳에는 눈부신 백광을 발하는 구체들이 있어서 공간 전체가 아주 밝았다. 그 구체들은 크리스털 띠에 달려 천장에 연결되어 있었다. 구체 내부의 빛은 강렬하고 찬란했으며 그것의 광휘가 매우 편안하고 차분한 느낌을 주어서 몸을 진정시켜주는 효과가 대단했다. 특히 중앙에 있는 구체에서 나오는 빛은 이 보석들을 환히 빛나게 해주었는데, 천장 가운데에 그 구체가 거대한 메달처럼 달려 있었기 때문에 마치 태양 빛처럼 보이는 디자인이었다.

이 거대한 연회장은 공들여 꾸며졌는데, 그곳에는 흰 오닉스 테이블 스물네 개가 있었으며 스물네 명의 손님들이 각기 그 테이블 앞에 앉게 되어 있었다. 이것은 황제의 참모들과 그 신하들이 동시에 황제의 손님으로서 초대받은 첫 번째 행사였다. 연회 발표는 사람들을 시끌벅적하게 만들었고, 이웃들은 서로 이에 관한 열띤 토론을 벌였다. 그러나 그 누구도 황제의 목적을 알 수 없었기에 모든 것이 미스터리였다.

마침내 연회 날 밤이 되었다. 그 누구도 고귀한 통치자의 가슴속 비애를 알지 못했다. 백성들은 곧 그들에게 찾아올 변화를 꿈에도 모르고 있었다. 시간이 다 되자 손님들이 모였으며 모두가 황제의 미스터리에 대해 속삭이고 있었다. 연회장으로 향하는 청동문이 장엄하게 열리자 초월적인 음악이 터져 나왔다. 마치 보이지 않는 곳에서 거대한 교향곡이 연주되어 나오는 듯했다. 자신들의 흠모하는 군주가 지닌 그 엄청난 힘을 아는 이들조차도 이에 깜짝 놀랄 정도였다. 황제는 백성들에게 거의 신과 같이 여겨졌고, 그를 향한 백성들의 사랑도 대단했다. 백성들은 자신들을 향한 아낌없는 그의 도움과 지혜에 감복했다.

승리의 음악이 그치자 황제가 그의 자녀들과 함께 입장했다. 그중에서 황제의 딸은 사랑스러움의 화신이었다. 그녀는 현대의 그 어떤 소재와도 견줄 수 없는, 부드러운 금빛 천 가운을 입고 있었다. 겹겹이 쌓인 그 천은 마치 다이아몬드들로 덮인 듯 보였는데, 이는 그녀 몸의 모든 움직임이 빛의 점이 되어 번쩍였기 때문이었다. 그녀의 어깨 위로 흘러내리는 황금빛 머리카락은 두 개의 에메랄드 고리로 가지런히 묶여 있었으며 그녀의 이마에는 다이아몬드가 박힌 화이트메탈 띠가 둘려 있었다. 띠의 중심에는 커다란 다이아몬드 같은 것이 있었다. 그것은 그녀의 아버지가 **빛**을 집중시키고 유지시켜서 강력하게 '응축'한 보석이었다.

그런 초월적 힘의 사용을 위임받은 이는 왕국 전체에서 오직 황제뿐이었으며 왕실은 이날 밤 전까지는 한 번도 이 빛의 보석을 외부 세계에 내보인 적이 없었다. 이러한 힘의 사용은 오직 그들이 끊임없이 강렬하게 인식하고 있는 그 지고한 현존, 즉 위대한 신적 자아를 개인적으로 숭배할 때만 허용되었다.

황제와 그의 두 아들 역시 딸의 옷과 같은, 부드러운 금색 천으로 된 옷을 입었다. 이 천은 가죽처럼 유연했지만 금으로 만들어진 것이었고, 보석들로 장식된 그 흉갑은 마치 거대한 태양 같았다. 그들은 같은 소재로 만들어진 샌들을 신었으며 거기에도 역시 보석용 원석이 박혀 있었다. 그들 각각의 이마에는 아주 멋진 '빛의 보석'이 얹어져 있었다.

황제가 신호를 하자 연회장에 모인 이들 모두가 자리에 앉았다. 그는 장엄하고 힘찬 목소리로 가슴 깊은 곳에서 '무한하고 지고하신 하나님'을 향한 기도를 쏟아냈다.

"오 장대하신 분, 편재하는 근원이시여, 우주를 다스리는 분이자 모든 인간의 가슴에 있는 불꽃이시여! 저희는 당신께 사랑과 찬양, 감사를 드립니다. 만물에 내재한 생명, 빛, 사랑이 모두 당신의 것입니다. 저희는 당신을 받들며 오직 당신만을 봅니다. 당신은 보이는 것과 보이지 않는 것, 진보된 것과 아직 진보되지 못한 것을 포함한 만물에 내재하신 **현존**이십니다. 끊임없이 흐르는 생명의 물줄기인 당신은 영원히 당신 자신을 그 모든 창조 속으로, 만물에 내재한 하나의 자아 속으로 쏟아 부어주십니다.

제 가슴은 이 백성들에게 위험이 찾아왔음을 일깨우려 전에 없이 당신께 요청하고 있습니다. 근래에 생겨난 당신에 대한 무관심과 망각은 독기 어린 숨결처럼 그들을 엄습

하고 있습니다. 그것은 그들의 영혼을 잠들게 하고, 그들 앞에 당신의 빛나는 현존을 가로막는 베일을 드리우고 있습니다.

만일 그들이 자신의 어두운 그림자와 에고의 찌꺼기를 불태워버리는 경험을 해야만 한다면, 당신께서 그들을 그 기간 동안 양육해주시고, 마침내 당신의 영원한 완전성으로 다시 이끌어주십시오. 저는 우주의 창조주이자 지고한 분이신, 전능하신 하나님께 요청합니다."

황제가 자리에 앉자 모두 조용히 기다렸다. 잠시 후 각각의 사람들을 위한 그릇들이 나타났다. 코스 요리가 마치 보이지 않는 손에 의해 제공되듯 끝없이 이어졌고, 음식들은 아름다운 크리스털 그릇과 보석 그릇에 담겨 나왔다. 한 코스가 끝나면 바로 음식들이 사라졌으며, 이어서 바로 다음 코스가 제공되었다. 마침내, 이제껏 가장 성대했던 왕국의 연회가 그 막을 내렸다. 사람들 모두는 마치 엄청나게 기이한 일이 일어날 것이라고 기대하는 듯 숨을 죽이며 다시 침묵 속에 잠겨 있었다.

왕은 일어나서 몇 분간 차분하게 서 있었다. 얼마 지나지 않아 각 손님의 오른손에 크리스털 잔이 나타났는데, 잔에는 액화된 순수한 전자적 에센스가 가득 차 있었다. 이 액체를 마신 이는 그 개체적 생명의 흐름이 얼마나 오랜 시대들을 통해 이어져 왔든, 혹은 그가 얼마나 다양한 경험을 했든 상관없이 **내재한 신적 자아**를 결코 완전히 망각할 수 없었다. 이런 영혼 단계에서의 보호는 연회에 참석한 이들, 즉 황제와 왕국, 그리고 내면의 하나님을 신뢰하고 충성한 이들에게 내려진 보상이었다. 참모들과 참석자들은 왕국의 유익을 위해 계속해서 성실하게 봉사해왔으며, 바로 이러한 이유로 그들에게는 이후 수 세기 동안 영혼의 보호가 이루어졌다.

그들은 각자의 잔을 들어 **내면의 하나님**, 즉 **가장 높으시고 살아 계신 하나님의 불꽃**을 위해 건배했다. 연회의 진행 과정은 오늘날의 라디오와 유사한 장치를 통해 왕국의 백성들에게 방송되었다. 그것은 접시보다 조금 작은 크기였지만 지구상의 모든 소식을 알 수 있을 정도로 강력한 것이었다.

각자의 신성 자아에게 인사를 드린 후에는 모든 것이 고요해졌다. 대기 자체도 완벽히 멈춰 있는 듯 보였다. 잠시 후, 한 경이로운 **존재**가 황제 앞에 서서히 그 모습을 드러냈다.

그 **존재**는 모든 형상 있는 것들이 나온 창조의 배후, 즉 **거대한 침묵**으로부터 나타난 **우주적 마스터**였다. 연회장에 모인 손님들 사이에서 경외와 놀라움의 감탄이 쏟아져 나왔다. 그들은 그 놀라운 **존재**가 수 세기 동안 소문으로 만 들어온, 하지만 그 누구도 본 적 없는 바로 그 **존재**라는 것을 알고 있었다. 그는 오른손을 들어 보이며 연회 참가 자들과 왕국 백성들에게 연설했다.

"오 지구의 자녀들아, 나는 이 엄청난 위기의 시기에 관한 진지한 경고를 하러 왔노라. 너희들을 집어삼키고 있는 감각의 덫에서 벗어나 어서 깨어나 일어나거라! 너무 늦기 전에 어서 그 무기력한 의식에서 깨어나거라! 나의 이 '빛의 형제'는 이제 더 높은 차원으로 떠나야 하고, 너희들이 스스로 선택한 것을 경험하도록 내버려두어야만 한다. 너희의 선택은 너희들을 수많은 함정에 빠지도록 서서히 유인하고 있다. 너희는 외적 자아의 통제되지 않은 무지와 감정들에 마음을 열었구나.

너희들은 너희의 **근원**에 주의를 기울이지도, 경외하지도 않고 있다. 이 존재하는 모든 만상의 근원은 장대한 원인, 지고의 원인, 빛의 원인, 무한의 원인이고, 우주 만상 모든 세계들의 창조주이자 세계들을 유지하는 분이시다. **너희들은 그 위대하고 영광스러운 존재**인 **사랑의 주님**께서 인간이 존재하도록 해주는 생명을 주시고 계심에 감사해하지 않는구나.

오! 어찌하여 너희들은 사심 없는 이 지혜로운 통치자

에게서 나오는 풍요에, 자연이 이 공정한 땅에 후하게 쏟아 부어주는 축복에 감사해하지 않는 것이냐? 너희들은 한 사람에게서 다른 사람으로 전해지면 끝나버리고 마는 서로 간의 소소한 친절, 즉 너무나 빨리 덧없이 지나가버리는 감각과 형태 있는 것들에 대해서는 감사해한다. 하지만 왜! 왜 모든 생명, 모든 사랑, 모든 지성, 모든 힘이 나오는 **근원**에 대해서는 망각하고 있는 것이냐?

백성들아! 오 백성들아! 너희들이 매 순간, 매시간, 매일, 매년 즐기는 그 장대한 경험을 선사하는 근원인 그 생명, 너희들에게 사랑을 선사하는 그 생명에 대한 감사함은 도대체 어디로 갔느냐? 너희들은 이 모든 것이 너희들의 것이라고 하지만 그것은 언제나 생명, 빛, 사랑 등 모든 선한 것들의 위대한 하나의 근원에서 주어진 것이었으며, 지금도 그러하고, 앞으로도 그러하다. 그 근원은 지고하신, 숭배받아 마땅하신, 만물에 편재하신 지고의 하나님이시라.

너희가 편재하는 하나님께서 계속 쏟아 부어주시는 그 순수하고 완벽한, 깨끗한 생명의 에너지를 오용하여 더 이상 견딜 수 없을 정도로 너무나 파괴적이고 고통스러운 상황을 창조했을 때, 너희는 극도의 고통과 절망 그리고 내적 저항을 겪으며 이 고통에서 구원해달라고 하나님을 애타게 부를 것이다.

이것이 **모든 선한 것을 주시는 그분**께서 지대한 사랑으로 끊임없이 공급해주셨던, 그 한없는 완전성에 대한 너희들의 봉헌이로구나. **하나의 위대한 자아**께서 조건 없이 내어주시는 모든 것에는 그것의 올바른 사용이라는 단 한 가지 조건만이 붙어 있고, 이 올바른 사용을 통해 너희는 무한한 기쁨과 조화로운 활동, 그리고 완전성으로 나머지 창조물을 축복하게 된다.

너희가 너희들의 잘못된 행동에 대한 구원을 찾기 위해 고통의 구렁텅이 속에서 다시금 근원으로 눈을 돌릴 때, 너희는 극도의 절망적 고통 속에서 흐느껴 울 것이다. 아니면 너희는 너희가 불공정한 상황, 잘못된 상황이라고 부르는 것들을 너희와 너희 세계에 존재하도록 허락한 것에 대해 모든 선한 것의 근원이자 생명이신 창조주 하나님을 비난하면서 저항할 것이다.

하지만 그 모든 것들은 너희, 즉 생명을 부당하게 다룬 너희의 작은 개인적 자아가 만든 것이 아니더냐. 불공정한 것도 너희들이며 지구에 고통을 창조한 것도 인간들이다. 인간에게는 자신이 스스로 선택한 것을 창조할 자유의지가 주어졌다. 각 개인은 자기 자신의 생각과 느낌을 통해 그것을 선택하고, 무지와 미망 속에서 이러한 부조화, 고통, 기형적인 것들을 표현함으로써 그것들이 지구상에 존재하게끔 한다. 위대한 우주적 선율이라는 영원한 노래 속에서 끝없이 움직이는 창조와 완전성에 고통의 그림자를 드리우는 것이 바로 이런 것들이다. 인류를 제외한 다른 모든 존재들은 오로지 **사랑, 생명, 조화, 빛의 법칙**에 따라 살아가고 행동하며, 오직 인류만이 천체들의 음악 속에서 부조화를 만들어내는 우를 범한다. 다른 존재들은 조화로운 전체, 다시 말해 **모두를 사랑하시는 그분의 무한한 몸** 안에서 하나로 살아간다.

생명과 빛의 모든 다른 영역들은 모든 완전성이 나타나는 근본적인 원리에 따라 움직이고 창조하니, 이 원리는 곧 사랑이니라. 만일 너희들의 왕과 같은 **위대하고 이타적인 자들** — 존재의 중심된 파동이 사랑인 상승 마스터들의 영단 — 이 없었더라면 인류는 이미 오래전에 자기 자신과 자신이 살아가는 이 행성을 파괴했을 것이다.

사랑과 빛의 초월적이고 숭고한 활동은 하나님이 창조하신 자연적인 상태다. 이는 또한 창조주 하나님께서 인간 자녀들이 자신의 **사랑의 명령**에 복종하며 나타내기를 바라시는 활동이니라. 우주 어디에도 초자연적인 상태라는 것은 없다. 초월적이고 아름다우며 완전한 모든 것은 자연스럽게 **사랑의 법칙**을 따른 데서 나온 것이다. 이 이외의 것은 '부자연스러운 것'이다. 상승 마스터들의 일상적인 경험은 하나님의 의도대로 살아가는, 완전한 하나님 자녀들의 삶이다. 지구의 자녀들은 이 완전성을 황금시대였던 이전의 사이클에서 한번 표현했었다.

그 이전의 문명, 즉 고대에 표현되었던 완전성은 너희가 생각하는 것보다 더 오래되었는데, 심지어 너희가 이 지구의 나이라 믿는 그 시간보다도 더 오래되었다. 그 시기의 모든 인류는 상승 마스터와 비슷한 초월적인 상태에서 살고 있었다. 그때부터 오랜 세월 동안 이어진 고통스러운 상태는 인류가 자신의 **근원**, 즉 사랑을 외면하기로 선택했기 때문에 생겨난 것이다.

지구의 자녀들이 사랑을 외면할 때 그들은 의도적으로, 그리고 의식적으로 혼돈의 경험을 선택하고 있는 것이다. 사랑 없이 존재하고자 하는 자는 창조계의 그 어디에서도 오래 살아남을 수 없으며 그러한 노력은 실패와 불행, 파멸을 가져올 수밖에 없다. 사랑이 결핍된 것, 미숙한 것은 무엇이든 혼돈으로 돌아가야만 한다. 이렇게 하여 그것의 본질은 사랑과 결합되어 다시 사용될 것이며 새롭고 완벽한 형태로 만들어질 것이다.

이것이 바로 개체적인 생명의 법칙이며 또한 우주의 보편적인 법칙이다. 하나님께서 **사랑**을 쏟아붓고 행위 속에서 **사랑**을 표현하려는 목적으로 창조계가 존재하므로 이것은 영원한 법칙이라고 할 수 있다. 이것이 모든 창조가 나타나는 근원인 **권능의 하나님의 법칙**이다. 이것은 **영원한 명령**이며 이 완전성의 '광대함'과 '탁월함'은 그 어떤 말로도 표현할 수 없다.

인간의 묘사를 훨씬 뛰어넘는 이러한 '실제적이고 영원하며 참된', 완벽한 생명의 조건과 경험이 없었다면 존재는 창조의 이원성 안에서 영원히 흔들리는 생명의 거대한 활동에 대한 희롱에 불과할 것이다. 우주에는 더 고차적이고 조화로우며 초월적인 활동 및 — 개인적이고 우주적인 — 의식의 영역들, 천체들이 있다. 이곳에서는 기쁨, 사랑, 자유, 완벽 속에서 끊임없이 창조가 일어난다.

이것들이 **현실**, **실재**, **진짜**이며 너희가 사는 물리적 세계의 몸이나 건물보다 훨씬 영구적이다. 이 생명의 영역들은 **사랑**으로 가득한 원소로 창조되었기 때문에 절대 부조화스러운 활동이나 특성이 나타날 수 없고, 그 안에서 결함이나 붕괴 같은 것은 찾아볼 수도 없다. 이 높은 차원의 영역들은 사랑을 기반으로 하기 때문에 그 생명의 표현의 완벽함은 끝없이 활동하고, 끝없이 확장되고, 모든 존재를 기쁨으로 축복한다. 이렇게 그 완벽함은 영원히 유지된다.

너희는 자기 자신을 감각의 무지, 인간적 욕구, 외적 자아의 욕망 속에서 거듭 태어나도록 이끌어서 자신에게 큰 불행과 어려움을 야기하고 있다. 인류의 감정적 영역에 속한 이러한 욕구들은 단지 개인이 자신의 생각과 감정을 통해 이런저런 특성을 부여해놓은 에너지의 축적물일 뿐이다. 이 부적절한 에너지는 인간적 표현을 통해 가속도가 붙어 습관이 된다. 습관은 일정 기간 동안 스스로를 한 가지 목표에 집중하게 하는, 의식을 제한하는 에너지이다.

전생의 감각적 욕구는 다음 생의 자기 자신을 몰아가는 힘이자 습관이 된다. 바로 이것이 너희를 부조화, 결핍, 필요라는 수레바퀴에 묶어 노예로 만든다. 이 힘과 습관이 너희를 인간적 문제와 자기 자신이 창조한 미로로 빠트리고, 너희가 어쩔 수 없이 **하나님의 법칙**인 **사랑**에 순종하고 그것을 배우게 될 때까지 이를 '강제한다.'

너희 자신의 잘못된 창조는 너희가 기꺼이 생명을 이해하고 생명의 **유일한 법칙**인 사랑에 복종하려 할 때까지 너희를 계속해서 몰아간다. 너희는 너희 자신이 **사랑의 법칙** 그 자체가 될 때까지 부조화를 끊임없이 경험하면서 생에 생을 거듭할 것이다.

아무도 벗어날 수 없는 이 활동은 외적 자아가 자신의 고통의 이유를 궁금해하다 결국 **사랑의 법칙**에 복종해야만 이러한 경험에서 해방될 수 있음을 이해할 때까지 지속

된다. 이러한 복종은 **가슴**에서 나오는 내적 고요, 평안, 친절, 자비의 감정으로 시작된다. 외적 자아는 가슴을 통한 **내적 느낌**을 통해 외적 세계와 접촉해야 한다.

사랑은 마음의 활동이 아니라 인간의 마음 그 자체를 창조하는, **빛나는 순수한 창조의 정수**이다. 위대한 신적 불꽃에서 나온 이 창조의 정수(액체 빛 – 역주)는 물질로 흘러들어가 형태와 행위 속 완전성으로서 그 자신을 끊임없이 쏟아붓는다. 사랑은 신적 완전성이 표현된 것이다. 사랑은 평화, 창조의 환희만을 표현할 수 있으며 모든 창조물에게 무조건적으로 이 기쁨과 평화의 느낌들을 쏟아낸다. 사랑은 영원한 자기창조(Self-Creating)이자 **지고하신 분**의 맥동이므로 그 자체로 '아무것도' 요구하지 않는다. 사랑은 '모든 것'을 지배하고 오직 완전성의 계획을 실행에 옮기는 것에만 관심이 있기 때문에 끊임없이 저절로 현현되고 나타난다. 사랑은 과거에 무엇을 받았었는지에 대한 관심이 없으며 영원히 자신을 줌으로써 기쁨을 얻고 그 균형을 유지한다. 이 완전성은 영원히 흘러나오는 사랑 안에 있기에, 완전성 이외의 그 어떤 부조화스러운 것도 에테르적 레코드 위에 기록할 수 없다.

사랑만이 조화의 기본이며 모든 생명과 에너지의 올바른 사용이다. 인간적 경험 속에서, 사랑은 자신의 모든 평화와 조화를 다른 창조물에게 주고 또 주고 싶은 욕망으로 자라난다.

백성들이여! 오 백성들이여! 오랜 세월 동안 영원히 변치 않는 사실이 하나 있으니! 오로지 '충만한' 사랑만이 한때 너희가 살았던, 너희가 알고 있었던 그 천국으로 너희를 다시 데려갈 수 있다. 이곳에서 너희는 다시 한번 사랑을 통해 모든 것을 주시는 위대한 빛의 충만함을 받아들이게 될 것이다.

이곳을 찾아온 왕자가 너희의 국경에 접근해오고 있다. 그는 이 도시로 들어와 너희들 황제의 딸을 찾을 것이며 너희들은 그 왕자의 지배하에 살게 될 것이다. 너희들의 실수를 인정하는 것은 헛된 일이 될 것이며, 그 어떤 것도 이 상황을 바꾸는 데 도움이 되지 않을 것이다. 황제와 그 가족들은 하나님의 권능과 권세를 지닌 이들의 보호와 보살핌 속으로 들어갈 것인데 어떠한 인간적 욕망도 이들에 대항해서 지배하는 것은 불가능하다. 그들은 이 땅 위의 황금 에테르 도시에서 온 위대한 빛의 상승 마스터들이다. 여기 있는 너희의 군주와 그의 사랑하는 자녀들은 이 시대가 지나갈 때까지 머물러 있게 될 것이다." 그는 황제에게로 가서 이렇게 말했다.

"인내심 많은 나의 숭고한 형제여, 축복한다네! 그대는 사심 없는 사랑으로 백성들에게 봉사해왔네. 모든 창조물의 근원이신 그 지고하신 분을 향한 그대의 헌신은 깊고 끊임없었지. 황금 에테르 도시는 그대와 그대의 아이들을 기다려왔고, 또 그대들을 기쁘게 환영한다네.

그대는 그 도시의 광휘 속에서 살아가게 될 것이네. 그대의 백성들이 **사랑의 법칙**에 다시금 '복종'함으로써 그들 자신의 실수를 만회할 때까지, 그대는 그 도시에 거하는 이들로부터 영원토록 흘러나오는 빛의 광선들 안에서 봉사하며 살아갈 것이네.

이 '빛의 왕국'은 그대가 그토록 사랑하는 이 땅 위에 존재하네. 이 빛의 왕국은 높이 진동하는 에테르적 빛-물질로 이루어져 있으며 그대 왕국의 수도 위에 존재하고 있네. 그곳은 진실로 실재하며 물질로 이루어진 지구상의 그 어떤 곳보다도 더 영원한 곳이라네. **빛**은 파괴할 수 없는 것이며, 황금 도시는 바로 그 높이 진동하는 **빛**으로 이루어졌기에 영속적인 것이지. 부조화스러운 파동 혹은 조화를 이루지 못하는 상념은 이 황금 도시로 들어갈 수 없다네.

나는 일주일 안에 이곳으로 다시 돌아와 그대와 그대의 아이들을 '빛의 도시'로 데려갈 것이네. 우리는 그곳에서 인류의 진보를 지켜보면서 자기 자신 스스로를 수양하고 훈련시킨, 준비된 이들만을 **빛**으로 끌어들일 것이야. 이 도시 주위에는 절대로 파괴되지 않는 전자적 빛의 벨트가 둘러져 있어 초대받지 않은 이는 도시로 들어올 수 없다네."

말을 끝낸 그는 황족과 손님들, 그리고 왕국을 축복해 주었다. 그 뒤 잠시 침묵이 흐르더니 그의 빛과 빛 속에 있던 그의 몸 윤곽이 점점 희미해지다가 완전히 사라져버렸다.

거대한 연회장 안에 웅성거리는 소리가 그치자 모두가 황제를 바라보았고, 황제는 경건한 침묵 속에서 고개 숙여 인사했다. 그리고 나서 그는 천천히 일어나 손님들에게 잘 자라는 인사를 했다.

그로부터 일주일째 되는 날, 모든 창조의 근원인 거대한 침묵으로부터 온 그 형제가 돌아와 황제와 그의 자녀들을 자신의 눈부신 오라 속으로 품어 안고서 그들을 '빛의 황금 에테르 도시'로 데려갔다.

그다음 날 한 왕자가 왕국에 도착했고, 왕자는 실망에 휩싸인 백성들과 왕국의 상태를 알게 되었다. 그는 즉시 자신이 그곳의 군주가 되겠다는 음흉한 계획을 세웠다. 그는 거침없이 이 계획을 실현했고 그로부터 2,000년 후 왕국 대부분은 물 한 방울 없는, 사방이 황량한 불모지가 되었다. 이 모든 것은 인류의 부조화와 이기심의 결과였으며, 이 이기심의 파동이 자연과 식물의 풍요로운 성장을 방해함으로써 일어난 일이었다. 이 고대 왕국은 지리적으로는 아프리카에서 동쪽으로 히말라야산맥에 닿을 만큼 확장되었었던 거대한 왕국이었다.

이 왕국이 결국 불모지로 변한 후, 대재앙이 연이어 일어나면서 그 모든 땅들이 물속으로 가라앉았다. 그 변화를 통해 현재 사하라 사막이 있는 곳에 큰 내해가 형성되었다. 하지만 약 1만 2,000년 전에 일어난 또 다른 지구의 변화로 인해 이 바다도 사라졌고 그중 일부가 이후 현재의 사하라 사막이 되었다. 오늘날의 나일^Nile강이 오랫동안 잊혀 있던 그 시대의 아름다운 시내와 흡사하다.

이렇게 하여 고대 장면들이 끝났다. 나는 내 감각들을 거의 믿을 수가 없었다. 세인트 저메인에 의해 활기를 얻은 과거 경험의 이미지들은 3차원으로 투영되었고, 그 먼 옛날에 살았던 사람들의 활동이 너무나 현실처럼 보여지고 있었기에 깜짝 놀란 것이다.

내가 얼마나 놀랐는지, 그리고 내가 이런 경험에 얼마나 익숙하지 않은지를 알게 된 세인트 저메인은 이 시대와 이 시대의 사람들이 실제로 존재했었다는 물리적 증거를 내게 보여주겠다고 약속했다. 또, 이것이 그가 만들어낸 비전이 아니라는 물증을 내게 주겠다고 했다.

우리는 우리가 앉아 있던 통나무 주위를 둘러보다가 흑
표범이 곤히 잠들어 있는 것을 보게 되었다. 인간 자신에
게 내재해 있는, 감각 세계의 모든 것에 대한 권능을 현현
하기 위해서는 상위 법칙들의 적용이 필요한데, 세인트 저
메인은 이 상위 법칙들의 적용에 있어서 몇 가지 중요한
단계들을 설명하기 시작했다. 그것은 그가 인간의 시간으
로 치면 너무나도 오래된 그의 몸으로도 그러한 젊음과 완
전성을 드러낼 수 있는 방법이기도 했다.

"영원한 젊음은 인간의 몸에 깃든 신적 불꽃이란다. 이
불꽃은 아버지 하나님께서 그의 창조물에게 내려주신 선
물이야. 젊음과 심신의 아름다움은 부조화를 자신의 의식
에서 완전히 떨쳐버릴 수 있을 만큼 강한 사람들만이 '영
원히' 간직할 수 있어. 이런 이들만이 완전성을 표현하고
유지할 수 있단다. 평화, 사랑, 빛이 인간의 생각과 감정
안에 머물지 않으면 아무리 물리적인 노력을 해도 외적 자
아가 지닌 젊음과 아름다움의 표현을 유지할 수 없어. 평
화, 사랑, 빛은 모든 개인의 신성 자아인 신적 불꽃 안에
영원히 존재해. 어떤 부조화든 간에 외적 자아가 상념과
감정을 통해 떠오르게 한 것은 육체에 '즉각적인' 흔적을
남겨. 영원한 젊음과 아름다움은 모든 인간에게 있는 생

명의 신적 불꽃 속에서 스스로 창조되는 것이며(Self-Created) 영원히 자존한단다.

젊음, 아름다움, 완전성은 창조주 하나님의 법칙을 통해 그 자신의 창조 속으로 계속 주어지는 사랑의 속성이란다. 각 인간의 내면에는 계속해서 확장되어가는 완전한 창조의 활동을 유지하고 증가시키기 위한 힘과 도구가 있어.

이러한 완전성을 성취하는 힘은 세상에 태어난 한 명 한 명의 인간의 내면에 있는 하나님 자아의 에너지야. 이 에너지는 너의 몸, 마음, 세계에서 삶의 매 순간 언제나 활동하고 있단다. 이 강력한 에너지가 인간에게 흘러 들어가지 않는 순간은 없어. 이것은 모든 인간에게 항상 흐르고 있지. 너는 의식적으로 통제된 상념과 감정을 통한 자유의지의 명령에 따라 이 에너지에 특성을 부여할 수 있는 특권을 가졌어.

상념은 이 우주에서 창조의 진동을 만들어낼 수 있는 유일한 것이란다. 그리고 너는 진동을 통해 영원히 흐르는 이 에너지에 특정한 속성을 부여할 수 있어. 이렇게 너는 네 삶과 세상에 나타나길 소망하는 모든 것을 창조할 수 있어. 무한하고 지적인, 이 빛나는 에너지는 너의 신경계를 통해 계속해서 흐르고 있고, 이것이 바로 육신의 혈관 속에서 흐르는 영원한 생명이자 활력이란다. 이 에너지는 네가 자신의 자유의지에 따라 의식적으로 자신을 이끌어갈 수 있도록 아버지, 즉 하나님의 생명 원리가 내려주신 전지전능하고 편재하는 활동이야. 모든 것을 건설적으로 사용하는 진정한 지성은 오로지 하나님 원리에서만, 즉 생명의 불꽃에서만 나오는 것이며 이러한 지성은 단순한 지적 활동을 넘어선 것이란다. 진정한 지성은 지혜 또는 신적 지식이며 이러한 지성은 그릇된 생각을 하지도 않고, 할 수도 없지. 모든 그릇된 생각은 외적인 세계에서 받은 상념들에서 온 것이고, 외적 자아가 만들어낸 지적인 틀에서 나오는 거란다. 만약 개인이 자신의 상념이 각각 어디에서 나온 것인지 지혜의 눈으로 분별할 수 있다면, 다시 말해 무엇이 자신의 내재한 신적 불꽃에서 나온 상념인지, 그리고 무엇이 다른 사람들의 지성과 눈에 보이는 것만을 인정하는 감각적 증거에 영향을 받은 상념들인지 구분할 수 있다면 그들은 자신이 경험하는 이 세계 속에서 모든 부조화스러운 활동과 상황들을 피할 수 있을 거야.

자기 자신의 내재한 신적 불꽃에서 나오는 빛은 곧 완전성의 기준이라고 할 수 있는데, 자신의 오감을 통해 생겨난 모든 상념과 감정이 이 기준에 맞는 것인지 인간은 반드시 숙고하고 시험해봐야 한단다. 인간이 스스로 **완전성의 근원**으로 향하지 않는다면 그 누구도 그의 생각과 감정을 완전하게 만들어줄 수 없어. 완전성은 오로지 신적 불꽃 속에서만 나오기 때문이야.

이것이 바로 자기 자신의 내면에 있는 신적 빛과 교감하고 그 빛에 대해 명상해봐야 하는 이유야. 순수한 생명의 정수는 육신에 영원한 젊음과 아름다움을 주고, 그것들을 유지해줄 뿐만 아니라, 신적 자아와 외적 자아(개인적 자아) 사이의 '완전한 균형'을 유지해준다. 사실 이 순수한 생명 에너지는 외적 자아가 자신의 신성한 근원, 즉 신적 자아와의 연결을 유지하기 위해 사용하는 힘이야. 지성적 능력 또는 마음의 외적 활동이라고 할 수 있는 감각 의식이 결함, 부조화, 불완전성을 받아들이거나 스스로를 편재하는 생명의 한 **존재**와는 외떨어진 창조물이라고 생각할 때를 제외하면, 이 두 가지는 실은 하나란다. 만약 감각 의식이 스스로를 하나님, 즉 완전성으로부터 분리된 어떤 것으로 생각한다면 정말로 그런 상황이 나타나게 된단다. 감각 의식이 자신의 세계에 대해 생각하는 것은 그대로 그 세계에 나타나기 때문이야.

불완전성에 관한 생각 혹은 하나님으로부터 분리되었다는 생각이 자신의 주의와 마음을 사로잡게 내버려두면 그에 상응하는 상황이 자신의 몸과 세상에 나타나기 시작해. 이렇게 하여 사람은 스스로를 그 자신의 근원과 외떨어진 독립체라고 느끼지. 자신이 하나님으로부터 분리되었다고 생각하는 순간, 그는 자신의 생명과 지성, 그리고 힘에 시작과 끝이 있다고 생각한단다.

생명은 언제나 존재해왔고, 지금도 존재하며 앞으로도 존재할 거야. 그 무엇도 진정으로 생명을 파괴할 수는 없단다. 정신적, 물질적 세계 속에서의 다양한 활동을 통해 형태가 해체되거나 일시적으로 무너질 수는 있지만 개인의 의식은 영원해. 내면에 있는 하나님의 생명을 창조물 속의 모든 선한 것을 '주시는 이, 아시는 이, 행하시는 이'로 인정할 때, 개인의 의식은 모든 현상계의 모든 물질들을 통제할 수 있어.

나는 네게 모든 선한 것의 원천은 오직 하나, 즉 하나님이라는 진실을 말해주고 있단다. 외적 자아의 외적 활동 안에서 인간이 이 진실을 하루 두세 번이 아닌 모든 순간마다 의식적으로 인지하고 받아들인다면, 그리고 외적 자아가 무엇을 하든 상관없이 이를 유지한다면 누구나 그 자신이 지닌 인간적 한계에서 벗어난 완전한 자유와 권능을 표현할 수 있을 거야.

대부분의 사람에게는 이것이 어려운 일처럼 느껴질 테지. 그들은 삶의 매 순간 모든 상념과 행동에 하나님의 생명, 하나님의 물질, 하나님의 활동, 하나님의 에너지를 써

왔으면서도 그 사실을 모른 채 자신이 하나님과 외떨어진 존재라는 믿음 속에서 너무나 오랜 시간을 살아왔으니까 말이야. 그러나 내가 앞에서 말한 대로 되려면 마음의 외적 활동 속에 감춰진 이러한 사실을 의식적으로 인정하는 과정이 필요하고, 또 자유의지를 통한 긍정적이고 건설적인 지도가 필요한데, 이것은 개인적 자아를 통해 이 생명의 완전한 힘을 발산하기 위해서이지.

언제나 자기 자신의 내면에 있는 하나님의 에너지를 인지하고 의식적으로 지도하며, 그것을 건설적으로 사용하는 것이 완전성으로 향하는 길이란다. 이것이 곧 자기완성의 길이자 '모든' 자연적 힘의 의식적인 통제, 즉 지구상의 모든 것에 대한 통치권을 얻는 길이지. 내가 네게 준 가르침을 계속 실천한다면 네 의식 안에 뿌리내린 모든 거짓된 믿음들을 완전히 지워버릴 수 있단다. 이것이 얼마나 빠르게 이루어지느냐는 네가 너의 신적 자아를 얼마나 지속적으로, 얼마나 끈질기게, 얼마나 깊이 느끼고 연결되느냐에 달렸어.

아뎁트^Adept(대사 — 역주)가 되는 과정에서, 혹은 마스터리를 이루는 과정에서 모든 힘에 대한 의식적 통제 능력과 물질을 능숙히 다루는 능력을 좌우하는 것은 크게 세 가지야. 첫째는 자기 자신의 내재한 신적 자아를 인정하는 것이고, 둘째는 모든 상황에서 완벽한 감정적 평정심을 유지하는 것이며, 셋째는 권력과 지배 욕구의 남용에 대한 '모든' 유혹을 넘어서는 거지. 통치권을 얻기 위해서는 반드시 의식적인 의지의 명령으로써 모든 감정의 파도를 고요하게 잠재워야 해. 통치권을 얻은 아뎁트에게는 이것이 무조건적으로 요구된단다.

이는 자기 내면의 부조화를 '억누르는 것'이 아닌, 자신의 몸과 마음이 어떤 상황에 있든 감정을 고요히 하고 조화롭게 하는 것이지. 이렇게 하는 것은 특히 서구 사람들에게 쉽지 않은 일인데, 이는 그들 대부분의 기질이 예민하고, 감정적이며, 충동적이기 때문이야. 이러한 특질은 엄청난 힘을 가진 에너지라고도 할 수 있단다. 이 에너지로 뭔가 건설적인 성취를 이루려면 이것은 반드시 통제되어야 하고, 보존되어야 하며, 의식적인 지휘를 통해서만 방출되어야 해. 인간은 자신의 에너지가 어떻게 낭비되는지를 점검하고, 그것을 완전히 통제할 수 있을 때까지 절대 영구적인 발전을 이룰 수 없단다.

이러한 가르침을 배우는 사람들은 학생이 자기완성과 성취의 길에서 확언의 사용이 필요 없어지는 단계로 올라갈 수 있는지 종종 묻기도 하지. 인간이 진심으로 확언을 사용할 때는 그가 어떤 확언을 했느냐에 상관없이 그 확언을 진실로서 온전히 받아들이게 된단다. 확언의 사용은 그가 자신의 느낌 속으로 온전히 받아들인 그 진실에 외적 마음의 주의를 계속해서 집중시키기 때문이야. 여기서 느낌이란, 그가 확언한 진실이 방출되어 나타난 신적 에너지란다.

확언의 지속적인 사용은 그가 확언한 것에 대한 진실을 깊이 깨닫게 해. 따라서 확언을 하는 사람은 더 이상 그것을 확언으로 의식하지 않게 되지. 확언, 만트라, 기도문을 외는 이유는 그가 어떤 것의 현현을 열망하기 때문이야. 올바른 열망은 기도의 가장 깊은 형태라고 할 수 있단다. 따라서 사람은 확언의 사용을 통해 자신의 외적 자아를 그 확언의 진실을 온전히 받아들이는 수준까지 고양시키고, 그 확언을 현현시키는 느낌을 만들어내지. 현현이라는 것은 이러한 깊은 수용에서 나오는 거야. 입에서 나온 말과 집중이 즉각적인 활동을 일으키기 때문이란다."

나는 세인트 저메인의 가르침에 너무나도 깊은 감사를 느꼈는데, 그것은 이루 말할 수 없을 정도였다. 그는 마치 책을 읽듯 내 생각과 감정을 읽었기 때문에 우리는 완전한 동조 속에서 잠시 침묵하며 앉아 있었다. 그는 몽상에 빠져 있던 나를 깨워 일몰의 잔광이 만들어낸 서녘 하늘의 화려한 빛깔을 보여주었다.

나는 산에서 밤을 보낸 후 아침에 일출을 보면서 집으로 돌아가고 싶었다. 내가 이런 열망을 마음속에 품자마자 아름다운 침낭이 내 발치에 나타났다. 그 침낭은 내가 본 그 어떤 것보다도 더 아름다웠다. 나는 손을 뻗어 침낭의 소재를 만져보았는데, 놀랍게도 그것은 빛이 나면서 따뜻했다. 내가 세인트 저메인을 올려다보자 그가 미소를 지으면서 크리스털 컵을 내밀었다. 컵에는 황금빛 액체가 들어 있었는데, 그 농도가 꿀과 비슷했다. 그의 권유에 순종하여 그것을 마시자 즉각적으로 내 몸 전체에 환한 빛이 흘렀다. 그것을 모두 마시자 컵은 내 손에서 사라져버렸다.

"아, 이런 훌륭한 창조물을 그냥 계속 가지고 있을 수는 없나요?" 나는 놀라서 물었다. "참을성을 가지렴, 고드프리!" 그가 답했다. "네 열망이 하나씩 충족되고 있잖니. 네 침낭은 동틀 녘까지 계속 남아 있을 거고, 네 친구인 흑표범이 밤 동안 너를 안전하게 지켜줄 거야."

그는 살짝 고개를 숙이고 우아함 그 자체인 미소를 지어 보였다. 그러자 그의 몸이 점점 희미해지면서 결국 완전히 사라졌다. 나는 그 훌륭한 침낭에 누워 금방 깊은 잠에 빠져들었다. 동쪽 지평선에 장밋빛 여명이 밝아왔을 때, 나는 잠에서 깨어났다. 일어나서 첫 번째로 든 생각은 지난밤 동안 너무나도 즐겁게 사용했던 이 침낭에 대한 생

각이었다. 그 생각과 함께, 침낭은 나타났을 때처럼 보편
물질 속으로 갑자기 사라져버렸다.

흑표범이 내게 다가왔고, 우리는 함께 집으로 돌아가는
길을 걸어갔다. 어느 정도 걷고 나니 사람의 목소리가 귀
에 들려왔다. 흑표범은 킁킁거리며 허공의 냄새를 맡더니
갑자기 내 앞에 멈춰서서 나를 올려다보았다. 나는 손을
뻗어 털을 쓰다듬으며 말했다.

"이제 가도 돼." 그러자 흑표범은 산길 오른쪽의 울창한
숲으로 껑충껑충 달려갔다. 나는 별다른 일 없이 가던 길
을 마저 걸어가다 정오가 조금 지난 시각에 집에 도착했
다. 그때의 내 마음 상태는 말로 묘사할 수 없을 정도였다.

나는 생각하고, 숙고하고, 소화해서 내가 배운 이 완전
히 새로운 개념들의 짜임에 적응하고 싶었다. 지난 48시
간 동안 겪었던 비범하고도 실제적인 경험은 나의 세상
을 완전히 뒤바꿔놓았다. 나는 극도로 행복했고, 마치 다
른 우주가 나타난 기분이었다. 바깥 세상은 내가 알고 있
던, 그 오래되고 따분한 세상 그대로였다. 하지만 정말 그
럴까? 세상 속에는 언제나 놀라운 경험들, 모든 현현을 지
배할 권능과 자유에 대한 믿기 힘든 계시들, 굉장한 힘이
존재해왔다. 다만 내가 이것들에 대해 전혀 모르고 있었을
뿐이었다.

내 일생은 온통 이런 기적처럼 보이는 것들에 이미 둘러 싸여 있었다. 하지만 나는 지난 세월 동안 창조된 세계 속에 마치 그런 것이 존재하지 않는 것처럼 그 기적들을 의식하지 못하고 있었던 것이다. 나는 생각하고 또 생각했다. 살면서 그 어떤 것도 이토록 깊게 숙고해본 적이 없었다.

저녁 식사 시간이 다 됐지만 배는 고프지 않았다. 그래도 식사는 해야 하니 우유 한 잔을 시켰다. 주문한 우유가 나왔고, 나는 잠시 후에 그것을 맛보고 깜짝 놀랄 수밖에 없었다. 우유는 세인트 저메인이 맨 처음에 내게 주었던 것과 똑같은 그 '크림 같은 액체'가 되어 있었다.

그렇게 식사를 다 마치고 집으로 돌아온 나는 잠자리에 들기 전 목욕 준비를 하고 있었다. 바로 그때, 갑자기 익숙한 전기적 신호가 머리부터 발끝까지 흘러들어오며 나를 황홀하게 만들었다. 나는 나도 모르게 손을 내밀었고, 몇 초 지나지 않아 크리스털 같은 물질로 만들어진 작은 덩어리가 내 손바닥에 나타났다. 왜인지는 모르겠지만, 나는 그것을 내 욕탕에 넣어야 한다는 것을 알고 있었다. 그것을 물에 넣자 즉시 거품이 일면서 마치 살아 있는 듯이 반짝거리기 시작했다.

욕탕에 몸을 담그자 톡톡 쏘는 듯한 감각이 내 몸의 모든 세포들을 황홀하게 만들었다. 나는 원기 왕성한 전기적 흐름으로 '충전되는' 느낌을 받았고, 이 흐름은 내 온 존재를 밝히고 강화시켜주었다. 마침내 목욕이 끝났고, 나는 침대에 누워 꿈도 없는 깊은 잠 속으로 빠져들었다.

3

The Royal Teton
로열 티톤

별다른 일 없이 나흘이 흘렀다. 나는 최근에 겪은 경험의 의미를 더 깊고 온전히 깨닫기 위해 노력하고 있었다. 닷새째 되는 날 저녁, 날이 막 어두워지고 있었을 때 내 방 창문을 두드리는 소리가 들렸다. 나는 밖을 내다보았고, 창턱에는 눈처럼 흰 비둘기가 부리에 작은 카드를 물고 서 있었다.

내가 창문 쪽으로 걸어가 창문을 열자 비둘기는 방으로 들어와 차분히 서 있었다. 나는 카드를 받아 거기에 쓰인 메시지를 읽었는데, 그 메시지는 전의 것과 똑같은 아름다운 글씨체로 적혀 있었다. 하지만 이번 카드는 하얀색이었고 글씨는 금색 잉크로 적혀 있었다. 거기에는 이런 메시지가 쓰여 있었다.

"아침 7시에 우리의 만남 장소에서 보자꾸나.

— 세인트 저메인"

비둘기는 내가 카드를 받아들자마자 내 어깨로 날아와 마치 사랑의 메시지를 전하는 듯 자신의 머리를 내 얼굴에 비볐다. 그러고는 다시 창문 쪽으로 날아가 화살처럼 쏜살같이 사라져버렸다. 나는 카드가 사라지지 않기를 바라며 조심스럽게 그것을 내려놓았다. 그러나 다음 날 새벽 하이킹을 가기 전에 다시 살펴보니 그것은 이미 사라져버렸다. 첫 메시지가 적혀 있었던 황금 카드는 사흘 동안 사라지지 않았었는데, 그것은 내가 그 카드를 영구적으로 보관할 수 있길 바라며 매시간마다 그 카드를 계속 살펴보았기 때문이었다. 두 번째 카드 역시 보편 세계로 다시 돌아갔다는 사실을 알게 된 나는 너무도 실망해서 가슴이 무너져내리는 것 같았다.

15킬로미터 정도 하이킹을 해서 아침 7시까지 약속 장소에 도착하려면 자정이 좀 지난 시간에 출발해야 했다. 그래서 나는 이른 시간에 일어나 새벽 3시에 집에서 나왔고, 빠른 걸음으로 걸어가니 동틀 녘에 숲에 도착했다.

숲속을 걸은 지 얼마 되지 않아 동물 울음소리가 들렸다. 나는 그것이 무슨 소리인지 미처 깨닫기도 전에, 나도 모르게 똑같은 톤으로 그 울음소리에 답을 했다. 그러자 수목들 사이로 무언가가 빠르게 달려왔는데, 자세히 보니 그것은 내 친구이자 내가 너무나 아끼고 좋아하는 흑표범이었다. 나는 흑표범을 쓰다듬어준 뒤 약속 장소로 같이 걸어갔다.

세인트 저메인은 7시 정각에 대기 속에서 걸어 나와, 두 팔 벌려 나를 환영해주었다. 그는 이번에도 맑은 탄산음료가 담겨 있는 크리스털 컵을 내게 건네주었다. 나는 그것을 마셨는데, 그 맛은 내가 육체적으로 경험해본 그 무엇과도 비교할 수 없을 정도의 맛이었다. 그것은 차가운 자몽즙과 비슷한 맛이지만 탄산이 들어가 있었다. 그 음료를 마시는 순간, 내 온몸으로 번개가 지나가는 듯한 감각이 느껴지면서 톡톡 튀는 그 활동이 내 모든 혈관 속으로 전달되었다.

그런 뒤 세인트 저메인은 흑표범에게 작은 갈색 케이크를 주었는데, 흑표범은 그것을 게 눈 감추듯 먹어치웠다. 잠시 후 흑표범의 털이 곤두서자 세인트 저메인이 말했다.

"네 친구는 이제 다시는 사슴을 죽이지 않을 거란다. 앞으로의 경험과 가르침을 위해서는 내 육신을 이곳 산 중턱에 남겨두어야만 해. 너는 아직 우리가 갈 장소로 너의 육신을 데려갈 만큼 충분한 내적 힘을 불러올 수 없기 때문이야. 우리가 자리를 비울 동안 흑표범이 너의 육신을 지켜줄 거고, 혹시 모르니 이 둘 주변으로 투명 망토를 두를 거란다. 우리는 이제 로열 티톤Royal Teton으로 갈 거야. 이리오렴."

그 즉시, 물리적인 몸보다 더 높은 진동수를 지닌 몸이 나의 육체 밖으로 빠져나왔다. 나는 자체 발광하는 황금색 천으로 만들어진 고급스러운 옷을 입고 있었다.

"네가 입고 있는 옷감을 잘 살펴보렴." 그가 말을 이었다. "네가 입고 있는 옷을 구성하는 물질에는 비범한 특성과 힘이 있어. 그중 하나는 그 옷을 입은 사람이 물질적인 물체들을 들어 올리고, 또 옮길 수 있다는 것이지. 그 옷 자체에는 순수한 전자 에너지가 있어서 육신의 힘을 쓰는 것과 마찬가지로 물건을 옮기는 데 그 에너지를 쓸 수 있단다. 이것은 위대한 빛의 마스터들이 지구상에서 처음으로 사용할 수 있도록 허락받은 경이로운 활동이야."

나는 독자들을 위해 다음의 것들을 명확하게 짚고 넘어가려 한다. 이 경험을 하는 동안 나는 4차원에서 기능하는 몸으로 그 옷을 입고 있었다. 하지만 그 옷은 내게 단단한 물체를 만지거나 느낄 수 있는 능력을 주었다. 우리 모두가 자신의 몸으로 물질을 만지거나 느끼듯이 말이다. 내가 이때 사용한 몸은 아스트랄체라 불리는 그런 몸이 아니었다.

우리는 곧 장엄한 어느 산 정상에 도착했다. 그 산은 미국 내에서도 손꼽힐 만큼 아름다운 경치를 자랑하는 곳에 우뚝 서 있었다. 우리 아래쪽에는 광대한 숲이 펼쳐져 있었고, 거대한 산맥들은 풍부한 광물들을 보물처럼 고스란히 간직한 채 쭉 뻗어 있었다.

우리는 거대한 바위들이 여기저기에 널려져 있는 곳으로 갔는데, 그 광경은 마치 거인들이 돌을 던지며 전쟁을 벌였던 흔적 같았다. 세인트 저메인이 그 거대한 바위들 중 하나를 만지자 바위가 원래 있던 자리에서 1미터가량 움직이기 시작했다. 그는 내게 따라오라는 손짓을 보냈고, 나는 그와 함께 안으로 들어갔다. 놀랍게도 우리 앞에는 커다란 청동문이 있었다.

"이 문은 아틀란티스가 침몰하기 전인 1만 2,000년 전부터 있던 것이란다." 그가 내게 설명했다.

그는 앞으로 걸어가 문의 어떤 지점을 눌렀다. 그러자 몇 톤은 되어 보이는 그 거대한 청동문이 천천히 열리면서 커다란 공간이 나타났다. 이 공간에는 단단한 바위를 깎아 만든 계단이 있었고, 우리는 그 계단을 60미터 정도 내려가 원형 모양의 또 다른 공간으로 들어갔다. 세인트 저메인은 방을 가로질러 계단 반대편에 있는 문으로 가서 그 문에 오른손을 갖다 대었다. 문이 열리고, 우리는 튜브 엘리베이터$^{\text{tube elevator}}$ 입구 앞에 서 있었다.

그 튜브는 반투명한 은 같았는데, 세인트 저메인은 그런 내 생각을 읽고 이렇게 답했다.

"그래, 하지만 강철보다 더 단단하며 파괴할 수도 없단다." 같은 금속으로 만들어진 평평한 원반이 우리가 있는 층으로 올라왔는데, 그것은 튜브 지름에 딱 맞는 크기였다. 엘리베이터는 전적으로 마스터에 의해 운영, 작동되었다. 그가 엘리베이터 안에 타자 나도 그를 따라 탔다. 문이 닫히고 엘리베이터가 내려가기 시작했다. 내려가는 속도는 그리 빠르지 않았고 우리는 아주 깊은 곳으로 내려갔다. 엘리베이터는 또 다른 청동문 앞에서 멈춰 섰는데, 그 문은 앞서 본 것과는 완전히 다른 디자인이었다.

"우리는 산 중심부로 600미터 정도 내려왔어." 그가 튜브 밖으로 나오며 말했다. 우리는 기이한 디자인과 배치로 이루어진 공간에 서 있었다. 그 공간은 좌우가 긴 직사각형 모양이었는데, 북동쪽과 북서쪽 모서리는 비스듬히 잘린 모양이었다. 이곳은 응접실 혹은 바깥 궁의 기능을 하는 곳이었다. 북동쪽에 있는 육중한 청동문이 열리자 궁이 나왔다.

북쪽에도 그것과 똑같은 커다란 청동문 두 개가 있었는데, 그 문들은 거대한 홀로 통하는 문이었다. 북서쪽 벽에

도 문이 있었다. 그 문은 우리가 맨 처음에 들어왔던 청동
문과 똑같은 모양이었다. 남쪽 벽에는 어마어마하게 큰 태
피스트리[tapestry]가 걸려 있었다.

그것은 다소 거칠게 짜여 있었지만 낙타 털처럼 부드러
운, 참으로 특이한 소재로 만든 것이었다. 태피스트리의
배경은 은은한 크림색이었고 실물 크기의 두 인물이 묘사
되어 있었다. 둘 다 위대한 권능과 주권을 지닌 신적 존재
를 나타내는 인물이었다. 오른쪽에 있는 인물은 남성적이
었고 왼쪽에 있는 인물은 여성적이었으며 그 둘은 마치 자
신들의 명령에 따라 우주의 힘을 지휘하는 것 같은 자세로
서 있었다.

남성적인 인물은 주름이 풍성하게 잡힌 로브를 입고 있
었는데, 로브는 짙은 사파이어 블루 색상의 장식들로 꾸며
져 있었으며 금으로 수놓아져 있었다. 그 옷은 분명 그가
지닌 권한 혹은 그의 위엄을 상징하는 것이었다. 그는 로
브 안쪽에 금속처럼 보이는 금색 튜닉*을 입고 있었으며
루비, 다이아몬드, 사파이어, 에메랄드가 그의 허리춤을
장식하고 있었다. 그의 허리에는 보석으로 장식된 벨트가
둘려 있었는데, 그 벨트에는 30센티미터 정도 길이의 판

---

* tunic: 고대 그리스나 로마인들이 입던, 소매가 없고 무릎까지 내려오는 헐렁한
웃옷.

이 달려 있었으며 거기에도 같은 종류의 보석들이 박혀 있었다. 그가 입은 튜닉 길이는 무릎까지 내려왔다. 튜닉 아랫단은 10센티미터 너비의 실크로 마감되어 있었고, 거기에 아름다운 자수가 보석들과 똑같은 색으로 수놓아져 있었다.

전체적인 인상은 딱 한 가지로 요약될 수 있었는데, 그것은 그 옷들이 '전부' 자체적으로 빛을 발한다는 것이었다. 그는 황금 가죽으로 만들어진 샌들 같은 부츠를 신고 있었는데, 길이는 무릎 높이 정도였다. 화려하게 장식된 그 부츠는 사파이어 블루 색상의 끈으로 여며져 있었다. 그의 이마 가운데에 둘러져 있는, 대략 4센티미터 정도 너비의 금색 띠가 그의 금빛 웨이브 머리를 고정시켜주었다. 그의 머리 길이는 어깨 밑 15센티미터 정도였다.

그의 피부는 매우 희었고 약간의 분홍빛을 띠고 있었다. 눈동자는 짙은 보라색과 파란색이 섞인 색깔이었다. 그의 왼손은 자신의 가슴 위에 살포시 올려져 있었고, 위로 들어 올린 오른손에는 그의 힘과 주권을 나타내는 눈부신 크리스털 봉이 들려 있었다. 그가 든 봉 아래쪽은 가늘었으며 윗부분에는 8센티미터 지름의 구체가 놓여 있었는데, 그 구체가 백광의 광선들을 발하고 있었다.

그 이미지를 본 이라면 누구라도 그가 거대한 힘을 행

사하는 인물이자 강력한 우주의 힘을 조종하는 인물임을 알 수 있을 것이었다. 그는 전체적으로 완전한 젊음을 보여주면서도 자신의 거룩한 눈을 통해 영원한 지혜를 말하고 있었다.

그의 왼편에 있는 여성적 인물이 입은 짙은 보라색 로브는 그녀의 권위를 나타내주고 있었으며, 남성적 인물의 것과 마찬가지로 금색 자수가 수놓아져 있었다. 그녀가 로브 안에 입은 금색 드레스는 빛이 나는 부드러운 소재로 만들어져 있었으며 그 길이가 바닥까지 닿을 정도였다. 이 옷을 표현하기 위해 태피스트리에 사용된 소재는 아마도 그녀가 입은 원래 옷의 소재와 동일한 것 같았다. 이 인물 역시 보석으로 장식된 거들을 차고 있었는데, 거들에는 남성적 인물에게 장식된 것과 똑같은 보석들이 박힌 판이 달려 있었다. 판의 길이는 무릎 아래 5센티미터까지 내려왔다. 그녀가 입은 드레스 밑단 아래로 샌들을 신은 오른쪽 발이 보였는데, 그 샌들도 황금 가죽으로 만들어진 것이었다. 그녀의 머리 장식은 정확히 남성적 인물의 것과 똑같은 것이었고 눈동자 색도 남성적 인물의 것과 같았지만 조금 더 옅은 색이었다. 그녀의 금발 머리는 무릎까지 내려올 정도로 길었다.

그녀의 가슴에는 금색 체인에 연결된 큰 다이아몬드 하

나가 있었는데, 그 다이아몬드는 칠각별 모양이었다. 그녀는 왼손에 지름 15센티미터 정도의 수정구를 들고 있었고, 남성적 인물과 똑같이 치켜들고 있는 오른손에는 독특한 디자인의 봉을 들고 있었다. 봉의 아래쪽 약 3분의 2는 금으로 만들어졌으며 맨 끝이 창 모양이었다. 나머지 위쪽은 크리스털 같은 물질로 만들어져 환한 빛을 내뿜고 있었다. 봉 맨 위쪽은 백합 문장(fleur-de-lis)과 비슷한 모양이었는데, 가운데 부분이 훨씬 길다는 점, 그리고 각각의 끝부분이 네 측면으로 깎여 잎의 끝부분으로 갈수록 가늘어진다는 점이 백합 문장과의 차이점이었다. 각각의 곡선 모양 잎은 색이 달랐다. 오른쪽은 아름다운 분홍색, 왼쪽은 짙은 사파이어 블루, 가운데는 크리스털의 빛과 같은 흰색이었다. 셋 다 투명하며 빛이 났다. 금으로 만들어진 부분과 크리스털 같은 물질로 만들어진 부분은 경계선을 찾을 수 없을 정도로 서로 완벽하게 혼합되었다. 그녀의 봉은 창조력의 세 활동을 상징하는 것이었다.

그녀의 왼손에 들려 있는 수정구는 우주적 활동 속, 아직 나타나지 않은 미래의 완전성을 드러내 보였다. 남자와 여자의 봉 모두 창조력이 어떤 특별한 현현을 위해 보편 실체 속으로 이끌어지고 지휘되고 있음을 나타내는 것이었다. 그들은 태피스트리에서조차 빛을 발하는 아름다운 존재들이었다. 나는 그들이 '현실'에서 어떤 존재였을지 궁금했다. 세인트 저메인은 내가 이 전체적인 개념을 숙고해보는 동안 나를 참을성 있게 기다려주었고, 덕분에 나는 이 작품 전체의 웅장함에 매료될 수 있었다.

"그 위대한 두 존재가 이 은둔처를 만든 거란다." 그가 말했다. 우리는 돌아서서 오른쪽의 청동문을 지나 커다란 홀로 들어갔다. 그곳은 어떤 신성한 의식을 치를 목적으로 만들어진 거대한 회의실 같았다.

그곳 전체의 분위기는 웅장하고 아름다웠다. 내 눈에 담겼던 그곳의 광경과 내가 경험한 그 감정은 도저히 말로 설명할 수 없을 정도였다. 내 주변의 눈부신 광경에서 내 뿜어져 나오는 그 광채에 적응하기까지는 약간의 시간이 걸렸다.

회의실은 적어도 세로 60미터, 가로 30미터 크기는 되어 보였고 천장 높이는 15미터쯤 되었다. 세인트 저메인의 설명에 따르면 그곳의 부드러운 백광은 위대한 이들이 빛, 열, 동력 등으로 사용하는 편재하는 힘으로서, 모든 곳에서 흘러넘치고 있는 힘이라고 한다. 옆면 벽의 6미터 정도, 그리고 회의실 끝 쪽 벽은 하얀 오닉스로 만들어져 있었다. 이 오닉스 벽 옆에는 적어도 60센티미터는 되어 보이는 거대한 금 광맥이 통째로 붙어 있었다.

양쪽 벽의 주요 소재는 푸른색을 띤 가벼운 화강암이었지만 우리가 들어온 입구 쪽은 고급 소재인 장미 화강암으로 자연스럽게 꾸며져 있었다. 벽, 천장, 바닥은 분명 놀라운 과정을 통해 그러한 광택을 뿜낼 수 있었을 것이다.

옆면 벽보다 3미터 정도 높은 아치형 천장에는 참으로 독특한 디자인의 무늬가 새겨져 있었다. 천장 중앙에는 적어도 지름이 3미터는 되어 보이는 황금 원판이 있었는데, 원의 둘레에는 '옐로우 다이아몬드'가 일곱 개 박혀 있었으며 그것들은 칠각별의 모양을 이루고 있었다. 이 다이아몬드들은 찬란한 황금색 빛을 담은 단단한 물질이었다.

이 중심 태양에서 발산되는 두 개의 빛의 링ring들은 각기 다른 색을 띠고 있었다. 각각의 링 역시 지름이 3미터 정도였다. 안쪽에 있는 링은 로즈핑크 색상이었고 바깥쪽 링은 쨍한 바이올렛 색상이었다. 칠각별에서는 환한 크리스털 빛으로 된 긴 광선이 아래로 뿜어져 나오고 있었다.

이러한 디자인 주변으로는 지름이 60센티미터 정도 되는 일곱 개의 작은 원반이 있었다. 이것들은 우리 태양계의 행성들과 흰 빛의 스펙트럼 내에 있는 일곱 빛깔 광선들을 나타내는 것이었다. 원반의 표면은 벨벳처럼 부드러웠으며 그것들에 사용된 색은 각 색깔 중에서도 가장 선명하고 쨍한 색들이었다.

나중에야 안 것이지만, 위대한 우주적 존재들은 특정한 때에 어떤 특별한 목적을 위해서 그 원반들을 사용해 자신들의 강력한 힘을 쏟아낸다고 한다. 위대한 깨달음을 얻은 이 이타적인 자들, 즉 빛의 상승 마스터라고 알려진 이들에게 힘을 받은 원반은 다시 이 힘을 지구와 인류에게로 보낸다. 이러한 힘의 방출은 지구상의 모든 생명뿐 아니라 인간의 몸에 있는 신경절의 일곱 센터에 영향을 미친다. 전체적인 천장의 색은 휘영청 밝은 달이 뜬 밤하늘 색이었지만 천장 표면은 빛을 매우 잘 반사시키고 있었다.

홀의 맨 끝 중앙 10미터 높이에는 60센티미터 지름의 커다란 눈이 있었다. 그것은 창조주가 자신의 창조물들을 영원히 바라보는 눈인 '창조주의 전시안(All-Seeing-Eye)'을 나타내는 것인데, 전시안 앞에서는 그 무엇도 숨길 수 없다.

어떤 시기에는, 특정한 결과를 이루기 위해 엄청난 힘이 이 전시안에 몰린다고 한다. 나는 그 전시안을 살펴보면서 그 힘이 완전히 운용되는 것을 본다면 어떤 느낌일지 궁금했다.

동쪽 벽의 맨 끝에서 대략 12미터 떨어진 곳에는 물질화된 재료로 만들어진 패널이 있었다. 패널의 크기는 길이가 21미터, 높이가 9미터 정도였다. 그것은 동쪽 벽에 5센티미터 깊이로 박혀 있었으며, 바닥에서 1.5미터가 조금

넘는 높이에 위치해 있었다.

패널의 소재는 짙은 남색 빛깔의 아름다운 벨벳처럼 보이기도 했지만 그것은 그 어떤 종류의 직물도 아니었다. 아마 그것과 비교될 수 있는 가장 비슷한 물질은 광물일 것이다. 이 물질은 인류가 살아가는 외적 세계 그 어디에서도 사용되고 있지 않았다. 하지만 특별한 목적이 있을 때면 빛의 위대한 상승 마스터들이 그것을 물질화할 때도 있었다.

세인트 저메인은 이 물질화된 패널이 만유의 거울 역할을 해왔다고 설명했다. 고도로 진화한 존재들 그룹의 내적 멤버 혹은 입문자들에게 가르침을 주는 거울인 것이다. 이 위대한 자들은 지구의 인류가 완전한 남성과 여성이 될 수 있도록, 그리고 외적 삶 속에서 예수 그리스도와 같은 위대한 완전성과 통치권을 현현할 수 있도록 끊임없이 돕고 있다.

'이 완전한 존재들의 그룹은 외부에 있지 않다.' 우리는 오직 자신의 인간적 약점을 스스로 바로잡고 내면의 신성한 존재를 완전히 경배할 때만 이러한 완전성을 표현하고, 살아낼 수 있다. 그리고 이렇게 되면 인간은 '높은 성취 수준'을 이룩한 이들의 일에 협력하는 쪽으로 자기 자신을 이끌어가게 된다.

세인트 저메인이 말했다. "이 패널에는 지구에서 일어나는 일들이 나타나기도 하고 금성이나 다른 곳에서 일어나는 활동, 아카식 레코드, 에테르계의 모습 등이 나타나기도 한단다. 학생에게 보여주고자 하는 곳을 지시하기만하면 이 패널에 그곳이 나타나게 돼. 패널에 나타나는 장면들은 과거와 현재뿐 아니라 먼 미래에 일어날 일들도 보여준단다. 이것들은 나중에 보자꾸나."

우리는 오른쪽 마지막 문을 지나 다른 방으로 들어갔다. 이 방은 길이가 24미터, 폭이 12미터, 높이가 6미터 정도였다. 우리가 방금 지나온 대형 홀과 비슷하게, 이 방도 아치형 천장이었다.

"보다시피 이 방의 표면 전체는 금색으로 칠해져 있고, 그 위에 보라색과 초록색 양각 줄무늬가 새겨져 있단다. 모두 물질화로 만들어낸 거지." 그가 말을 이었다.

오른쪽 벽 맨 끝에는 바닥에서 천장까지 닿는 높이의 장식장이 세워져 있었는데, 이 장식장은 은처럼 보이는 하얀 금속으로 만들어져 있었다. 아래쪽에 바퀴가 달려 있는 이 장식장 안에는 같은 금속으로 만들어진 용기들이 있었다. 각 용기 뚜껑에는 양각으로 상형문자가 새겨져 있었기 때문에 용기 안에 들어 있는 네 개의 두루마리에 적힌 상형문자가 무엇인지 구분할 수 있었다.

두루마리의 길이는 적어도 25센티미터는 되어 보였다. 그것들은 모두 리본으로 묶여 있었고, 폭이 20센티미터 정도 되었다. 금과 다른 금속을 합금하여 압착한 소재로 만들어져 있어서 튼튼하고 유연했다. 게다가 그 두께는 일반적인 원고지 두께보다도 더 얇았다. 두루마리를 묶은 금 리본의 길이는 2미터부터 15미터까지 다양했고, 철필 같은 것으로 새긴 듯한 글자가 쓰여 있었다. 이 글자들은 너무나 완벽해서 기계로 쓴 글씨처럼 보일 정도였다.

"이 기록들은 내가 네게 했던 약속을 지키는 것이란다." 세인트 저메인이 옆면 벽의 끝을 가리키며 말했다. "이것들은 지금은 사하라 사막이 된 그곳에 한때 존재했었던 도시, 나라, 문명을 나타내는 것들이야. 그때는 네가 나의 아들이었고 나는 그 고대 왕국의 통치자였지. 이 방에는 많은 나라들에 대한 기록, 그리고 많은 문명들의 흥망성쇠가 담겨 있어." 그는 두루마리의 끈을 풀고 그중 하나를 내 손에 쥐여주었다. 놀랍게도, 나는 그 내용을 읽을 수가 있었다.

"나는 지금 네가 그것을 읽을 수 있도록 도와주고 있단다." 그가 말을 이었다. "나는 일시적으로 너의 의식을 높이고, 그동안 감춰져왔던 네 전생의 기억을 불러왔어. 하나님과 그분의 우주를 아는 것은 모든 형상 속에 있는 생명 기록에 접촉하는 것과 같단다. 모든 형상 속에는 생명이 있고, 모든 형상들이 방출하는 빛 속에는 그것의 과거 전체가 기록되어 있지. 스스로를 단련하는 이라면 누구든지 이를 발견하고 이해할 수 있단다. 그가 일상생활의 외적 활동에서 생겨난 혼란을 잠재우는 데 필요한 자기 수양에 기꺼이 집중하고, 또 그것에 시간을 할애하는 이라면 말이지. 만물 안에 있는 이 영원한 기록은 태초부터 존재해온 것이란다.

과거 시대, 인류는 모든 면에서 완전성을 드러내고 있었단다. 역사가들은 인류의 이러한 상태를 에덴^{Eden} 동산으로 기록해왔다. 여기서 에덴은 신성한 지혜라는 뜻의 에돈$^{E-Don}$으로 말해지기도 해. 그러나 집중된 의식 또는 마음의 외적 활동이 육체적 감각의 세계에 안주하게 되면서, 의식의 전지한 활동인 '신성한 지혜'는 가려지고 흐려지게 되었어. 그리고 개인의 삶에 대한 '신성한 우주적 계획'도 감춰져버렸지. 모든 형상에 대한 인류의 의식적인 통제와 완전성은 숨겨져버렸고, 그와 함께 잊혀져버렸단다.

인간은 신적 의식이 아닌 감각 의식을 갖게 되었단다. 그래서 그가 주의를 집중하는 것, 그가 가장 많이 상념을 집중한 것이 그의 의식에 현현하는 거야. 인간은 태초에 아버지께서 내려주신 완전성과 통치권에 '의도적으로', 그리고 '의식적으로' 등을 돌렸어. 인간은 온갖 결핍, 한계,

부조화에 대한 그 자신의 경험을 창조했단다. 인간은 자기 자신을 전체가 아닌 일부분과 동일시했기에 당연하게도 불완전성의 창조라는 결과를 낳게 되었단다.

인류의 모든 한계는 개개인이 자유의지라는 신적 속성을 오용한 결과란다. 인간은 스스로 만들어낸 창조물들 안에서 살아야만 해. 그가 마음의 외적 활동의 자유의지를 지휘함으로써 의식적으로 다시 자신의 성대한 시초를 보기 전까지는 말이야. 이 시초는 하나님, 즉 모든 것의 위대한 근원이란다. 인간이 이렇게 했을 때, 그는 한때 자신이었던 그것을 기억하게 될 거야. 그리고 인간이 다시 한번 자신의 '위대한 우주적 청사진'을 보기로 선택하기만 한다면 그는 언제든 다시 그 자신인 근원 자체가 될 거야.

봤다시피, 네가 읽을 수 있었던 그 기록은 7만 년 전의 삶과 사람들을 묘사한 것이란다. 너의 몇몇 생애들은 이러한 기록들을 남기는 것과 큰 관련이 있는 생애였어. 아직 기억나진 않겠지만 말이야."

우리는 회장을 가로질러 반대편 문으로 들어갔다. 그러자 방금 떠나온 그 방과 비슷한 크기의 방이 또 나왔는데, 이 방의 북쪽 벽에는 좀더 작은 두 개의 방이 붙어 있었다. 이 큰 방은 거의 모든 벽면이 금속 장식장으로 이루어져 있었다. 앞서 보았던 방과 같이, 이 장식장 안에도 역시 똑같은 용기들이 가득 들어 있었다.

"이 방들에는 특별한 목적에 쓰일 금과 보석만 있단다. 인류가 자신의 '통제되지 않은' 이기심을 초월했을 때, 이 보석들은 전 세계를 축복하는 데 쓰일 거야." 그는 그곳에서 금화로 가득 찬 용기 하나를 꺼내며 계속 설명했다. "이건 바다로 사라져버린 스페인의 금이란다. 우리는 이것이 그 어떤 방법으로도 회수될 수 없음을 알고 있었어. 따라서 우리가 다스리는 어떤 힘들의 활동을 통해 이걸 여기로 가져왔단다. 빠르게 다가오고 있는 다음 시기에는 이 금이 외부 세계에서 활용될 수 있도록 그곳으로 다시 보내질 거야."

그는 다른 구역을 가리키며 말을 이었다. "이 용기들에 들어 있는 금은 잃어버린 대륙인 무Mu와 아틀란티스에서 축적된 것이란다. 이 둘은 고비 사막과 사하라 사막, 그리고 이집트, 칼데아, 바빌로니아, 그리스, 로마 등의 고대 문명이지. 만약 이 모든 금들이 세상의 외적 활동 속으로 방출된다면 인간 경험의 모든 면들이 갑작스레 재조정되어야만 할 거야. 그러니 그것은 현재로선 지혜로운 일이 될 수 없겠지. 지구상에 인류가 처음 나타났을 때부터 인류를 수호해온 위대한 우주적 마스터들의 무한한 지혜와 힘은 인간의 정신으로는 거의 이해할 수 없단다.

상승 마스터의 광휘와 그의 도움 없이는 이 세상 그 누구도 막대한 부를 축적할 수 없어. 가끔 어떤 개인이 막대한 부의 초점으로서 활용될 때가 있는데, 이런 경우에는 마스터가 그에게 엄청난 힘을 방사해준단다. 이를 통해 그는 마스터에게 개인적 지원을 받을 수 있지. 이러한 경험은 그 개인의 빛을 확장할 기회이자 시험이야. 어떤 경로를 통해 성공했든 상관없이, 인간의 활동 속에서 일어나는 모든 이례적인 성공은 항상 상승 마스터가 초인적 사랑, 지혜, 힘으로 지원해주었기에 얻을 수 있었던 것이란다. 상승 마스터는 모든 물리적 세계의 한계를 뛰어넘은 자야. 그렇기에 평범한 성공 그 이상의 것은 상승 마스터의 '광휘'를 통한 크나큰 힘 때문이라고 할 수 있어.

1887년, 마스터들의 상승 영단은 내적 차원들에 학교를 세웠단다. 이 학교는 부를 오용하고 있는 이들을 가르치고, 그들이 한 잘못의 결과를 완전히 드러내주려는 명확한 목적을 지니고 있어. 부를 오용한 이들은 이 학교로 가서 모든 부를 다스리는 전 우주의 법칙에 대한 진리를 듣게 된단다. 그리고 그들의 잘못된 생각과 행동들이 계속 이어짐으로써 다른 사람들에게 영향을 미치게 되면 어떤 결과가 나올지도 듣게 되지. 그들은 자신에게 보여진 것을 받아들이거나 거부할 수 있는 완전한 자유가 있단다. 그리고 이들은 '언제나' 자신에게 주어진 그 지시를 받아들이고 준수하지."

그다음 우리는 크기는 조금 작지만 모양은 똑같은 용기들이 놓여 있는 두 개의 작은 방으로 들어갔다. 용기들은 다이아몬드, 루비, 진주, 에메랄드, 사파이어 등 온갖 보석들로 가득 차 있었는데, 보석의 종류와 가치에 따라 분류되어 있었다. 내 쪽으로 고개를 돌린 세인트 저메인은 웃으며 말했다.

"이제 너는 위대한 신적 자아가 '모든' 부의 유일한 진짜 주인이자 통치자임을 알고 이해하게 되었어. 그 **존재**는 빛, 지혜, 물질 또는 물리적 부 등 생명의 모든 차원에 있는 자신의 보물을 지킬 관리자를 지명한단다. 너는 나와 함께 이 보석들을 관찰하는 동안에도 침착하고 차분하구나. 잘된 일이야. 이렇게 차분한 너의 태도는 네가 외적으로 채비되자마자 성취될 바로 그 일을 할 수 있는 너의 내적 힘과 능력을 나타낸단다. 장담하건대, 곧 그 일이 일어나게 될 거야.

너는 세상의 부를 진정으로 다스리고 이용하는 자가 마스터들이며, 그들이 개인의 영혼의 힘을 시험하기 위해 부를 활용한다는 '증거'를 봐왔지. 마스터들은 언제나 부를 건설적으로 사용할 수 있을 정도로 충분히 강한 사람들에게만 이런 시험을 내려준단다. 하지만 오늘날 세상 속에 만연한 유혹들을 뚫고 이 시험을 진정으로 통과하는 이들은 극소수란다. 우리 마스터들이 선택하기만 한다면 우리는 부, 권력, 명성에 대해 충분한 준비가 된, 가장 겸손한 하나님의 자녀들을 고양시킬 수도 있어. 그러면 그런 성취를 통해 많은 다른 이들을 도울 수 있겠지."

우리는 보석들이 가득 찬 다른 용기들을 살펴본 후, 돌아서서 다시 회의장으로 들어갔다. 우리가 처음 들어왔던 입구 쪽을 보니 내가 사랑하는 이들, 즉 나의 아내 로터스와 아들이 상승 마스터 중 한 명과 함께 있었다. 세인트 저메인의 말에 의하면 그 마스터는 아멘 베이$^{Amen\ Bey}$라는 이름으로 불린다고 한다. 우리는 서로 인사를 주고받은 후 동쪽 벽의 패널 앞에 있는 자리로 안내를 받았다. 그곳에는 세 명에서 열두 명 정도가 한 조로 모여 70여 명 정도가 자리에 앉아 있었다. 모두 상승 영단의 축복을 받은 이들이었다.

자리에는 엄청난 침묵이 흘렀고, 잠시 숨 막히는 기대감이 느껴졌다. 그때, 패널 앞에 부드러운 흰 빛의 구체가 형성되기 시작했다. 그것은 빠르게 커져서 2미터 높이 이상의 타원형으로 변했고, 더욱더 밝은 빛을 발하기 시작했다. 그리고 빛 그 자체에서 태어난 듯한, 눈부시게 아름다운 존재가 걸어 나왔다. 키가 크고 장엄한, 강한 힘이 느껴지는 존재였다. 그는 유한과 무한을 통합하는 사인을 보였고, 몸과 마음의 모든 원자를 황홀하게 하는 목소리로 모든 준비가 되었는지를 물었다.

그러자 패널을 구성하는 물질에서 눈부신 빛이 뿜어져 나와 패널이 마치 살아 있는 빛의 거울처럼 보였다. 곧 그것은 크리스털처럼 맑은 대기로 변했고, 움직이는 그림들이 나타나는 우주 스크린이 되었다. 이 스크린은 모든 차원들을 제한 없이 모두 나타낼 수 있었다. 지시하시는 지성께서 원하신다면 영원한 시간 속에서 일어났거나 일어날 수 있는 모든 일이 이 스크린에 보이게 된다는 것은 자명했다.

처음 스크린에 나타난 것은 '무' 대륙과 그 대륙 사람들의 활동, 업적 그리고 그들 문명이 절정을 이루었던 장면이었다. 이는 수천 년에 걸쳐 이루어졌다. 그다음에는 그 땅의 사람들에게 공포정치였을 게 분명한 사건들이 일어났다. 그리고 모든 것이 붕괴되는, 지표면이 갈라지는 대재앙이 있었다. 고대 무 대륙은 현재의 태평양 부근에 가라앉아 있다. 그 대륙은 언젠가 다시 떠오를 것이며, 다시 한번 물리적 태양의 생명과 빛을 흡수하게 될 것이다.

다음으로 나타난 것은 아름다움, 지혜, 힘을 갖춘 아틀란티스의 모습이었다. 이 거대한 대륙은 지금의 대서양 대부분을 뒤덮고 있었으며 오늘날의 유럽과 중앙아메리카 사이에는 원래 땅이 존재했다. 이 시대의 업적은 실로 놀라운 것이었다. 하지만 다시 한번, 사람들은 전능하신 하나님의 에너지를 오용하기 시작했고, 일들은 점점 틀어져 균형을 잃기 시작했다. 그리하여 지표면이 갈라지는 대재앙이 반복되었다.

이 일로 인해 아틀란티스는 사라져버렸고 대륙의 아주 작은 부분만이 남았는데, 이 남은 부분은 망망대해 한가운데에 있는, 문명과 단절된 섬과 같았다. 대륙의 동쪽과 서쪽이 대서양 아래로 가라앉아 포세이도니스Poseidonis라는 섬만 남게 된 것이다. 이곳은 그 당시 문명 세계의 중심이었다. 또, 이곳은 미처 끝내지 못한 어떤 작업을 진척시키기 위한 중심 초점으로서, 아틀란티스의 가장 중요한 활동을 보호하고 관리하기 위한 준비가 되어 있던 곳이었다. 이 시기에는 영적으로나 물질적으로나 위대한 성취가 이루어졌었다.

이 사이클 내에서의 기계적 발전은 매우 높은 성취 상태에 이르렀고, 이러한 성취 중 가장 주목할 만한 것은 완벽한 항공 항법이었다. 오늘날의 항공 운송은 아틀란티스의 그것에 비하면 아직 조잡하고 원시적인 수준이다.

포세이도니스 사람들이 이런 성취를 이룰 수 있었던 것은 빛과 지혜의 위대한 마스터들 덕분이었다. 그곳 사람들은 모든 인간적 활동 속에서 위대한 진보에 대한 지식을 드러냈고, 영감을 받았으며, 마스터들의 지시를 따르며 그들의 보호를 받았기 때문이다.

포세이도니스 사람들 상당수는 각자의 내면에 있는 위대한 하나님의 권능을 인지하게 되었으나, 이전과 같이 그 위대한 에너지를 그들 본성의 인간적인 면 혹은 외적 활동들에 오용하게 되었다. 그리고 사람들은 이 초월적인 지혜와 권능의 이기적인 오용으로 전보다 더 큰 지배력을 행사할 수 있게 되었다. 고대 지혜의 마스터들은 사람들이 또다시 파괴적인 방향으로 나아가고 있으며, 이로 인해 세 번째 대재앙이 몰려오고 있음을 보았다. 따라서 그들은 포세이도니스 사람들에게 거듭 경고를 주었지만 오직 **빛**을 섬긴 사람들만이 그들의 말을 귀담아들었다.

수 세기 동안 보존되어온 기록들이 보관된 거대한 건물들은 불멸의 재료로 지어져 있었다. 이 건물들은 현재 밀폐되어 완벽하게 보존된 상태로 대서양 해저에 가라앉아 있다. 위대한 마스터들은 그것들을 대재앙으로부터 준비시켜 보호했으며, 언젠가 그들로 인해 그 건물들도 빛을 보게 될 것이다.

건물들 안에는 그 시대에 이뤘던 인류의 발전과 성취들이 기록되어 있기 때문에 아틀란티스 문명의 활동이 인류에게서 영영 사라져버린 것은 아니다. 그 당시에는 이러한 기록들의 보존 외에도 주로 금과 보석으로 이루어진 엄청난 재물들이 다른 안전한 곳으로 옮겨지기도 했다. 이 재물들은 수 세기에 걸쳐 지켜져왔고 앞으로도 그럴 것이며, 아직 탄생하지 않은 세대들의 진보와 발전을 위해 미래에 사용될 것이다.

마지막 대재앙은 그 기세를 더했다. 한때 대왕국이었던 대륙의 마지막 일부도 수 세기 동안의 정화를 위해 대서양 아래로 가라앉아버렸다. 잃어버린 무 대륙과는 달리, 아틀란티스와 그 백성들에 대한 기억은 인류의 역사에서 완전히 지워지거나 잊혀지지 않았다. 아틀란티스에 대한 기록은 수 세기 동안 여러 방법으로 기록되어왔기 때문이다. 침몰 후 1만 2,000년이 지났음에도 불구하고, 아틀란티스가 존재했다는 증거물들은 여전히 예상치 못한 경로들을 통해 우리에게 그 모습을 드러내고 있다. 아틀란티스에 관한 신화와 전설은 아주 많다. 신화와 전설은 어떤 시대에 실제로 지구에서 일어났던 특정 상황들을 인류사에 남길 수 있는 방법이라고 할 수 있다. 시간이 흐르면 해양학, 지질학 등 다른 과학적 자료들에 의해 아틀란티스의 존재와

그 대륙이 이뤄냈던 찬란한 성취를 보여줄 명백한 증거가
나올 것이다.

그다음 우리에게 보인 비전은 고비 사막과 사하라 사막
의 고대 문명이었다. 우리는 그들의 흥망성쇠를 볼 수 있
었다. 이 문명들이 쇠퇴한 이유는 먼젓번과는 달리 대재앙
때문이 아니라 그 사이클 안에서 육체를 받아 환생한 원시
적 단계의 영혼 집단들이 너무 많아졌기 때문이었다.

다음으로는 이집트의 흥망성쇠가 보였다. 이집트가 쇠
퇴한 이유는 그 땅에 태어난 사람들이 지식과 권능을 고의
로 오용했기 때문이었다. 그들은 두드러진 특성 몇 가지
를 가지고 있었는데, 그중 하나는 자신의 지적 성취에 대
한 자부심이었고 하나는 자신의 낮은 천성을 자제하는 것
에 대한 반항심이었다. 이것들은 개인적으로든 집단적으
로든 항상 실패를 불러오는 특성들이다.

이집트는 지식과 권능을 올바르게 사용함으로써 전성
기를 맞았다. 이것들을 올바르게 사용하기 위해서는, 그
리고 파멸을 막기 위해서는 항상 내면에 있는 신적 자아에
대한 지성의 복종과 겸손이 필요하며, 인간적 본성 혹은
낮은 천성에 대한 절대적이고 무조건적인 통제가 필요하
다. 이집트의 쇠퇴기 당시 환생했던 영혼들은 고비 사막이
나 사하라 사막 문명에 있었던 영혼들처럼 미성숙하진 않

왔다. 하지만 그들은 지식과 권능을 의식적으로 사용할 수 있을 정도의 성취를 이룬 후 그것을 고의로 오용하기를 택했다. 이러한 활동은 지혜와는 아무런 상관도 없다. 그 신성한 여신이 주신 선물의 영원한 상속자들은 반드시 지식과 권력을 남용하고 싶다는 모든 유혹을 넘어서야만 하기 때문이다. 지혜는 나타난 모든 것의 올바른 사용이고, 이 자명한 불변의 진리를 깨달은 자는 창조에 깃들은 모든 선한 것들의 열린 문이 된다.

이집트를 어둠의 땅이라고 불러서는 안 된다. 왜냐하면 이집트의 초기 사이클 동안에 그곳에서 '참으로 위대한' 빛이 나왔고, 앞으로도 그 땅에서 '참으로 위대한' 빛이 나올 것이기 때문이다.

다음 장면은 로마 왕국의 흥망성쇠였다. 그 세기의 어둠과 타락이 최고점에 이르렀을 때, 보라! 예수님께서는 그리스도로서 타오르는 빛과 사랑을 쏟아부으시며 나타나셨다. 그가 이뤄낸 변용, 부활, 승천은 하나님의 완전성이 온 지구로 홍수처럼 밀려 들어오게끔 했다. 이 당시는 그 어떤 시대에도 다시 있을 수 없을 정도로 광대한 어둠이 인류를 둘러싸고 있었던 시기였다. 그의 생애의 업적은 이 행성의 대기에 '영원히 기록되었으며' 인류를 그와 같은 완전성으로 끌어당기는 자석 역할을 한다.

예수의 강림은 우리 세상 사람들에게는 하나의 입문이
었으며, 미래에 행할 모든 활동들 속에서 신성한 사랑의
권능을 사용하라는 우주적 명령이기도 했다. 지구가 가장
어두운 사이클을 지나고 있을 때 지구를 향해 분출된 그의
사랑은 각자의 내면에 '그리스도 자녀(Christ Child)'를 탄생시
켰다. 그는 다시 한번 우주의 신성한 청사진을 불러왔고,
다가오는 시대에 대한 선언을 드러냈다. 그 계획이란 유한
한 모든 것에 대한 완전한 통치권이며, 이는 모든 인간의
'내면'에 있는 그리스도의 완전한 성장으로써 가능하다.

다음 장면은 사자왕(Lion Heart)으로 알려진 리처드^{Richard}
재임 시절의 영국이었다. 인류에게는 그 시절에 일어났던
진정한 영적 활동에 대한 지식이 거의 혹은 전혀 없다. 리
처드의 추종자들과 그 당시의 사람들을 통해 알려진, 십자
군 원정에 대한 그의 열정과 활동은 상승 영단이 내적 의
식 수준에서 사용했던 어떤 힘들과 똑같은 빛에서 영감을
받은 것이었다.

다음으로는 최근 유럽에서 있었던 세계대전 장면이 보
였고, 이 전쟁을 일으킨 활동들이 무엇이었는지 나타났다.
세계대전의 진정한 영적 원인을 아는 사람은 아주 소수에
불과하다. 사실, 이것은 의식이 숙고하기에는 너무나 파괴
적이라 그것이 최선이었음은 두말할 여지도 없다. 전쟁에

의식을 집중함으로써 얻을 수 있는 것은 아무것도 없다. 리처드 왕 시기부터 세계대전까지의 시기가 제대로 묘사되지 않은 이유도 아마 이와 같을 것이다. 상승 영단의 활동이 드러난 이 시기, 우리는 상승 영단의 활동들이 세계대전의 원인과 커져만 가고 있던 최근 세계 갈등의 큰 부분을 용해시키는 것을 보았다.

그들은 막대한 빛의 광선들에 '의식적으로' 집중하고 그것들을 지휘함으로써 이를 이루었다. 이 빛의 광선들은 인류의 카르마를 불태우고 변화시키는, 엄청나게 큰 힘을 지니고 있는데, 이 힘은 이루 말로 표현할 수 없을 정도로 강력하다. 상승 영단의 이 완벽한 존재들은 인류에게 사랑의 봉사를 행할 수 있는 우주적 순간이 오기만을 오랫동안 기다려왔다. 하지만 이를 이해할 수 있는 사람은 거의, 혹은 전혀 없다.

이 놀라운 장면들은 계속 이어져 그들의 활동이 먼 미래로까지 뻗어나가고 있음을, 그리고 그것들이 전 지구에 영향을 미치고 있음을 보여주었다. 또, 그 장면들은 이 땅 위에 많은 변화들이 생겨났음을 보여주었다. 그런 변화들 중 가장 중요한 것은 북아메리카의 발전과 관련된 것이었다. 북아메리카의 미래를 위한 신성한 계획은 가장 위대한 평화, 아름다움, 성공, 번영, 영적 깨달음 그리고 통제권을 지닌 강력한 활동을 이뤄내기 위한 필요조건이다. 그녀, 북아메리카는 그리스도의 빛을 이끌고 지구 나머지 지역을 위한 가이드가 될 것이다. 이는 미국이 지금 우리의 시야에 어렴풋이 나타나고 있는 '황금시대'의 가슴 중심이 되기 때문이다. 북미 대륙 대부분은 아주 오랫동안 이러한 상징으로 남아 있을 것이다. 이러한 앎은 수천 년 동안 알려져 있었다. ― 그렇다! 20만 년도 넘게 말이다.

수많은 장면과 활동들을 묘사하는 이 이미지들은 거의 세 시간 가까이 이어졌다. 이것들은 극히 고대의 것이라 역사학자들 혹은 과학계의 기록과는 전적으로 대치되는 것이었다. 오늘날 우리의 영화 기술도 훌륭하고 아름답긴 하지만 이 우주적 스크린에 뜨는, 살아 숨 쉬는 실제 존재에 비하면 그것은 그저 장난감 수준에 불과하다. 이 스크린에서는 지구상의 많은 사건과 상황의 우주적 원인을 살펴볼 수 있었고, 이것을 살펴봄으로써 엄청난 양의 가르침을 빠른 시간 안에 습득할 수 있었다. 이러한 내적 가르침은 학생들에게 큰 도움이 된다.

가르침이 끝나고, 세인트 저메인은 눈부신 빛 속에서 나타난 위대한 상승 마스터 란토Lanto에게 우리를 소개했다. 그 후 모임에 참석한 나머지 70명의 마스터들에게도 우리를 소개했다.

란토가 우리를 향해 말했다. "너희들이 머지않아 다시 의식적으로 영광의 봉사를 할 준비가 되면 우리는 진정으로 기쁠 것이다. 이러한 기회는 인간적인 자아와 외부 세계를 상대로 거둔 위대한 승리를 통해 얻을 수 있다. 너희는 이 승리가 얼마나 위대한 것인지 볼 특권을 곧 누리게 될 것이다. 매일 그것의 충만함을, 네 내면에 계신 위대한 하나님의 장대하고 실재하시는 '현존'을 받아들여라. 이 길을 따르면 실패 같은 것은 어디에도 있을 수 없다. 신실하게 **빛**을 찾는 모든 이들은 항상 상승 마스터들에게 알려진다. 새해 전야에 우리는 여기서 다시 만날 것이고, 그때 금성에서 열두 명의 손님이 올 것이다. 우리는 너희도 그 자리에 참석하기를 바라고 있다. 세인트 저메인과 아멘 베이가 너희의 후원자가 되어줄 것이다."

란토가 신호를 보내자 전원이 조용해졌다. 그리고 각자의 봉사 현장으로 돌아가기 전, 모두가 그에게서 사랑의 축복을 받았다. 그들 중 대부분은 몇 분 안에 방에서 사라졌고 몇몇은 엘리베이터를 타고 사라졌다.

"얘들아, 너희들은 시간 가는 줄을 모르고 있구나. 지금은 새벽 3시란다." 세인트 저메인은 나를 안아준 후 로터스와 아들에게 작별할 시간임을 알렸다. 우리가 오른쪽 첫 번째 문으로 나가자 그는 바깥쪽 응접실로 나갔다. "참, 한 가지 더." 그가 말했다. "이곳을 떠나기 전에 너희들이 봤으면 하는 게 있단다."

"여기에는 특별한 목적에 쓰이는 진기한 악기들이 있단다. 우리의 일을 돕는, 특별한 음색을 지닌 악기들이지." 그는 오르간을 쳐다보며 설명을 이어갔다.

"이 오르간에는 파이프가 없는 것처럼 보이지만, 사실 일반적인 파이프보다 훨씬 더 작은 파이프들이 이 오르간 케이스 안에 들어 있단다. 악기의 전체 음색은 지구상에 알려진 그 어떤 음악보다도 더 뛰어나지. 이 오르간은 장차 황금시대가 열리면서 외적 세계에서도 사용될 거야."

다음으로 우리는 오늘날에 일반적으로 사용되는 것보다 약간 더 큰, 네 대의 아름다운 하프를 보았다. 세인트 저메인은 그중 하나를 잡고 몇 가지 코드를 연주하며 그 음색이 어떤지 보여주었다. 그것은 내가 여태껏 들어본 음악 중 가장 훌륭했다.

"이 하프가 사랑하는 우리 로터스 양을 놀라게 했구나. 새해 전야에는 전문 연주가들이 이 오르간과 하프로 연주를 할 예정이란다." 우리는 방을 모두 둘러본 후 북서쪽 벽에 나 있는 문으로 나갔다.

우리는 들어왔을 때와 같은 방식으로 그곳을 나가는 대신, 세인트 저메인이 열어준 왼쪽의 작은 문으로 나갔다.

문을 나서자 크리스털처럼 반짝이는 벽으로 지어진 터널이 있었다. 터널 벽은 세인트 저메인이 항상 방출하는 흰빛에 의해 즉시 밝혀졌는데, 이는 그가 전자적 물질을 조종할 수 있기 때문이었다. 터널을 빠르게 지나자 우리 앞에 청동문이 나왔다. 그가 문을 만지니 문이 열렸고, 우리는 별이 빛나는 새벽 하늘 아래 다시 서게 되었다.

우리는 잠시 완전한 침묵 속에 빠져 있었다. 그런 후 150미터 상공으로 떠올라 대기를 가르며 빠르게 날아갔다. 몇 분 후, 나는 샤스타산의 남쪽 경사지에 있는 내 육체 옆에 서 있었는데, 흑표범이 여전히 내 육체를 지키고 있었다. 나는 22시간 동안 떠나 있었고, 내가 고개를 들었을 때는 이미 동녘 지평선 너머로 슬그머니 동이 트고 있었다.

"아침 식사란다." 세인트 저메인이 내게 맑고 반짝거리는 흰 액체가 담긴 크리스털 컵을 내밀며 말했다. "이 액체는 몸을 튼튼하게 해주고 원기를 북돋아주기 때문에 이걸 마시면 하이킹도 거뜬할 거야. 네 몸은 노동과 활동을 할 필요가 있어. 나는 네 마음속에서 어떤 불편을 감지하고 있단다. 적어도 너의 의식이 명료하지는 않은 것 같구나."

"맞아요." 내가 대답했다. "한동안 궁금했던 질문이 하나 있어요. 심상화에 관련된 질문인데, 진정한 심상화는 무엇이며 심상화를 하면 어떤 일이 벌어지는 건가요?"

"진정한 심상화라." 그가 대답했다. "그것은 사람의 마음속에서 작용하는 시각의 힘이자 신의 속성이란다. 자신이 성취하기를 바라는 열망을 의식적으로 마음속에 그리는 것은 그 열망을 눈에 보이는, 실재하는 경험으로 만들어주는 가장 강력한 도구를 사용하는 것과 같아. 자신이 원하는 것을 심상화하거나 정신적으로 그려볼 때 실제로 어떤 일이 일어나는지에 관해, 사람들의 마음속에는 많은 혼란과 불확실성이 있단다. 누군가가 의식적인 생각으로 그 이미지를 떠올리지 않은 형상은 이 우주 어느 곳에도 존재할 수 없단다. 모든 생각에는 그 발상의 이미지가 들어 있기 때문이야. 추상적인 생각조차도 그 안에 어떤 유의 이미지가 들어 있단다. 적어도 그것에 대해 정신적으로 품고 있는 이미지가 있는 거지.

네게 심상화 활동을 감독하고, 의식적으로 조종하는 연습법을 하나 알려주마. 이 연습을 하면 네가 심상화한 것을 확실하게 성취할 수 있을 거야. 이것은 언제 어디서든 할 수 있는 연습으로, 몇 가지 단계가 있단다. 그리고 이 연습을 실제로 해본다면 눈에 보이는, 실재하는 결과물을 얻을 수 있을 거야.

첫 번째 단계는 자신이 하려는 것, 또는 하고 싶은 것이 무엇인지 확실히 정하는 것이란다. 이 단계에서는 그것이 건설적이고 영예로운 것인지, 자신의 시간과 노력을 들일 만한 것인지 확인해야 해. 그리고 자신이 어떤 '동기'로 이러한 창조를 하고 싶은 건지 확실히 점검하렴. 단지 순간적인 기분에 따르거나 육체적 감각의 욕망을 충족시키는 것이어선 안 돼. 이때는 반드시 자기 자신과 세상에 솔직해져야 한단다. 유용(use), 열망(desire), 욕망(appetite) 사이에는 엄청난 차이가 있다는 것을 기억하렴. '유용'은 봉사라는 위대한 우주적 법칙을 충족시킨단다. '열망'은 현현을 통해 확장되는 신성의 활동이자 끊임없이 유지되고 스스로 커지는 완전성이야. '욕망'은 본성적인 느낌이 지속적으로 충족됨으로써 만들어진 습관에 불과하단다. 생명의 외적 활동에 집중된 에너지, 외적 활동의 특성이 부여된 에너지에 불과한 것이지.

다른 이들의 희생으로 네가 유익을 얻으며 기뻐하게 되는 것은 아닌지 네 내면의 숨은 의도를 잘 살펴야 한단다. '진정한' 학생 ― 오직 이런 유의 훈련에서 유익을 얻을 사람 ― 만이 지배권을 얻으며, 인간적인 자아를 의식적으로 통제하고 훈련하기로 결정한단다. 진정한 학생은 자신의 세계에 무엇을 들일 것인지, 혹은 들이지 않을 것인지 선택하며 자신의 마음속에 원하는 것을 그리는 과정을 통해 확실히 결정된 삶의 계획을 설계하고 현현시킨단다.

두 번째 단계는 자신이 하려는 것을 되도록 간결하고 명확하게 서술하는 거야. 이것을 종이에 적으렴. 그러면 너는 외적이고 눈에 보이는, 실재하는 세계에 너의 열망을 기록하게 되는 거란다.

세 번째 단계는 눈을 감고, 네 열망 혹은 계획이 완료된 장면을 '보는 것'이란다. 완벽한 상황과 활동으로 성취된 그 정신적인 이미지를 마음으로 보는 거야.

자신의 의식 속에서 이러한 장면을 보고, 또 창조할 수 있는 능력은 하나님의 시각적 속성이며, 그것이 네 안에서 활동하고 있다는 사실을 깊이 숙고해보렴. '시각' 활동과 '창조'의 힘은 네 신적 자아의 속성이며, 너는 이 속성이 네 안에 항상 존재한다는 것을 알고 또 느낀단다. 하나님의 생명과 힘은 네가 너의 의식 안에서 '보고 느끼는' 장면을 외부 세계로 추진하기 위해 활동한단다.

어떤 장면을 그릴 수 있는 능력은 하나님의 속성 — 시각적 속성 — 이라는 것을 지적으로 계속 상기시켜야 한단다. 완성된 장면을 느끼고, 경험하고, 떠올리는 힘은 하나님의 힘이야. 아직 세상에 나타나지 않은, 네가 떠올린 장면과 계획 속에 있는 그 형태는 하나님의 순수한 물질로써 만들어진단다. 그러니 반드시 '알렴.' 하나님은 지금껏 현상계에 나타난 모든 건설적인 형태와 움직임을 행하시는 자(the Doer)이자, 활동(the Doing)이며, 행위(the Deed) 그 자체란다. 그러므로 네가 모든 건설적인 과정을 활용한다면 네 계획이 가시적인 세계에 나타나지 않기란 '불가능'하단다.

종이에 적은 네 열망 혹은 계획을 하루에 여러 번, 가능한 한 자주 눈으로 읽도록 하렴. 그리고 잠자리에 들기 전에도 그것을 꼭 눈으로 읽어야 한단다. 마음속에 떠올린 장면을 깊이 숙고한 후 즉시 자게 되면 그 완전한 인상이 인간의 의식에 남아 '몇 시간 동안 아무 방해도 받지 않기' 때문이란다. 그러면 이 인상은 외적 활동에 깊이 기록될 수 있으며, 이 인상을 삶의 외적 경험 속에서 나타나도록 추진하는 힘이 생성되고 축적될 수 있단다. 의식이 잠이라는 거대한 침묵 속에 빠졌을 때, 너는 그 어떤 열망이나 장면도 이런 식으로 너의 의식 속에 끌어올 수 있단다. 잠 속에서 너의 열망 혹은 장면은 항상 위대한 침묵의 가슴 안에 있는, 하나님의 가장 위대한 힘과 활동으로 충전된단다.

네가 심상화를 하고 있다는 사실이나 너의 열망에 대해서 그 누구에게도 얘기하지 말렴. 이것은 그 어떤 상황에서도 반드시 지켜야 하는 사항이란다. 이에 대해서는 혼자 입 밖으로 소리를 내어 말해서도, 속삭여서도 안 된단다. 왜냐하면 네가 원하는 장면의 '실재'를 심상화하고, 깊이

숙고하고, '느낌'으로써 에너지가 더 많이 축적될수록 그것
이 너의 외적 경험으로 더 빨리 나타나리라는 것을 깨달아
야 하기 때문이란다.

친구 혹은 지인들에게 떠들어대지만 않았더라도 수천
가지의 열망, 야망, 이상이 개인의 외적 경험 속에 나타
날 수 있었을 거란다. 어떤 경험을 의식적인 심상화를 통
해 이끌어내겠다고 확실히 결정했다면 너는 법칙 — 하나
님 — 이 된단다. 이 법칙은 반대 극이 없는 '하나'의 법칙
이야. 너는 스스로 결정을 내려야만 하고, 온 힘을 다해 너
자신의 선언 뒤에 굳게 서서 이것을 지켜내야 한단다. 흔
들리지 않고 완강하게 이 심상을 유지하고 있어야 한다는
말이야. 그러기 위해서는 열망의 주체가 하나님이신 것을
알아야 하고, 느낌의 주체도 하나님, 모든 앎의 주체도 하
나님이시며 통제하시는 주체도 오로지 하나님이라는 것
을 알고 또 느껴야 한단다. 이것이 '하나' — 하나님 — 의
법칙이며 하나님 그 자체란다. 이것을 완전히 이해하지 못
한다면 결코 결과물을 얻을 수 없단다. 여기에 인간적 요
소가 개입되는 순간, 너는 그것을 하나님의 손에서 빼앗아
버리게 돼. 그리고 물론, 그것은 외부 세계로 나타날 수 없
어. 네가 시간, 공간, 장소의 인간적 특성으로, 그리고 하
나님은 알지 못하시는 무수한 다른 상상의 조건들로 그것

을 무효화시켰기 때문이란다.

하나님에 반대되는 힘을 생각하는 자는 하나님을 알 수 없단다. 그가 두 가지 반대되는 힘이 활동한다고 인정할 때마다, 그 결과로 하나님의 힘을 무효화시키는 활동의 특성을 지니게 되기 때문이야. 네가 무언가를 무효화시킨다면 너는 양쪽 극의 자질 중 그 어느 것도 지니지 못한단다. 단순히 아무 자질도 가지지 못하게 되거나, 아무것도 현현시키지 못하게 되는 거지. 그러나 하나이신 하나님을 인정하게 되면 ─ 완전성은 시간을 초월한 것이므로 ─ 너는 그 즉시 나타난 완전성만을 얻게 되는데, 이는 완전성에 반대되거나 완전성을 무효화시키는 것이 아무것도 없기 때문이야. 오직 이렇게 하나님께서 명하신 것에 반하는 것이 없어질 때만, 이 완전성이 우리 안에 확고하게 자리 잡을 수 있게 되는 것이란다.

인간이 완전성을 열망할 때까지는, 그리고 하나님에 반하는 힘을 인정하기를 그만둘 때까지는 그 어떤 상황도 나아질 수 없단다. 그의 내면이나 외면에 하나님의 완전성이 나타나는 것을 막는 어떤 것이 있을 때도 마찬가지란다. 하나님의 완전성에 미치지 못하는 상황을 인정하는 것은 그가 의도적으로 불완전성을 선택하는 것과 같단다. 이러한 선택은 인류의 타락이라고 할 수 있어. 이것이 의도적이며 고의적인 이유는 그가 매 순간 자신이 생각하기로 선택한 것이라면 무엇이든 생각할 자유가 있기 때문이야. 게다가, 완전성을 생각하거나 그려보는 것은 불완전성을 생각하거나 그려보는 것보다 더 큰 에너지가 들지도 않지.

너는 네 세계와 우주에서 완전성을 설계하고 창조하는 데 '특화된' 창조주란다. 완전성과 통치권을 표현하기 위해서는 '하나님의 법칙'만을 알고, 또 인정해야 한단다. 하나님은 우주의 모든 곳에 존재하시며, 우주의 모든 곳을 완벽히 통제하고 계시지. 너는 생명의 자의식(Self-Consciousness)이자, 사랑과 빛인 위대한 불꽃의 유일하고 지고한 **현현**이란다. 오직 너만이 네 생명을 쏟아부을 특성과 형태를 고르는 선택자이자 선언자가 될 수 있단다. 너만이 네 세계와 네 세계에 속한 모든 것에 활력을 불어넣는 자이기 때문이야. 네가 무언가를 생각하거나 느끼면 너의 생명 에너지 중 일부는 그런 너의 창조물을 유지하는 데 쓰인단다.

네 상상이 이루어지리라는 것에 대한 모든 의심과 두려움을 마음속에서 쫓아버리렴. 만일 이런 생각이나 느낌, 그러니까 완전하지 않은 인간적 소산물들이 네 의식에 떠오른다면 즉시 그것들을 하나님의 생명인 너 자신과 세상에 대한 완전한 감사로 대체해야 해. 더 나아가, 심상화하는 시간을 제외하고는 이것에 대해 완전히 신경 쓰지 말렴. 바로 이 순간, **지금**만이 존재함을 알려는 게 아니라면 결과물을 얻기 위해 마음속으로 시간을 정해두지 말아야 한단다. 이 수련법을 받아들여 활용하면 절대 실패하지 않는, 불가항력적 권능의 활동을 나타낼 수 있단다.

항상 기억하렴. 너는 심상화하는 하나님이자, 지휘하는 하나님의 지성이자, 추진하는 하나님의 권능이란다. 네 안에서 활동하고 있는 신성은 하나님의 것이야.

네가 이를 깨닫고, 이 사실의 충만함을 자주 사색한다면 우주의 모든 것은 너의 열망, 명령, 심상을 실현시키기 위해 바삐 움직일 거란다. 너의 열망, 명령, 심상은 모두 건설적인 것들이므로 자의식을 지닌 생명을 위한 본래의 신성한 계획과도 부합하기 때문이지. 만약 우리의 인간적 측면이 진실로 신성한 계획에 동의하고, 그 계획을 받아들인다면 그 어떤 지연이나 실패도 있을 수 없단다. 모든 에너지는 그 안에 선천적인 완전성의 자질이 들어 있으며, 그 자신의 창조자를 섬기는 특성이 있기 때문이야. 오직 완전성만이 정해진 운명이란다.

네 열망 혹은 심상이 건설적일 때, 너는 그 자신의 계획을 바라보는 하나님과 같단다. 하나님께서 보시는 것은 '지금 즉시' 나타날 수밖에 없는 선언 또는 명령이 되지. 하나님은 이 지구와 세계의 시스템을 창조하시면서 이렇게 말씀하셨단다. '빛이 있으라.' 그러자 빛이 나타났지. 빛을 창조하는 데는 그렇게 많은 시간이 걸리지 않았어. 이와 똑같은 장대하신 하나님이 '지금' 네 안에 있단다. 너는 시각과 언어 능력이라는 하나님의 속성을 통해 무언가를 보거나 말할 수 있는 거란다. 이 속성은 네 안에서, 너를 통해 활동하고 있어.

이것이 '진정 무슨 의미인지'를 깨닫는다면, 너는 그분의 완전한 능력과 통치권을 가지고 명령할 수 있단다. 너는 그분의 생명 의식(Life Consciousness)이기 때문이야. 그리고 이러한 생명 의식만이 건설적이고 완벽한 계획을 명령하고, 심상화하고, 열망하는 네 생명의 자의식이라고 할 수 있지. 모든 건설적인 계획은 그분의 계획이란다. 따라서 너는 하나님이 이렇게 활동하고 — 명령하고 — 계심을 알고 있어. '이 열망과 계획을 지금 이루노라.' 그러면 완료된 거지."

세인트 저메인이 말을 마쳤다. 그는 잠시 내게 미소를 지으며 작별 인사를 하다가 이내 내 눈앞에서 사라져버렸다. 나는 집 쪽으로 발걸음을 돌렸고, 표범이 내 옆으로 빠르게 걸어왔다. 표범은 꼬박 24시간 동안이나 아무것도 먹지 않고 나를 기다려주었는데, 얼마 지나지 않아 숲을 향해 빠르게 달려가더니 빽빽한 수목들 사이로 사라져버렸다. 나는 계속 걸어 11시에 집에 도착했다. 그리고 남은 하루는 내가 누린 특권의 완전한 의미를 깨닫고, 세상에 대한 나의 개념이 돌연 어떻게 뒤바뀌었는지 생각해보는 시간으로 썼다.

Mysteries of the Yellowstone

옐로우스톤의 미스터리

일주일이 지났다. 9월의 첫째 주였다. 세인트 저메인을 만난 지 8일째 되는 날 저녁, 자연스럽게 그가 생각났고, 나는 생명과 그것의 무한한 표현에 대해 사색하며 앉아 있었다. 그리고 그의 도움과 빛을 통해 특별한 경험을 할 수 있었던 것에 대해 깊이 감사해하고 있었다. 나는 세인트 저메인을 향한 감사와 사랑이 내 가슴에서 쏟아져 나가는 것을 느낄 수 있었다. 순간, 영적 **현존**의 느낌이 마치 숨처럼 내게 밀려들기 시작했다. 문득 고개를 들어보니 그가 미소를 지으며 서 있었다. 그의 존재는 바로 그 '신성의 현존'을 내뿜고 있었다.

"얘야, 내가 너를 찾아온 게 그렇게까지 놀랄 일이니?

네가 내 생각을 할 때 너는 이미 나와 접촉하고 있다는 걸 너도 잘 알고 있을 텐데 말이야. 내가 널 생각할 때면 나는 너와 함께 있단다. 네가 명상을 할 때 내게 주의를 집중하면 그때도 내가 나타나지. 이게 법칙에 어긋나는 일이라고 생각하니? 이제 이 법칙을 자연스럽게 받아들이렴. 누군가가 어떤 것을 생각하면 그것은 그 사람에게 끌려오게 된단다.

나는 네가 그 어떤 상황에서도 절대 놀라거나, 실망하거나, 상처받지 않도록 스스로를 단련했으면 좋겠구나. 네 의식 안에 나타나는 모든 힘을 항상 완벽히 자제할 수 있는 자제력이 바로 신적 통치권이란다. 통치권은 **빛**의 길을 걷는 사람들에게 내려지는 보상이고, 인간적 자아를 바로 잡아야만 마스터리를 얻을 수 있단다.

우주 만물을 향해 명령할 수 있는 권리인 신성한 통치권은 먼저 '순종'하는 법을 배운 이만이 영구적으로 얻을 수 있는 것임을 항상 기억하렴. 왜냐하면 **하나님의 법칙**에 복종하는 법을 배운 이는 그 법칙이 나온 원인, 즉 사랑의 존재가 되기 때문이란다. 그리고 이렇게 될 때, 실제로 그는 유사성의 특성을 통해 **하나님의 법칙** 그 자체가 된단다. 그러니 매 순간 자신을 잘 관찰하고 성찰해서 조화로운 것 이외에는 그 어떤 것도 네게서 나오지 못하게 해야 하며, 농담으로라도 네 입에서 파괴적인 말이 나오지 않도록 하렴. 네가 시간 없음의 차원에서 삶의 매 순간순간 창조하는 힘을 다루고 있음을, 그리고 언제나 그 힘에 자신만의 속성을 부여하고 있는 사람임을 기억하렴.

나는 너를 중요한 여정에 데려가려고 왔단다. 우리는 36시간 동안 이곳을 떠나 있을 거야. 커튼을 치고, 문을 잠그고, 몸을 침대에 눕혀두렴. 우리가 다시 돌아올 때까지 너의 몸은 안전하게 지켜질 거란다. 너는 특정한 내적 발달을 이루었고, 이제 네 앞에는 아주 흥미롭고 기분 좋은 경험과 여정이 펼쳐질 거야."

침대에 몸을 눕히고 준비를 마치자 곧 아주 조용해졌다. 잠시 후, 나는 육체 밖으로 나와 로열 티튼에 방문했을 때 입었던 것과 똑같은 황금 의복을 입고 서 있었다. 벽의 밀도도 사라져버렸다. 나는 벽을 통과해 지나갔는데, 그때의 느낌은 마치 짙은 안개 속을 걷는 것처럼 벽 자체에 밀도가 없는 느낌이었다.

이번 이동 때는 내가 공간을 통과해 지나가고 있다는 것을 명확히 인식하고 있었다. 나는 그에게 어디로 가는 거냐고 묻지 않았다. 얼마 지나지 않아 우리는 로열 티튼에 도착했다. 동쪽에는 로키산맥이 우뚝 솟아 있었고, 그 너머로는 광활한 평야가 펼쳐져 있었다. 언젠가는 이 평야에 아열대 초목들과 사람들이 바글거리며 평화와 풍요 속에서 살아갈 것이다.

서쪽으로는 시에라^{Sierra}산맥과 캐스케이드^{Cascade}산맥을 볼 수 있었다. 그리고 저 멀리에는 코스트산맥(Coast Range)도 보였는데, 해안선이 모두 바뀌어 있었다. 우리는 북쪽에서 옐로우스톤^{Yellowstone}을 내려다보았다. 그곳의 엄청난 아름다움은 현재의 미국 문명으로부터 고대의 미스터리와 경이를 감추고 있었다.

"'옐로우스톤'이라는 단어는 1만 4,000년 이상, 수 세기에 걸쳐 전해져 내려왔단다." 세인트 저메인이 설명했다. "그 당시 포세이도니스 문명은 위대한 빛의 마스터가 정부의 수장직에 있었기 때문에 아주 높은 경지에 이르렀단다. 하지만 쇠퇴는 고작 마지막 500년 동안에 일어났고, 포세이도니스의 위대한 지혜는 오용되고 말았지. 본디 옐로우스톤 지역은 전 세계에서 가장 풍요로운 금광으로 알려져 있었어. 금광은 정부 소유였고, 여기서 나온 부는 대부분 화학, 발명, 과학 실험과 연구 목적으로 사용되었단다.

이곳에서 60킬로미터 떨어진 곳에는 다이아몬드 광산이 있었단다. 거기서는 지구상에서 가장 아름다운 옐로우 다이아몬드가 채광되었지. 이 광산에서 나온 보석 중에는 완벽하고 뛰어난 아름다움을 지닌 희귀한 보석들이 몇 있었는데, 이 보석들을 올바르게 커팅하면 중앙에서 액체 형태의 빛처럼 보이는, 작고 파란 불꽃이 보였단다. 그리고 특정 인물이 이를 착용하면 이 불꽃에서 나오는 광휘가 보석 표면 위 2.5센티미터까지도 보였지.

이런 보석들은 신성하게 지켜졌고, 오직 상승 마스터들의 가장 비밀스럽고 높은 의식이 행해질 때만 사용되었단다. 이 중 열여섯 개는 여전히 로열 티톤의 형제단에 의해 보호되고 있으며, 정해진 때가 되면 다시 사용될 거야. 그리고 이 아름다운 옐로우 다이아몬드 때문에 현재의 '옐로우스톤'이라는 이름이 우리에게 전해져 내려온 거란다.

얘야, 너는 이 두 광산을 발견한 사람이었단다. 내가 지금까지 말해준 것들에 대한 물리적 증거가 될 기록물들을 보여줄게. 이 기록에는 광산들이 발견된 날짜, 거기서 채광된 부의 양, 광산을 사용했던 기간이 적혀 있고 광산의 가치를 87퍼센트나 올려준, 가공하기 힘든 광석들을 다루는 기계에 대한 설명도 나와 있단다. 이 기계는 광산 안에서 엄청난 양의 금을 생성해냈는데, 덕분에 광산 밖에서는 아무 조작을 하지 않아도 금을 얻을 수 있었단다. 폐광된 날짜도 이 기록에 담겨 있어. 여기, 기록 사본들이 있단다.

포세이도니스에서 살던 너는 아름다운 집에서 여동생과 함께 살았단다. 그 여동생이 지금의 로터스야. 너희 둘은 **내면의 신적 자아**와 긴밀히 접촉할 수 있었고, 또 그 상태를 계속 유지했단다. 따라서 진정으로, 하나님께서는 항상 활동 속에서 나타나셨지. 너는 광산국의 임원이었고, 신적 자아와의 연결을 통해 훌륭한 비행선을 발명했어. 너는 그것을 타고 아주 많은 산을 돌아다녔단다. 어느 날, 깊은 명상에 잠겨 있던 너는 훗날 네가 발견하게 될 이 광산들의 위치를 보았어. 너는 이곳을 개방하여 정부에게 넘겨주었지. 자, 이제 내 설명에 대한 '증거'를 보여줄게. 비록 이 광산들의 흔적은 더 이상 지상에 남아 있지 않지만 말이야. 이리 오렴, 우리는 광산 안으로 들어갈 거야."

나는 로열 티톤을 떠나면서 공간을 빠르게 통과하며 움직이는 것을 완벽히 의식할 수 있었다. 우리는 그렇게 옐로우스톤 공원의 한 지점에 도착했다. 공중에서 착지한 우리는 단단한 바위벽 앞에 섰다.

"들어가는 길이 보이니?" 세인트 저메인이 나를 돌아보며 물었다.

"아니요, 그렇지만 입구가 여기일 것 같다는 느낌이 들어요." 나는 화강암 바위벽의 한 지점을 가리키며 말했다. 그는 미소를 지으며 내가 가리킨 지점으로 올라가 그곳에 손을 올렸다. 그러자 우리는 어느새 금속 문 앞에 서 있었다.

"보다시피 우리는 보호를 위해 어떤 곳의 입구를 봉인

할 수 있단다. 그러면 입구를 찾거나 그곳에 들어가는 것이 불가능해지지. 우리가 그러려는 마음을 내지 않는 이상은 말이야. 우리가 어떤 곳을 봉인하는 데 쓰이는 물질들은 보편 세계로부터 온 것이란다. 그래서 겉보기에는 바위와 완전히 똑같이 보일지 몰라도, 사실 바위보다 훨씬 더 단단하단다.

이런 방법으로 우리는 빛의 상승 형제단의 비밀 회의실, 광산, 매몰된 도시, 건물, 은신처의 입구를 지킬 수 있단다. 이 장소들 중 대부분은 완벽한 보존 상태를 유지하며 7만 년 이상 지켜져왔어. 이런 장소나 물건들이 더 이상 쓸모없어지게 되면 우리는 이것들을 다시 보편 세계로 돌려보내지. 너도 알다시피, 모든 권능은 스스로를 정복한 자의 기꺼운 시종이 된단다. 우주의 모든 권능은 우리가 명령하기만을 기다리고 있어. 그것이 사랑과 지혜의 명령이라면 말이야."

우리가 마주한 금속 문에는 내 어깨높이 정도에 남자의 오른손 모형이 양각으로 새겨져 있었다. 그것은 현재의 내 손과 놀라울 정도로 닮아 있었다.

"이 금속 손 위에 네 손을 올려놓으렴." 세인트 저메인이 말했다. "그리고 세게 눌러봐." 나는 그의 말을 따랐다. 금속 손은 내 손과 완벽하게 맞아떨어졌고, 나는 온 힘을 다해 그것을 눌렀다. 거대한 문이 천천히 열리기 시작하자 그가 이어서 말했다.

"너는 다른 몇 번의 생애에서도 똑같은 모양과 크기의 손을 가지고 있었단다. 너는 이 광산을 발견한 사람이었고, 정부에서는 그것을 예우하는 의미로 문에 네 손을 새겨넣었어. 그 손은 1만 4,000년 전의 네 손 모양이란다."

우리는 이 문을 통해 길고 둥근 터널 속으로 들어갔고, 마침내 엄청나게 큰 공동空洞으로 나오게 되었다. 거기서 나는 크게 놀랄 수밖에 없었다. 그곳에는 불멸의 흰 금속으로 만들어진 다양한 도구와 기계들이 있었는데, 그 보존 상태가 바로 어제 만들어진 것처럼 완벽했기 때문이다. 공동의 중앙에는 갱도가 있었다. 만약 현대의 광산 기술자들이 이전 시대의 채광 작업이 얼마나 간단하고 완벽했는지 볼 수 있었다면 아마 깜짝 놀랄 것이다. 이와 같은 방식이 다음 세기 내에 이곳, 미국에서 다시 사용될 것이다.

세인트 저메인은 갱도로 걸어가 레버를 당겼다. 그러자 독특한 디자인의 케이지 하나가 올라왔다. 우리는 그 안으로 들어갔고, 그는 그 안에 있는 작은 레버를 조작했다. 60미터 깊이로 내려가자 역이 있었다. 그리고 계속해서 200미터 깊이로 내려가자 케이지가 멈췄다. 우리가 멈춘 곳은 중앙역이었다. 이 중앙역에서부터 터널 다섯 곳이 바큇살처럼 펼쳐져 있었다.

터널은 모두 완벽한 원 모양이었고, 아까 봤던 기계들과 똑같은 흰색 금속으로 만들어져 있었다. 그 금속은 너무나 강하고 두꺼워서 산 자체가 완전히 붕괴되어야만 부서질 수 있을 정도였다. 다섯 개의 터널 중 두 개는 고도 600미터 이상의 산과 이어져 있었다. 중앙역에는 모든 탈 것들을 다루는 엔진이 하나 있었다.

"네가 보고 있는 저 하얀 금속은 가장 주목할 만한 발견 중 하나란다." 세인트 저메인이 설명했다. "저 금속은 가벼운 동시에 그 어떤 것보다도 더 단단하고, 녹슬거나 닳지도 않지. 너는 위대한 고대 문명의 이 실제적이고 물리적인 증거물들을 부분적으로만 묘사할 수 있을 거야. 이런 경이로운 것들은 이미 존재했었고, 지금도 너희 가운데에 있단다. ― 이 계시가 알려지기 전까지는 꿈에도 생각하지 못한 그런 경이로운 것들 말이야." 우리는 터널 끝에 다 랐고, 그는 내게 고대에 사용되었던 드릴 몇 개를 보여주었다. "이 드릴들은 청백색 불꽃을 2.5센티미터 지름의 관 (tube) 모양으로 내뿜었단다. 드릴의 속도는 엄청나서, 갖다 대면 바위들이 다 타서 없어져버릴 정도였어."

우리는 역으로 돌아와 두 개의 터널 사이에 있는 삼각형 모양의 방으로 들어갔다. 방의 맨 끝에는 같은 흰색 금속으로 만들어진 용기들이 있었다. 30센티미터 정사각형 모양에 길이는 90센티미터 정도였다. 세인트 저메인은 그 중 한 개를 열어서 내게 아름다운 노란색 다이아몬드 원석들을 보여주었다. 그것들은 너무나도 아름다워서 말문이 막힐 정도였다. 아마 독자들은 내게 이렇게 질문하리라. "당신이 본 게 물리적인 원석이었다는 말인가요?" 이는 지극히 자연스러운 질문이며, 나는 이 질문에 "그렇다"고 대답하고 싶다. 그것들은 오늘날 여러분이 손가락에 끼고 다니는 다이아몬드만큼이나 물리적인 것이었다. 나머지 용기들은 굉장한 가치를 지닌, 커팅된 보석들로 가득 채워져 있었다.

우리는 광산의 입구로 돌아왔다. 세인트 저메인은 문을 다시 닫고 봉인했다. 상승 마스터가 아니라면 그 누구도 입구를 주변 바위들과 구별할 수 없을 것이다. 공중으로 떠오른 우리는 금광까지 60킬로미터를 재빨리 이동했다. 이번에 우리는 완벽하게 단단해 보이는 원뿔 모양 바위 근처의 산꼭대기에 착지했다. 바위는 밑 부분 지름이 4.5미터에 높이가 3미터 정도였다.

"잘 보렴." 그가 바위에 손을 대며 말했다. 바위는 반으로 천천히 갈라졌고, 우리 앞에는 아래로 향하는 계단이 나타났다. 이 계단을 어느 정도 내려가자 곧 다이아몬드 광산에 있던 것과 비슷한 갱도의 위쪽에 공동이 있었다.

"보다시피, 이곳에는 파석기가 없단다." 그가 말을 이었다. "모든 것은 광산 그 자체에서 처리된단다. 표면적으로는 아무 일도 일어나지 않지." 우리는 엄청난 크기의 또 다른 공동이 있는 120미터 깊이에서 멈췄다. 여기에는 광석을 처리할 완벽한 장비가 있었다. 그는 극도로 단순한 장비 사용방법을 알려주었는데, 너무나 간단해서 믿어지지 않을 정도였다.

우리는 240미터 깊이까지 계속 내려가서 다이아몬드 광산에서와 같은 구조물들을 보게 되었다. 이곳에도 역시 터널들이 중앙부에서부터 바큇살 모양으로 펼쳐져 있었으며 터널들 사이로 세 개의 삼각형 모양 방이 있었다. 방에는 폐광 직전에 남겨진 광물들이 있었다. 그리고 다른 방에서 본 것과 마찬가지로 이곳에도 흰색 금속 용기들이 있었다. 내가 묘사를 허락받은 것은 그 용기들 중 세 가지다.

첫 번째 용기에는 240미터 깊이, 사광*이 형성된 고대 강바닥에서 나온 덩어리들이 가득했다. 자갈들이 서로 붙어 있는 이 덩어리 안에는 금이 들어 있었다. 이런 덩어리들은 360미터 깊이까지 있었고, 그야말로 어마어마한 가

---

* 모래 알갱이처럼 된 암석 혹은 광물이 강이나 바다에 퇴적되어 생긴 광상.

치를 지니고 있었다. 두 번째 용기에는 120미터 깊이의 흰색 석영 광맥에서 자라난 금(wire gold)이 가득 들어 있었다. 마지막 용기에는 각각 3.5킬로그램 정도 되는 순금 원반들이 채워져 있었다.

"모든 금을 모아두는 방은 금괴 방(bullion room)이라고 불렸단다." 그가 설명했다. "이 광산에 대한 기록은 복제되어서 이곳에는 복사본이 있고, 원본은 로열 티톤 은둔처의 기록보관실에 있어."

우리는 다시 지표면으로 돌아왔다. 세인트 저메인은 입구를 다시 한번 봉인했고, 나를 돌아보며 이렇게 말했다. "얘야, 너는 이 광산들을 발견했고, 동료들의 도움을 받아 광산들을 개발했었단다. 그리고 이런 완벽한 결과를 만들어냈어. 또한 너는 내가 곧 로열 티톤에서 보여줄, 불멸의 금속에 대한 기록도 남겼단다. 상승 마스터들은 1만 2,000년 전 일어났던 대재앙이 다가오고 있음을 보았고, 이 광산들은 거기에 그다지 큰 영향을 받지 않을 것임을 알고 있었어. 그들은 대재앙을 준비하며 우리가 지금 들어선, 먼 미래 시대에 이 광산들을 사용하기 위해 봉인해두었단다.

네가 수없이 환생한 각기 다른 일곱 번의 시대에서, 너는 이러한 기록을 남기는 과정과 그때의 기억을 다시 떠올릴 수 있게 되었어. 너는 이 기록과 기억들을 현시대로 다시 불러와서 모든 인류에게 축복이 있게 할 거란다. 어린 시절부터 네가 모든 유의 고대 기록에 관심이 많았던 이유가 바로 이 때문이며, 넌 이번 생에서도 이런 일과 많은 관련을 맺게 될 거야.

자, 이제 우리는 로열 티톤으로 돌아갈 거야. 내가 말한 기록들의 원본은 대회의실 바로 옆방에 있단다. 그곳은 발명품과 과학적 발견들을 보존하기 위한 방이야. 우리가 전에 방문했던 곳에는 다양한 문명에 대한 기록물만 있었지."

우리는 은둔처로 돌아와 처음 방문 때와 똑같이 튜브 엘리베이터를 탔다. 밖으로 나온 우리는 입구 오른쪽 두 번째 문으로 들어갔다. 그곳은 가로 20미터, 세로 12미터, 높이 4.5미터 크기의 과학 기록실과 바로 이어져 있었다. 그곳의 모든 벽과 천장, 바닥은 '불멸의 하얀 금속'으로 마감되어 있었는데, 거기 있는 장식장과 용기의 재질도 마찬가지였다.

세인트 저메인은 용기 하나를 꺼내 들더니 내가 기록한 다이아몬드 광산에 대한 기록을 전해주었다. 나는 그 기록도 읽을 수 있었다. 그러나 그는 이번에는 내면의 신적 자아를 불러내어 내가 그 시대 때 지니고 있었던 완벽한 지식이 드러나게끔 하라고 말했다. 그 기록에는 다이아몬드 광산의 발견과 작업에 대한 역사가 간결하면서도 명확하게 적혀 있었다. 그는 또 다른 두루마리를 내게 전해주었는데, 거기에는 금광의 모든 역사가 적혀 있었다.

"내 말에 대한 물리적 증거를 잘 보았으니, 내가 증명할 수 없는 것은 말하지도 않는다는 사실을 네가 알았으면 좋겠구나." 세인트 저메인이 말했다. 그는 내 몸과 마음을 꿰뚫는 예리한 눈빛으로 나를 바라보며 내 쪽으로 몸을 돌렸다.

"애야, 너는 지금까지 아주 잘 해왔단다. 너는 최근의 이런 경험들을 겪으면서도 침착했고, 평정심을 잃지 않았어. 이어지는 다음 단계에는 많은 것이 달려 있단다. 네 내면에 계신, 모든 것을 관장하는 하나님께 온 의식을 집중하렴. '내면에 집중'해야 한다는 걸 잊지 말아야 해."

후에 일어난 일에 비추어보면, 그가 이런 훈계로써 나를 굳세게 해준 것은 정말 잘된 일이었다. 이 경고와 함께, 그는 대회의실을 가로질러 서쪽 벽에 있는 거대한 청동문으로 나를 데려갔다. 그가 손을 갖다 대자 문은 우리가 들어가는 동안 천천히 위로 올라갔다가 우리가 지나간 후 다시 닫혔다.

나는 '인간의 눈으로는 보기 힘든 것'을 보았기에 너무나 놀라 요지부동으로 멈추어 섰다. 사실, 그것을 바라보는 것을 허락받는 일도 드물 것이다. 내가 본 장면의 아름다움과 경이는 너무나 대단해서 나를 꼼짝 못 하게 만들었다.

내 3.5미터 전방에는 가로세로 5미터, 높이가 1미터 정도 되는 정사각형 설백색 오닉스가 있었다. 그 위에는 계속해서 움직이는 투명한 **빛**이 담긴 수정구가 놓여 있었다. 그 빛은 광휘를 내뿜는 지점을 이리저리 빠르게 움직이고 있었다. 수정구는 프리즘으로 형성된 색깔 광선을 15센티미터 거리까지 발산하고 있었다. 멈추지 않고 번쩍거리는 그것은 마치 살아 있는 물질로 만들어진 듯했다.

수정구 맨 윗부분에는 깃털 모양의 불꽃들이 타오르고 있었다. 각각 금색(molten gold), 로즈핑크, 청색(electric blue)인 그 불꽃들은 높이가 적어도 1미터는 되었고, 윗부분으로 갈수록 타조 깃털처럼 휘어 있었다. 불꽃의 움직임은 우아하고 아름다웠으며, 끊임없이 이어지고 있었다. 이 화려한 수정구에서 나오는 광휘는 방 전체를 밝혔고, 어떤 말로도 표현할 수 없는 전기적인 에너지의 느낌을 만들어내고 있었다. 이 장면 속의 빛, 생명, 아름다움은 인간의 묘사력을 뛰어넘는 수준이었다.

우리는 방의 끝을 향해 걸어갔다. 거기에는 사람이 들

어 있는 크리스털 관[註] 세 개가 나란히 세워져 있었다. 관에 가까이 다가간 나는 심장이 거의 멎을 뻔했다. 세 개의 관 안에는 로터스와 아들, 그리고 내가 고대에 사용했던 신체가 들어 있었기 때문이다. 로터스의 고대 신체는 현재의 몸과 비슷했기 때문에 나는 이것들을 쉽게 알아챌 수 있었다. 하지만 나와 아들의 신체는 훨씬 더 균형 잡힌 이목구비와 완벽한 체형을 지니고 있었다. 셋 모두는 고대 그리스의 것과 거의 비슷한 유형의 완전성을 온전히 보여주고 있었다.

그들은 잠을 자는 것처럼 보일 정도로 생동감 있어 보였다. 또, 그들은 모두 곱슬거리는 금발에, 태피스트리의 인물들이 로브 안에 입었던 것과 비슷한 황금색 천으로 만들어진 옷을 입고 있었다. 그때 이후로 상승 마스터는 신체적 현현에서 경험되어진 생명력의 활동을 보고 싶을 때 이 몸들을 살펴보기만 하면 됐다. 그들은 죽음이라는 활동을 기록하는 거울이 되어주었지만, 본래 그들이 지닌 완전성은 지금도 여전했다.

각각의 관은 수정구가 올려져 있던 오닉스와 같은 종류의, 크고 흰 오닉스 받침대에 세워져 있었다. 관에는 꼭 맞는 크기의 크리스털 관 뚜껑이 덮여 있었지만, 그렇다고 완전히 봉인된 것은 아니었다. 세 개의 관 뚜껑에는 모두 가슴 중앙 부분에 '칠각별'이 그려져 있었다. 그리고 그 아래에는 네 개의 상형문자가 적혀 있었다. 관 뚜껑 맨 꼭대기에는 '육각별'이 그려져 있었는데, 별의 끝부분이 딱 정수리 부분과 맞닿아 있었다. 그들은 어깨 아래쪽으로 양손을 맞잡고 있었다. 그들의 발치에는 타오르는 횃불이 있었는데, 횃불의 불꽃은 관 뚜껑과 맞닿다. 이 불꽃은 방 안을 아무리 다른 색깔의 빛으로 비추어도 계속 금빛으로만 유지되었다. 그리고 그 반대쪽 끝, 발 아래에는 '오각별'이 있었다. 모든 상징들은 크리스털에 양각을 새긴 것처럼 볼록 솟아 있었다.

"이 몸들은 너희들이 특별한 작업을 하기 위해 황금 도시를 떠났던 한 생애에서 사용했던 몸이란다." 세인트 저메인이 설명했다. "너는 그 생애에서 아주 훌륭한 경험을 했고, 엄청난 선*한 공덕을 성취했단다. 위대한 우주적 존재가 나타나 네가 자신의 몸을 상승시켜 황금 도시로 되돌아갈 수 있을 때까지 이 몸들을 보존하라는 명령을 내렸지. 그는 이 몸들을 보존하기 위한 아주 상세한 지시를 내렸단다. 이 명령은 너도 알고 있듯 충직하게 이행되었어.

이제 너는 내재하신 마스터 그리스도 자아를 계속해서 예민하고 깊게 자각함으로써 오직 창조주 하나님의 사랑, 지혜, 완전성만이 너의 마음과 몸들을 통해 항상 흘러나가도록 하는 것이 얼마나 중요한지 깨달았을 거야."

순간, 눈부신 빛과 함께 엄청난 힘이 나를 휘감았다. 나
의 신적 자아가 말했다.

"위대한 빛의 마스터여, 부모이자 형제이며 친구인 자
여! 오, 하나님의 위대한 아들이여! 그대는 실로 영원한 사
랑을 지니고 있으며, 그 사랑으로 인해 그대가 받아 마땅
한 영원한 평화와 하위 다섯 왕국에 대한 마스터리를 성
취했노라. 그대가 사랑하는 이 하나님의 자녀들 안에 계
신 위대하신 신적 자아는 그대가 이 자녀들을 위해 오랫동
안 열망해왔던 모든 도움들을 주기 위해 곧 '완전한 의식
적 통치권' 속에서 나타날 것이다. 이 하나님의 자녀들 각
자에게는 오직 그 자신만이 행할 수 있는 봉사가 기다리고
있기 때문이다. 나는 하나님의 가슴에서 나오는 그 크나큰
빛을 불러 영원히 그대를 축복한다."

신적 자아의 말이 끝나자 거대한 한 줄기 빛이 눈부시
게 내려와 실내를 찬란한 프리즘 색깔의 점들로 가득 채웠
다. 점들은 방 안 여기저기를 쏜살같이 움직였고, 모두 생
명으로 고동치는 무지개색 빛으로 빛났다.

"애야, 보렴!" 세인트 저메인이 말했다. "네가 위대한 신
적 자아를 얼마나 완벽하게 표현할 수 있는지를 말이야!
너는 네가 원한다면 그 어느 때든 의식적으로 이렇게 할

수 있게 될 거야.

종유석이 천장 그리고 은백색을 띠고 있는 이 벽들에 어떤 효과를 주는지 잘 알아두렴. 이곳의 벽과 천장은 모두 '의식적으로 창조되어' 나타난 물질로 만들어져 있기 때문에 항상 똑같은, 쾌적한 온도를 유지할 수 있단다."

우리는 방 반대편으로 걸어가 벽에 있는 세련된 아치형 입구에 멈추어 섰다. 세인트 저메인이 입구 위에 손을 얹자 문이 열리면서 흰 금속으로 만들어진 경이로운 기록용 장비가 드러났다. "지금 우리가 진입하고 있는 시대에는 그간 지켜져온 많은 장비들을 인류가 사용하게 될 거야. 그러니 발명 혹은 발견을 할 필요도 없겠지." 그가 말을 이었다.

"어떻게 그럴 수 있죠?" 내가 물었다. "이 은둔처와 굉산에 있는 모든 것들이 먼지나 공기의 유입으로부터 그렇게까지 안전하게 보관되고 있는 건가요?"

"그건 아주 간단해." 그가 설명했다. "상승 마스터들은 필요할 때 열, 빛, 동력을 자유로이 만들어 쓰는데, 이곳을 청소하고 환기시키는 데 사용하는 힘도 그와 똑같단다. 상승 마스터들이 광산이나 방을 지날 때 방사하는 광휘는 모든 불필요한 물질들을 즉시 태워버린다.

이제 네가 몸을 떠난 지 이틀째 되는 아침이야. 지금 돌아가야 해." 우리는 회의실을 지나 튜브 엘리베이터 왼쪽 문밖으로 나왔다. 그러자 다시 한번 별빛 가득한 하늘이 나타났다. 우리는 빠르게 내 방으로 돌아왔고, 잠시 후 나는 내 몸으로 돌아와 있었다. 세인트 저메인은 내게 낯익은 크리스털 잔을 내밀었다. 이번에는 잔이 호박琥珀색 액체로 차 있었다. 나는 그것을 마셨고, 몸의 모든 세포에 활기가 도는 것을 느낄 수 있었다.

"이제 가능한 한 오래 잠을 자렴." 그가 마지막 말을 남기고 시야에서 사라졌다. 나는 깊은 잠에 빠졌던 것이 분명했다. 몇 시간 후 깨어났을 때는 몸에 힘과 기운이 넘쳤으며 완벽히 상쾌했다.

Inca Memories

잉카의 기억들

특별한 일 없이 열흘이 지났다. 나는 지난번에 배운 연습을 하면서 내면에 계신 위대한 신적 자아에 주의를 집중하지 않고는, 그리고 세인트 저메인에게 사랑과 감사의 생각을 전하지 않고는 절대 잠자리에 들지 않았다. 그렇게 열하루째 되는 날 밤, 잠자리에 누운 나는 그의 목소리를 뚜렷하게 들었다.

"이리 오렴!"

나는 그 부름에 순종하는 법을 배웠기에 즉시 몸 밖으로 나왔다. 그리고 빠르게 공간을 통과해가며 순식간에 로열 티톤에 도착했다. 그는 내가 도착하기를 기다리며 서 있었다. 이번에 그는 자신이 있는 쪽으로 오라며 나를 불렀다. 나는 그의 말에 따랐고, 그에게 인사했다.

"무슨 일이든 시켜만 주세요." 내가 그에게로 걸어가며 말했다. 그러자 그는 미소를 지으며 대답했다.

"우리가 할 일이 있단다. 가자!"

나는 우리가 가고 있는 방향을 잘 알고 있었다. 확실히 우리는 살짝 서쪽으로 치우친 남쪽으로 향하고 있었다. 곧 우리는 어느 도시의 불빛을 보았는데, 세인트 저메인은 내 주의를 그쪽으로 향하게 하며 "로스엔젤레스"라고 말했다.

좀 더 멀리 날아간 우리는 또다시 불이 켜진 지역을 발견했다. 내가 질문하자 그는 "멕시코시티"라고 대답했다.

우리는 열대우림에 도착했고, 그곳에 착지했다. 우리가 착지한 곳은 고대 신전의 오래된 잔해들이 있었다. "이것들은 멕시코 오악사카^{Oaxaca}주에 있는 미틀라^{Mitla} 유적이란다." 그가 설명했다. "잉카 문명이 정점에 달했을 때, 너희 셋은 그 문명에 도움을 주기 위해 육화했지. 너희는 그 당시 그들에게 필요했던 봉사를 행하고자, 너희에게 지시를 내렸던 상승 마스터들의 승인을 받아서 잉카 왕족으로 육화하기를 선택했단다.

그때 너희는 위대한 성장과 깨달음을 이룬, 강한 영혼의 소유자인 잉카 통치자의 자녀들로 태어났단다. 그는 백성을 깊이 사랑했기에 지고하신 하나님께 **빛**, 풍요, 완전성을 내려달라고 청하여 백성과 백성들의 땅을 축복했어.

자신의 근원에 대한 잉카 문명의 헌신은 엄청났단다. 잉카 문명은 위대한 중심 태양의 힘을 알고, 그것을 의식적으로 인정했기 때문이야. 잉카 사람들은 '위대한 중심 태양'이 무엇을 의미하는지 알고 있었기 때문에 이러한 진정한 앎이 전수될 수 있었어. 또, 그들은 태양을 신(Godhead)의 상징으로 사용했지. 그들은 진실한 '내적 앎'을 가지고 있었고, 이 위대한 중심 태양으로부터 나오는 힘과 '권능'을 모든 면에서 인식하고 인정했었지. 오늘날 우리가 이 중심 태양을 '그리스도'라고 부르는 이유는 그것이 우주 내에서 벌어지는 그리스도 활동의 핵심이기 때문이야.

자신의 근원과 백성에 대한 잉카 통치자의 헌신 덕분에, 백성들을 돕고 안내하는 축복과 빛에 대한 그의 깊은 열망은 승인을 받았어. 따라서 사하라 사막의 상위 차원에 있는 황금 도시에서 온 열네 명의 인물들이 그에게 도움을 주기로 했지. 너와 로터스 그리고 너희 아들은 그 열네 명 중 세 명이었단다.

네가 열 살, 로터스가 열두 살, 너희 아들이 열네 살 때 너희 모두는 내 보살핌을 받으면서 너희들이 추후 하게 될 작업을 미리 준비하고 훈련하라는 지시를 받았단다. 그 당시 나는 황금 도시에 살았지만 너희들의 파동을 미리 조화롭게 맞추는 작업이 이뤄진 후에는 매일같이 잉카 궁전에 가서 너희에게 필요한 설명과 광휘를 전해주었단다. 이런 일은 4년 동안 이어졌고, 마침내 너희 아버지도 이 사실을 알게 되었지.

잉카의 통치자는 자녀들의 지혜에 놀라 끊임없이 하나님께 찬사와 감사를 올렸고, 이는 그에게 축복이 되었지. 사하라 문명 때 우리 모두를 황금 도시로 데려갔던 위대한 우주적 마스터는 네가 열네 살이 되었을 때 잉카 문명에 모습을 드러냈단다. 이 마스터께서는 통치자에게 그의 탄원이 매우 실제적인 의미에서 받아들여졌다고 말했어.

잉카 문명은 그로부터 대략 70년 동안 최고의 전성기를 맞았단다. 나는 네가 열네 살이었을 때부터 매일 잉카의 통치자를 찾아가 그를 가르치고 그의 파동을 조화롭게 맞춰주었어. 너희는 '태양'에서 온 잉카의 아이들로 알려졌단다. 통치자의 감사, 사랑, 협조는 정말로 대단했지. 그는 위대한 우주의 법칙을 이해하고, 그것을 사용하는 법을 배웠어.

너희의 유년기와 청년기는 정말 아름다웠단다. 너희들이 받은 훈련의 아름다움을 해칠 단 한 점의 구름도 없었으니까 말이야. 너희 아들은 통치 법칙과 통치자의 신성한 의무에 대해 배웠어. 그리고 로터스는 내적 작업에 대해,

'태양 신전' 여사제로서의 축성법과 모든 율법에 대해 배웠지. 너는 사제단의 우주적 법칙을 배웠단다. 또, 비밀리에 군대의 전투 지휘법도 배웠어.

페루에서 10년간의 특별 훈련을 받은 후, 너희 셋은 잉카 왕국의 새로운 북쪽 식민지 중 한 곳으로 보내졌단다. 잉카 문명과 그 사람들의 활동을 확장시키고 그들의 발전을 촉진하기 위해서였어. 너희는 통치자가 내려주었던 그 모든 사랑, 영광, 축복과 함께 그곳으로 가서 현재 멕시코 오악사카주 미틀라로 알려진 식민지에 수도를 건설했단다. ― 이곳의 영예는 그 후로도 수 세기 동안 지속되었지.

너희를 도와주고 가르쳐주었던 황금 도시의 인물들이 내린 지시에 따라 너희는 여기에 거대한 신전을 지었단다. 로터스는 그 생애에서 미틀라라고 불렸고, 그녀에게 경의를 표하는 의미에서 도시 이름도 미틀라가 되었지. 여기서 로터스는 40년 이상을 여사제로서 봉사했어. 미틀라의 신전은 그 시대의 가장 아름다운 신전들 중 하나였지. 너희들은 신전 건축에 비용을 아끼지 않았단다. 지표면 아래에 지어진 신전의 비밀스러운 부분은 수 세기 후 그 아름답고 훌륭한 문명의 흔적을 미래 세대에게 알려줄 유산으로 남아 있어야 했기 때문이야. 너는 이 신전이 지어질 당시 그 사실을 알고 있었어. 그리고 이에 대해서 너희들에게 확실하고 명확한 명령이 내려졌고, 너희들은 그 명령을 그대로 이행했어. 이는 신전 건축 전체가 황금 도시에서 온 위대한 상승 마스터 중 하나에 의해 지시된 것이었기 때문이야.

신전 바깥 부분은 거대한 돌로 만들어졌는데, 그중 일부는 오늘날의 미틀라 신전 유적에서도 볼 수 있단다. 내부는 대리석, 오닉스, 옥으로 꾸며져 있었지. 이 옥은 지금까지 그 누구에게도 공개된 적이 없는 안데스산맥의 비밀스러운 근원에서 나온 것이었어. 실내 장식물의 색감은 정말 예술적이고 아름다웠는데, 금색, 보라색, 로즈핑크, 셸핑크shell pink가 그 주요 색깔이었단다.

내부 성소는 보라색과 흰색 디자인이 더해진, 금으로 만들어진 방이었어. 여사제가 식을 올릴 때 사용하는 의자도 금 의자였고 말이야. 이곳, 성소에는 영적 힘이 집중되고 유지되었으며 그 힘이 왕국과 백성들에게로 널리 퍼져 나갔단다. 이제 기초적인 설명을 들었으니 한때 위대한 영광을 이룩했던 신전의 폐허 속에서 보존되어온 지하 신전으로 함께 들어가 보자꾸나." 세인트 저메인의 말에 따라 우리는 더 멀리로 이동했다.

"뒤로 물러서렴!"

그는 장대한 권능의 광선을 우리 앞에 있는 거대한 바위 더미에 집중시켰다. 그러자 바위들은 갑자기 사방으로 흩어졌고, 분홍색 화강암 큐브 하나가 나타났다. 그는 앞으로 걸어가 그 위에 손을 얹었다. 그러자 큐브는 천천히 회전했고, 아래로 내려가는 입구가 열렸다. 너비가 1미터쯤 되는 계단을 스물한 층 내려간 우리 앞에는 문이 하나 있었는데, 구리로 만들어진 문 같았다. 하지만 세인트 저메인은 이 문이 합금 재질이라고 설명했는데, 합금을 한 이유는 이 문을 불멸의 문으로 만들기 위해서였다고 한다.

문 오른쪽에 있는 큐브 돌을 누르자 문이 천천히 열리더니 작은 방이 나왔다. 들어가 보니 저 멀리에는 또 하나의 거대한 아치형 입구가 있었는데, 그 입구 역시 큰 문으로 막혀 있었다. 그가 바닥에 있는 특이한 디자인의 돌을 밟자 큰 문이 열렸다. 이번에 열린 방은 크기가 어마어마했고, 청소와 환기가 필요해 보였다. 내가 이런 생각을 마음속에 품자마자 방은 강력한 보라색 빛으로 가득 찼다. 그리고 뒤이어 부드러운 하얀 연무가 정오의 태양처럼 눈부신 빛을 발했다. 완벽한 청소였다. 모든 것은 신선하고 깨끗해졌고, 방 안에는 장미 향기가 진동했다.

우리는 큰 방에 들어갔는데, 거기 들어가자마자 이제껏 본 적이 없을 만큼 훌륭한 초상화들이 내 눈길을 사로잡았다. 그 그림들은 금 위에 에칭etching된 것들로서, 사실적인 색깔이 덧입혀져 있었다.

"이것들 역시 '불멸'한단다." 세인트 저메인이 설명했다.
"이 중 다섯은 잉카 통치자, 로터스, 너희 아들, 너, 그리고
나를 묘사한 초상화야. 우리가 그 당시에 사용한 몸을 기
반으로 묘사된 것들이지. 이런 특별한 예술 양식이 존재했
던 시기는 잉카 시대뿐이었단다. 그 당시 로터스는 자신의
신적 불꽃에 헌신함으로써 자신을 가르쳤던 금성의 위대
한 마스터 한 명을 불러왔단다. 이런 예술 양식은 지구상
에 있었던 그 어떤 시대에서도 찾아볼 수 없지. 금성에서
온 마스터는 이런 예술품을 제한된 수량만큼만 제작할 수
있도록 했어. 왜냐하면 이 예술 양식은 그 시대보다 몇 세
기나 앞선 것이었기에 지구가 발전하고 있던 그 시대에 쓰
이도록 허락받을 수 없었기 때문이야. 어쨌든, 지금 우리
가 들어서고 있는 황금시대에서는 이러한 예술 양식이 다
시 나타나게 될 거란다.

애야! 아, 미국인들이 자신들 앞에 얼마나 엄청난 가능
성이 놓여 있는지를 얼핏이라도 이해할 수 있으면 좋을 텐
데. 그 가능성은 그들이 종교적 교리, 사이비, 도그마, 주
의(ism) 그리고 그들 자신의 가슴 속에 있는 위대한 신적 **현
존**으로부터 그들의 주의를 뺏어오는, 그들을 묶고 한계 짓
는 모든 것들로부터 돌아서기를 기다리고, 기다리고, 또
기다려왔단다! 아, 그들이 자신의 내면에서 매 순간 살아

숨 쉬고 있는, 애정 어린 위대한 **현존**을 인식하고 사용한다면 그들은 자신의 봉사를 기다리고 있는 자유, 힘, 빛이 무엇인지 진정으로 깨닫게 될 거야. 이 세상에 현현한 모든 것들을 다스리는 전능한 지배력을 알고, 또 '느껴보렴!' 아, '살아 계신 가장 높은 하나님', 하늘과 땅의 통치자이신 그분의 신전이 바로 자신의 '몸'이라는 것을 그들이 깨달을 수만 있다면! 그러면 그들은 그 전능한 자아를 '사랑'한다는 것이 어떤 것인지 알게 될 테고, 그 신성과 소통할 것이며, 만물 안에 있는 그 신성을 인정하게 될 것이란다. 그리고 최소한 그들이 다른 이들을 실체로 느끼는 것만큼이나 그 **현존**의 실체를 너무나 확실하게 '느끼게' 되겠지. 위대한 **현존**이 가까이 있다는 것, 그리고 그것의 '실재'를 잠시라도 깊이 '느낄' 수만 있다면 다시는 그 둘 사이에 그 어떤 것도 낄 수 없을 것이며 예수나 다른 상승 마스터들과 똑같은, 전능하고 지고한 업적을 이룰 수 있을 거란다.

오, 미국이여! 사랑하는 **빛**의 자녀들아! 이 위대한 하나님의 **현존**이, 그 현존의 지혜와 힘이 '지금' 너희의 존재 전체를 강력한 파도처럼 휩쓸고 지나가도록 하렴. 그리고 하나님의 왕국이 이 땅에 얼마나 빨리 나타날 수 있는지를 보렴. 미국은 다가오는 황금시대를 예고하는 **빛**을 품고 있는, 인류를 위한 길을 보여줄 국가란다. 그녀, 미국이 지금 현재 어떤 상황인지와는 상관없이, '그 빛'은 앞으로 더 전면에 나아가 위대한 신적 자아를 향한 그녀의 이상과 사랑을 파괴하려는 그림자들을 불태워서 소멸시킬 거야."

우리는 오른쪽 문으로 들어갔다. 그곳에는 불멸의 기록들이 더 많이 있었다. 이번에는 잉카 문명에 대한 기록과 그 사이클 내에서 잉카 문명이 맡은 중요한 역할에 대한 기록이었다.

"너는 1만 4,000년 전의 네 삶을 기억해냄으로써 이 기록들을 제작하는 과정을 기억해냈어." 세인트 저메인이 말했다. "이것들은 초상화와 함께 로열 티톤으로 옮겨질 거야. 이 비밀 신전은 이미 그 역할을 다했기 때문에 해체될 거거든."

곧 반짝이는 아름다운 존재들이 나타나 초상화와 기록들을 가져갔다. 그들이 일을 마친 후 우리는 입구로 돌아와 조금 걸었다. 세인트 저메인은 잠시 비밀 신전에 의식을 집중하더니 고요히 서 있었다. 나는 갑작스러운 고요에 압도되었고, 그 때문에 꼼짝도 하지 못했다. 그때, 마치 지진이 난 듯이 우르릉 소리가 크게 났다. 눈 깜짝할 새에 그 시대의 가장 웅장한 창조물이었던 비밀 신전이 무너져 폐허가 되어버렸다.

나는 세인트 저메인의 엄청난 힘을 목격하고는 숨이 턱

막혀버렸다. 진실로, 위대한 상승 마스터들은 신과 같다고 할 수 있다. 고대 신화에서 그들의 활동을 신화 또는 우화로 가장하여 전하는 것도 그리 놀랄 일은 아니다. 상승 마스터들은 위대한 하나님의 **현존**을 향한 확고한 결의가 있으므로 언제나 굉장한 신적 권능을 행사한다. 이런 이유로 모든 권능이 그들에게 주어지는 것이다. 그들은 전적으로 완전하다.

"예수는 이렇게 말했지. '내가 진실로, 진실로 너희에게 이르노니, 너희는 내가 하는 일뿐 아니라 그보다 더 큰 일도 하게 될 것이다.' 그는 자신의 말을 정확히 이해하고 있었어." 세인트 저메인이 말했다.

"그는 이 땅에 있는 동안 모든 인간이 의식적인 통치와 마스터리를 성취하고 표현할 수 있음을 알려주기 위해 나타났단다. 그는 상승 대사의 통치권을 보여주었어. 그리고 모든 사람이 자신의 신적 자아를 부름으로써 인간적인 모든 것을 의식적으로 통제할 수 있다는 것을 인류에게 '증명'했지.

빛, 사랑, 완전성의 위대한 상승 대사들은 태초부터 지구 인류의 영적 성장을 가이드해왔단다. 그들은 누군가의 상상에서 나온 인물들이 아니야. 그들은 '실재'하는 '유형有形'의 존재, 살아 숨 쉬는 장엄한 존재들이며 인간의 마음은 그들이 가진 거대한 사랑, 지혜, 권능과 마주하게 될 때 숨이 턱 막히게 될 거란다. 그들은 완전한 자유와 무한한 힘을 가지고 우주 모든 곳에서 일하고 있단다. 평범한 사람들이 초능력이라고 생각하는 것들을 그들은 '자연스럽게' 행하고 있어.

그들은 외적 세계에 있는 인간의 상상을 뛰어넘을 정도의 권능과 힘을 휘두르고 조종해. 그들은 인류의 수호자야. 물질세계에서는 다양한 단계의 선생들이 한 개인의 성장을 어릴 적부터 성인이 될 때까지 이끌어주고, 그 후에는 그가 어떤 특정한 업무를 수행할 수 있도록 준비시키지. 마찬가지로, 완전한 단계에 다다른 상승 대사들은 개인을 교육하고 돕기 위해 존재해. 그리고 대사들의 교육을 받은 그 사람도 자신의 의식을 평범한 인간 수준 이상으로 성숙시키고 확장시킬 수 있다면 그들과 같은 일을 해내게 될 거야. 비유하자면 인류 각자가 대학을 졸업하는 학생처럼 될 때까지, 다시 말해 상승 대사의 보살핌과 가르침을 받는 이가 자신 안에 내재한 비범하고 초월적인 자질을 계발해서 자신의 신성을 '완전하고 지속적으로 표현'해낼 수 있을 때까지 계속 훈련받게 된단다.

상승 대사는 자신의 내면에 있는 모든 인간적 한계의 사슬을 끊을 수 있을 만큼의 충분한 사랑과 힘을 스스로의 의식적인 노력으로써 키워낸 사람이야. 따라서 그는 자유로우며, 인간적 경험을 초월하는 힘과 권능을 부여받을 만큼의 신임을 받는단다. 그는 자기 자신이 편재하는 하나님, 즉 **생명**과 하나되었음을 느끼고, 그렇기에 모든 힘과 사물들은 그의 명령을 따르게 된단다. 그는 자신의 내면에 있는 **빛**을 다룸으로써 모든 것을 통제하는, 자유의지를 가진 의식적 존재이기 때문이야.

사실, 상승 대사가 자신의 보살핌과 지도를 받기 위해 자신을 찾는 이들을 도울 수 있는 것도 그 대사가 지닌 빛, 즉 '신성한 사랑의 빛나는 정수'의 발산 혹은 분출 덕분이야.

이러한 **빛**이 학생에게 분출되면 그의 내적 몸들, 그러니까 그의 감정체, 정신체, 원인체*는 대사의 빛나는 정수를 흡수한단다. 그리고 그 안에 있는 **빛**은 부채질을 받은

---

* 감정체(emotional body), 정신체(mental body), 원인체(causal body): 인간의 영혼이 지상에 환생하면 네 개의 낮은 에너지체를 통해 지혜와 사랑 그리고 힘 및 의지력을 기르는 성장 과정을 거치게 된다. 감정체는 신성한 사랑이 성숙하는 통로가 되는 에너지체로서, 다양한 감정들을 경험하고 그것들을 균형 잡기 위해 필요하다. 정신체는 자아의 상념이 나타나는 통로가 되는 에너지체로서, 올바른 사고방식과 이성의 발달을 위해 필요하다. 자아가 의지력과 힘을 시험받는 물질계에서, 육신은 신성 의식이 담기는 잔이라고 표현할 수 있다. 원인체는 에테르체로 표현되기도 하는데, 우리가 창조한 모든 행위와 상념들이 에너지적으로 기록되는 몸이기 때문에 'Memory body'로 불리기도 한다. 이를 통해 인간의 영혼이 이원적 세계에서 창조하는 모든 상념과 감정들은 선한 봉사로 인한 공덕과 이기적 행위와 상념에서 나온 부정적 카르마로 나뉘어져 우리의 에너지체 안에 기록된다.

불꽃처럼 밝게 타오르며 확장되지.

이 '빛나는 정수'는 우주에서 가장 높은 권능을 지니고 있단다. 왜냐하면 이 정수는 모든 불화를 녹여버리고, 현현한 모든 것들 속에서 완벽한 균형을 확립하기 때문이야. 상승 마스터의 몸은 지구에 만연한 분쟁 속으로 끊임없이 '빛의 정수'의 광선을 쏟아붓고 있어. 물리적 태양에서 나온 빛과 열기가 안개를 걷어버리듯, 그 권능의 광선들도 지구의 불화를 녹여낸단다.

마스터들이 지구에 쏟아붓는 광휘는 의식적으로 끌어당겨진 에너지, 즉 마스터들이 특정한 속성을 부여한 에너지고 이 에너지는 다시 지구로 나아가 그 의도대로 확실한 결과를 가져오지. 인류 대다수는 전혀 의식하지 못하고 있지만, 대사들은 이런 방식으로 사람, 장소, 환경, 사물들을 수없이 보호해주고 있단다. 인류는 그들의 보호자이자 후원자인 대사들을 의식하지 못한 채 차근차근 정해진 길을 따라 걷고 있지.

이런 종류의 활동을 할 때, 상승 대사들은 보통 자신의 몸을 변화시킬 수 있단다. 마치 옷을 갈아입듯이 말이야. 이런 일이 가능한 이유는 그들의 세포 구조가 항상 그들의 의식적 통제 아래에 있으며 모든 원자가 그들의 가장 사소한 지시에도 복종하기 때문이야. 원자로 된 몸을 해체하거나 조립하는 대사들의 능력은 절대적으로 **무한**하기 때문에, 자신이 행하고자 하는 일에 필요하다면 그들은 하나 또는 여러 개의 몸을 자유롭게 사용할 수 있어. 자연의 힘, 그러니까 4대 원소는 대사들의 자발적이고 순종적인 하인이므로 대사들은 모든 물질과 에너지의 전능한 현현자(Manifestor)들이라고 할 수 있어.

지구상에서 진화 중인 인류를 지켜주고 돕는 이 장엄한 존재들은 사랑, 빛, 완전성을 성취한 상승 대사들이라고 불린단다. '대사'라는 말에는 사랑, 빛, 완전성의 뜻이 모두 담겨 있어. 왜냐하면 대사들은 사랑, 지혜, 내재하신 신적 자아의 권능을 불러옴으로써 인간적인 모든 것에 대한 자신의 '통달(mastery)'을 나타내거든. 이러한 이유로 그들은 인간을 초월한 초인적 신성, **순수하고 영원하고 전능한** '완전성'을 표현하게 되는 존재의 다음 단계로 '상승'했단다.

지구의 인류는 자신의 무지와 한계 속에서 예수와 상승 영단의 여러 대사들을 자신만의 잣대로 판단하거나 그들에 대한 다양한 의견을 내놓는 경우가 많지. 이것은 인류가 빠져들 수 있는 잘못된 습관 중에서도 인류를 가장 강하게 속박하는 활동이며, 이런 활동 속에서 만들어진 대사들에 대한 비판과 판단은 그것을 만들어낸 자에게 다시 돌아가게 돼. 그래서 인류는 스스로 창조한 고통과 한계에 더 단단히 얽매이게 된단다. 인간적 한계로부터 해방된 상승 대사들은 인간의 부조화적 생각은 감히 끼어들 수도 없는, 타오르며 분출되는 빛 그 자체가 되었어. 그리고 이것이 바로 법칙의 활동이란다. 법칙의 활동은 모든 파괴적인 생각의 창조물과 감정을 그것을 만들어낸 사람에게로 돌려보내. 그리고 그 사람을 그 자신의 창조물과 더욱더 단단히 엮여 있게 한단다.

인간의 생각, 감정, 말은 에테르적 대기 속으로 퍼져나가 그것과 비슷한 유형의 것들을 더 끌어모은 다음, 그에게로 다시 돌아가. 이 모습을 인간이 볼 수 있었다면 그는 자신이 무엇을 낳았는지를 보고 깜짝 놀라면서 이로부터의 해방을 구하게 될 거야. 이러한 자신의 창조물을 마음속에서 지워버리고 싶다는 이유 하나만으로도, 인간은 완전한 결의로 자기 자신의 신성과 마주하고 그 신성 속으로 들어가게 된단다. '생각'과 '느낌'은 '살아서 고동치는 것들'이며, 이를 아는 자는 자연스럽게 자신의 지혜를 사용해 자기 자신이 만드는 상념과 감정들을 통제할 거란다.

모든 인간의 내면에 있는 위대한 신적 자아가 개인적 자아 혹은 외적 자아를 통해 지구상에서 경험을 얻고 성장하듯이, 인류는 이 땅에서 경험을 쌓아가며 예수처럼 될 거란다. 예수는 외적 세계에 이러한 신성한 영혼의 성장 과정의 원본, 즉 '마스터 레코드Master Record'를 밝혀주었어. 그는 지금까지도 인간이 본래 창조의 계획대로 신성을 표현할 능력이 있으며, 모든 제한에서 자유로워질 능력이 있음을 보여주는, 살아 있는 증거로 남아 있지. 인류가 맨 처음 존재했을 때의 환경은 전적으로 조화롭고 자유로웠어.

대부분의 지구의 자녀들보다 생명과 우주의 법칙에 대해 더 심도 있게 배우는 사람들 중 어떤 이들이 상승한 대사들이 존재한다는 사실을 알게 되면, 그들 대부분은 이 위대한 대사들에게 가르침을 받으러 가고 싶어한단다. 여기서의 가르침이란 대개 영혼이 무의식적으로 위로 올라가서 보다 큰 빛에 가닿는 것을 말하는데, 개인적 자아는 이것이 전적으로 신성한 이 위대한 존재들과 어떤 관계가 있는지 알지 못하지.

지극히 성실하며 굳건한 의지를 가진 학생이라면 이러한 상승 마스터들 중 하나와 접촉할 수도 있겠지만, 이런 일은 충분한 사랑의 활동과 인격적 자아의 엄격한 수양을 통해서만 가능하단다. 단순히 호기심을 충족시키기 위해 그들을 만나려는 사람, 단지 문제를 해결하거나 인간적 자아 안에 있는 의심을 없애기 위해 상승 마스터의 존재를 증명, 반증하려고 생각하는 사람은 절대 상승 마스터를 만날 수 없을 거야. 이건 정말 확실하단다. 왜냐하면 상승한 마스터는 학생의 인간적인 면을 만족시켜주는 데에는 전혀 관심이 없기 때문이야. 그들은 학생들 안에 내재하신 신적 자아를 확장시키는 데에만 전적인 노력을 기울인단다. 그리하여 그들은 학생의 신적 자아가 지닌 권능이 인간적 자아의 한계를 끊어버릴 수 있을 만큼 충분히 강하게 표출될 수 있도록 도와주고 있어. 인간적 자아는 정신적, 감정적, 물리적 현현의 세계에서 사용할 완벽한 몸체를 내재한 신적 자아에게 넘겨주지 않으려고 하니까 말이야. 정신적, 감정적, 물리적 현현의 세계는 각각 생각, 느낌, 행위의 세계라고도 할 수 있단다.

인간적 약점과 한계는 이러한 완벽한 몸체를 손상시키기만 하기 때문에 우리의 몸체는 내재한 신적 자아의 유능한 하인이 되기 위한 훈련을 받아야 하고, 또 가능한 한 최상의 상태로 유지되어야 해. 이러한 인간의 몸은 **위대한 신적 현존**이 주시는 에너지를 받는 하나님의 신전이야. 그리고 신적 현존은 이 외적 자아를 통해 완벽한 신성의 계획과 디자인을 표현하고자 하지. 인간적 자아의 억제되지 않은 감각적 욕구들이 신성한 에너지를 낭비하게 되면 **내적 현존**이 몸체를 지휘할 수 없게 되어 점점 힘을 잃게 된단다. 그리고 인간적 자아는 심신을 다룰 힘을 잃어버리게 되고, 결국 그렇게 하나님의 신전은 낡아서 무너져버리지. 그래서 인간이 죽음이라고 불리는 조건 속에서 살아가고 있는 거란다.

자신의 외적 구조와 마음을 점진적으로 동조시키는 준비도 없이 눈에 보이고, 만질 수 있는, 살아 숨 쉬는 몸을 가진 상승 마스터와 만나고 싶어하는 사람은 마치 유치원생이 대학 교수를 만나 그에게서 알파벳을 배우겠다고 고집하는 것과 같아.

상승 마스터들은 '진정으로', 엄청난 권능과 에너지를 지닌 거대한 배터리라고 할 수 있어. 그들의 광휘가 닿은 모든 것은 그들의 '빛의 정수'로 충만해지지. 이는 자석에 닿은 바늘이 자성을 띠게 되어 자석이 되는 작용과 같은 거란다. 상승 마스터들의 모든 도움은 영원한, 사랑의 공짜 선물이야. 이것이 바로 그들이 '절대' 강제적인 어떤 것에 자신의 힘을 쓰지 않는 이유야.

사랑의 법칙, 우주의 법칙, 개체적 자아의 법칙은 상승 마스터가 개별적 영혼의 자유의지에 개입할 수 없도록 한단다. 단, 개인의 자유의지를 대체하는 우주적 사이클인 우주적 활동 시기에는 예외란다. 이 시기에는 상승 마스터가 평소보다 '더 많은' 도움을 줄 수 있어. 지구는 이제 이러한 사이클에 들어갔고, 지금 지구 역사상 가장 큰 **빛**이 쏟아져 들어오고 있어. 이 빛은 인류에게 계속 쏟아지면서 그들을 정화해줄 거고, 미래에 이 행성과 우리가 속해 있는 태양계 및 은하계를 유지하는 데 꼭 필요할 질서와 사랑을 재정립해줄 거야. **질서, 균형, 평화**의 활동에 맞지 않거나, 맞지 않을 모든 것들은 필연적으로 우리 우주의 다른 교실로 옮겨가게 된단다. 그리고 이들은 신성한 법칙에 대한 이해를 미래에 우리 지구상에서 생명이 표현되는 것과는 다른 방식으로 배우게 되지.

위대한 상승 마스터들의 **현존** 속으로 들어가는 열쇠는 단 하나란다. 그것은 바로 자기 자신의 신적 자아와 상승 마스터들을 향해 쏟아붓는 충분한 사랑과, 모든 인간적 부조화와 이기심을 뿌리 뽑겠다는 투지의 조합이야. 건설적인 생명의 계획에만 봉사하겠다는 결의가 충분한 사람은 자신의 인간적 본성을 완벽하게 수양하지. 그 과업이 아무리 불편하고 힘들더라도 말이야. 그러면 그는 자동적으로 상승 마스터의 관심과 주의를 자신에게로 끌어오게 돼. 상승 마스터는 그런 그의 노력을 주목할 것이며, 그가 내면의 신적 자아와 영구적으로 접촉하고 있다는 느낌을 유지할 수 있을 때까지 그를 지탱해주면서 용기와 힘, 사랑을 쏟아 부어줄 거란다.

상승 마스터는 학생과 관련한 모든 것을 보고, 또 알고 있어. 학생은 자기 자신의 오라 속에 기록을 남기게 되는데, 상승 마스터는 이러한 기록을 또렷이 읽을 수 있기 때문이야. 이 기록은 그 제자의 발달 상태, 즉 그의 강점과 약점을 드러낸단다. 상승 마스터 앞에서는 아무것도 숨길 수 없기 때문에 그는 하나님의 전시안이자 전지한 마음이라고 할 수 있어. 눈에 보이는, 만질 수 있는 상승 영단의 **현존**과 만나고자 하는 이는 스스로가 사랑, 빛, 완전성을 내뿜는 태양이 되기 전까지는 자신이 그저 마스터의 일과 세상에 하등 도움되지 않는, 쓸모없는 따개비에 불과하다는 사실을 이해해야 해.

만일 학생이 그동안 개인적 자아를 적극적으로 단련하지 않았고 할 마음도 없다면, 그리하여 고요한 마음, 평화와 사랑의 느낌, 강인한 육체를 지니지 못했다면 그는 상승 마스터가 하고자 하는 초인적인 작업에 활용될 도구가 될 수 없단다. 강건하고, 자제력이 강하며, 잘 발달된 네 개의 에너지체를 갖고 있지 않다면 그 학생은 상승 마스터와 함께 일할 수 없어. 따라서 평범한 인간의 경험을 넘어선 유의 작업도 할 수 없게 되지.

만약 상승 마스터와 같은 완벽한 존재가 이러한 자질을 갖추지 못한 학생을 자신의 작업 장소로 데려간다면, 그는 결함이 있는 재료로 기계를 만들거나 집을 지으려는 것과 똑같은 실수를 저지르는 셈이야.

그러한 학생은 당연히 갑작스러운 필요에 의한 봉사나 장기적인 봉사에 따른 특수한 상황들을 견딜 수 없단다. 그러니 이런 상황을 견딜 만큼 강하지도 않고 훈련을 받지도 않은 사람이 이런 경험을 하게 만든다는 것은 지혜, 사랑, 자비의 일종이라 할 수 없어. 상승 마스터들은 완전성의 정점이기 때문에 사랑과 자비에서 나온 지혜가 아닌 것은 아무것도 행하지 않아.

상승 영단과 함께 의식적으로 일하고자 하는 사람의 태도는 '그들에게 가서 가르침을 받고 싶어'가 아니라 '나는 나 자신을 정화하고, 단련하고, 완전하게 함으로써 신성한 사랑, 지혜, 권능의 표현이 되어 그들의 일을 돕겠어. 그러면 나는 자동적으로 그들에게 가까이 다가가게 되겠지. 나는 정말로 끊임없는 무한한 사랑, 하나님과 같은 사랑을 할 거야. 나 자신의 **빛**이 지닌 이러한 열렬함이 그들이 나를 받아들일 수 있도록 길을 열어줄 거야'가 되어야 한단다.

애야, 인간적 의식으로써 스스로를 고치고 내면의 힘들을 통제하는 것은 단기간에 성취되는 일이 아니란다. 그것은 쉬운 길도, 게으른 이가 갈 수 있는 길도, 자기만족적인 길도 아니야. 보통 사람이 스스로를 교정하려 하면 그의 내면에서는 큰 저항이 일어난단다. 자신의 낮은 본성을 다스리려는 그 마음에 미친 듯이 대항하는 거지. 인간이 내면의 힘들을 적절히 다스리고자 한다면 반드시 자신의 낮은 본성들을 다스려야 하는데, 특히 감정의 영역에 속한 것들(분노, 질투, 지배하고자 하는 욕구, 자만심, 오기 등 — 역주)을 잘 다스려야 해. 그러면 내면의 힘들은 오직 그 사람이 지닌 신적 마음의 의식적 권능 아래서만 활동하고, 또 쓰이게 될 거야.

'부름을 받은 자는 많되 택함을 받은 자는 적으니라'라는 말은 진실로 맞는 말이란다. 모든 이가 끊임없이 부름을 받고 있지만 내면의 신적 자아에 있는 황홀한 기쁨과 완전성을 자각할 정도로, 그리고 신적 자아의 **빛** 속에서 들려오는 목소리를 들을 수 있을 정도로 충분히 깨어 있는 자는 아주 소수에 불과하지. 이 목소리는 모두 아버지의 집으로 돌아오라며 영원히 영원히 우리를 부르고 있단다.

지상의 모든 이들은 매 순간 '일어나 아버지(자신의 신적 자아)께 가라'는 그 목소리를 따를 자유를 가지고 있고, 이 목소리를 진실로 따르려는 자는 인간적 감각의 창조물을 외면하고 평화, 행복, 풍요, 완전성의 원천인 우주의 유일한 근원에만 자신의 온 마음과 주의를 돌려야 해.

상승 마스터들과 접촉할 수 있는 방법은 누구에게나 열려 있단다. 그 방법이란 바로 '그들을 생각하고, 부르는 것'

이지. 그러면 그들은 모든 부름에 사랑의 **현존**으로 답을 할 거란다. 하지만 그들을 부르는 동기는 하나의 근원에 대한 사랑, 빛에 대한 사랑, 완전성에 대한 사랑이어야만 해.

이런 동기가 진실하고, 흔들림 없이 확고하다면 그 학생은 점점 더 큰 빛을 받게 될 거야. **빛**은 스스로가 무엇인지를 알고 있으며 항상 자기 자신을 끊임없이, 무조건적으로 주거든. 요청하면 받게 된단다. ― 두드리렴. 그러면 열릴 거야. 구하면 찾게 된단다. **빛**을 부르렴. 그러면 상승 마스터들이 응답할 거야. 그들은 이 세상의 **빛**이기 때문이야.

로터스는 미틀라 신전에서 40여 년 동안 너, 그리고 너희 아들과 함께 여사제로서 봉사했어. 너희 셋은 힘을 합쳐 여러 식민 도시들을 아주 완전한 상태로 건설했단다. 너희는 그 땅이 번영할 때까지 농업을 지도하고 여러 산업을 번창시켰어.

그리고 잉카의 왕은 문명에 대한 자신의 봉사와 순례가 모두 끝나갈 때쯤 그 사실을 알게 돼. 그는 너희를 다시 고향으로 불러들였고, 셋의 직책은 다른 사람들에게 맡겨졌지. 너희는 백성들에게 축복과 사랑을 전하며 작별을 고했단다.

너희가 다시 고향으로 돌아왔을 때, 왕은 전혀 늙지 않은 너희의 모습에 크게 놀랐어. 너희들의 젊은 외모는 어린 시절 받았던 훈련의 결과였지. 이는 너희가 왕의 기도에 대한 응답으로 보내진 신성한 아이들이라는 증거이기도 했어. 왕은 자신과 아이들, 그리고 백성들에게 큰 축복을 내려주신 전능하신 하나님에 대해 가슴 깊이 감사해했단다."

세인트 저메인이 이렇게 잉카에서의 전생을 말해주고 있을 때, 대기 중에 색깔과 움직임이 그대로 나타난, 살아 움직이는 영상들이 나타났다. 이 영상은 거의 세 시간 동안 나타났고, 그는 페루와 미틀라에서 일어났던 이 고대의 경험들을 '살아 있는 실재'로서 보여주었다.

잉카의 지도자는 자신의 삶에서 가장 중요한 순례를 준비하기 위해 황금 도시에서 온 열네 명의 사람들을 불렀다. 그는 자신이 죽을 때가 다 되었다는 것을 알고 있었고, 연회에서 후계자로 발표하게 될 첫째 아들에게 왕국의 통치를 맡겨야 했다.

왕의 궁전은 그 시대의 가장 웅장한 건물로 수 세기 동안 이름을 떨쳤는데, 이는 왕이 자신의 통치 기간 내내 풍족하게 쓸 수 있는 엄청난 재원이 있었기 때문이었다. 그는 자신의 신적 자아와 항상 가까이 있었고, 이루 말할 수 없을 정도의 막대한 물질적 재산이 그에게 주어졌다. 궁전 내부는 화려하게 장식되어 있었고, 왕족을 위한 개인 방은 보석이 박힌 순금으로 장식되어 있었다. 그리고 내면의 신적 자아를 상기시키는 태양의 상징이 거의 모든 곳에 사용되었다.

연회장에는 조각되어 만들어진 옥 테이블이 다섯 개 있었는데, 모두 하얀 오닉스 받침대 위에 놓여 있었다. 왕족 테이블에 앉은 열여섯 명을 제외하고는 각 테이블에 스무 명씩 앉아 있었다. 왕족 테이블에는 황금 도시에서 온 열네 명과 왕, 그리고 '우리엘*의 아들'로 알려져 있는 마스터 세인트 저메인이 앉아 있었다. 왕이 앉아 있는 테이블의 의자들은 금으로 만들어져 있었고, 위쪽에는 색색의 화려한 타조 깃털들로 만들어진 캐노피가 쳐져 있었다. 왕의 의자에는 아름다운 보라색, 세인트 저메인의 의자에는 금색, 딸의 의자에는 분홍색, 첫째 아들의 의자에는 왕의 것보다 약간 연한 보라색, 둘째 아들의 의자에는 사제의 권한을 상징하는 흰색 깃털이 장식되어 있었다. 황금 도시에서 온 나머지 열네 명의 의자에 장식된 깃털은 색상이 다양했는데, 그 아름다움은 말로 표현할 수 없을 정도였다. 각 깃털의 색깔은 그들이 왕국에 대해 맡고 있는 직무와

---

* Uriel: 미카엘, 가브리엘, 라파엘과 함께 4대 대천사로 꼽힌다.

봉사가 무엇인지를 나타내고 있었다.

테이블에는 빛나는 실로 화려하게 수놓아져 있는 부드러운 천이 덮여 있었다. 궁전 전체는 세인트 저메인이 잉카의 왕에게 처음으로 가르침을 주었을 때 선물해준, 자체적으로 빛을 내뿜는 크리스털 구체들로 밝혀졌다.

왕은 금색 로브를 입었는데, 그 소재가 금속처럼 보였으며 '태양'을 표현한 흉갑에는 보석들이 훌륭하게 장식되어 있었다. 왕은 그 위에 진한 자주색 천으로 만든 관복 로브를 입었다. 이 로브는 깃이 높았고, 모든 테두리가 아름다운 타조 깃털로 장식되어 있었다. 그가 쓴 왕관에는 다이아몬드가 박혀 있었고, 왕관 뒤쪽에는 보라색 깃털이 세 개 꽂혀 있었다. 왕의 내적 삶에서 이 세 깃털은 삼위일체이신 하나님의 세 가지 활동, 즉 성부, 성자, 성령이 인간을 통해 나타내는 사랑, 지혜, 권능을 상징하는 것이었다.

두 아들도 역시 아버지의 것보다 길이만 더 긴, 비슷한 의상을 입고 있었으며 둘 다 보석으로 장식된, '위대한 태양'을 상징하는 흉갑을 걸치고 있었다. 첫째 아들의 왕관에는 에메랄드가 박혀 있었고 뒤쪽에는 왕의 것보다 조금 더 연한 색의 깃털들이 꽂혀 있었다. 둘째 아들의 머리 장식은 진주로 만든 것이었고, 그의 깃털은 흰색이었다. 이 역시 그의 사제직을 상징하는 것이었다.

왕의 딸은 거미줄처럼 고운 실크로 만든 금색 로브를 입고 있었는데, 로브에는 몸을 움직일 때마다 색이 달리 보이는, 휘황찬란한 오팔색 휘장이 달려 있었다. 그녀는 다이아몬드와 에메랄드로 장식된 벨트를 차고 있었으며 벨트에는 바닥에 닿을 정도 길이의 천이 달려 있었다. 그녀는 직물을 짜서 만든, 머리에 꼭 맞는 모자를 썼다. 또, 목에는 다이아몬드와 루비, 에메랄드로 만든 '위대한 태양' 상징의 목걸이를 했다. 그녀의 금색 샌들에도 역시 보석이 박혀 있었다.

왕이 연회장으로 가기 위해 자신의 방을 떠나 걷는 동안 눈부신 빛이 방들을 비췄고, 그 순간 거기에 세인트 저메인이 우리 앞에 하나님과 같은 모습으로 서 있었다. 그에게서 나온 **광휘**는 거의 눈이 멀 정도로 밝았기 때문에 익숙해지려면 시간이 조금 필요했다.

그의 아름다운 금발 머리는 어깨까지 늘어져 있었고, 이마에는 블루 다이아몬드로 만든 머리 장식이 둘러져 있었다. 그의 강렬한 광휘는 머리 색과 같은 금색으로 빛나서 마치 태양 빛처럼 보였다. 그의 반짝이는 보라색 눈동자는 날카로운 눈빛을 품고 있었고, 완벽한 건강과 젊음을 나타내는 연분홍빛 피부와 완전히 대조되어 보였다. 그의 이목구비는 고대 그리스인들처럼 균형이 잘 잡혀 있었다.

그는 빛나는 하얀 천으로 만든 로브를 입고 있었는데, 그 아름다운 천은 현대 사회의 어떤 것과도 비교할 수 없는 것이었다. 로브는 그의 체형을 드러내주고 있었고, 그의 허리춤에는 사파이어와 옐로우 다이아몬드가 박힌 벨트가 채워져 있었다. 무릎까지 오는 길이의 천이 달린 벨트였다. 그는 왼손 가운뎃손가락에 화려한 옐로우 다이아몬드가 박힌 반지를 끼고 있었다. 그가 오른손 가운뎃손가락에 끼고 있는 사파이어 반지도 역시나 눈부셨다. ── 두 보석 모두 어마어마한 빛을 비추고 있었는데, 이는 그가 방금 막 황금 도시에서 왔기 때문에 발산하는 엄청난 광휘 탓이었다.

왕은 그의 등장에 놀라면서 크게 기뻐하였고 가슴, 머리, 손의 신호를 보이더니 그의 앞에 엎드려 팔을 내밀었다. 이리하여 그들은 연회장으로 들어갔다.

연회장 테이블에는 금, 크리스털, 옥으로 만들어진 식기들이 놓여 있었다. 곧 왕의 자녀들이 연회장으로 들어왔다. 그들은 친애하는 마스터를 보자마자 기쁨에 휩싸였다. 그러나 그들은 연회 때 품위를 갖춰야 한다는 사실을 잊지 않았고, 그가 그들에게 가르쳐준 신성한 신호를 보이며 위엄 있는 손님과 아버지의 앞에 엎드려 절했다.

모두 앉으라는 신호가 떨어졌고, 사람들이 모두 착석했

다. 왕은 테이블 상석에 앉았고, 마스터 세인트 저메인은 그의 오른쪽에 앉았다. 그리고 그 옆에는 왕의 딸이 앉았다. 왕의 왼쪽에는 첫째 아들이, 그 옆으로는 둘째 아들이 앉았다. 나머지 자리에는 황금 도시에서 온 이들이 앉았다.

연회가 끝나갈 무렵, 왕이 자리에서 일어났고 모든 사람이 그에게 집중했다. 그는 잠시 침묵하며 서 있다가 친애하는 세인트 저메인에게 손을 내밀며 연회 손님들에게 그를 소개했다. 마스터는 사람들에게 정중히 인사했다. 왕은 자신과 자신의 자녀들이 어떻게 상위의 영적 법칙을 배울 수 있었는지, 어떻게 이 땅과 백성들에게 엄청난 축복이 내려질 수 있었는지를 설명하며 이 모든 것이 마스터의 위대한 사랑 덕분이라고 말했다. 그는 더 나아가 이 연회가 자신의 후계자를 임명하기 위한 자리라고 덧붙였다.

왕은 첫째 아들에게 일어나라는 신호를 했고, 그를 미래의 통치자로 임명했다. 그리고 자신의 로브를 벗어 아들의 어깨에 걸쳐주었다. 세인트 저메인은 두 손을 들어 축복하며 이렇게 말했다.

"얘야, 인간의 내면에 계시며 우주를 통치하시는 전능하신 하나님의 이름으로, 그리고 그분의 권능으로 너를 축복한다. 그분의 지고한 지혜가 네게 명령을 내리실 것이며, 그분의 **빛**이 너를 밝힐 것이고, 그분의 사랑이 너와 이 땅과 백성들을 감싸 축복할 거야."

세인트 저메인은 오른손 엄지를 그의 이마에 댄 채 왼손을 들어 올렸다. 그러자 눈부신 **빛**의 섬광이 그들을 감쌌다.

왕은 미틀라 신전 내에서 자신의 딸과 두 아들을 대신할 사람들을 임명했다. 세인트 저메인, 왕, 왕의 자녀들 그리고 황금 도시에서 온 나머지 이들은 공식 회의실로 이동했다. 마스터는 그곳에서 돌아서며 다시 말을 이었다.

"친애하는 빛의 이들이여! 우리들의 형제인 왕은 곧 그가 받아 마땅한 지상으로부터의 안식을 취하게 될 것이며, 상위 차원의 가르침을 받게 될 겁니다. 그때까지 나는 여러분과 함께 있겠습니다. 친애하는 우리 형제가 이곳을 통치하는 동안 여러분의 문명은 정점을 찍을 것이며, 여러분은 이 문명의 정점을 이루기 위해 더 많은 재정이 필요하게 될 겁니다. 여기서 멀지 않은 산속 깊은 곳에는 귀한 보석과 금이 묻혀 있습니다. 왕의 둘째 아들은 아직 전에 사용하던 능력을 회복하지 못했는데, 나는 그의 능력이 빨리 회복되도록 도와 여러분의 추후 활동에 필요한 자원을 공급하도록 하겠습니다." 세인트 저메인은 둘째 아들에게로 걸어가 그의 이마에 오른손 엄지를 갖다 댔다. 그러자 가벼운 진동이 그의 몸 전체에 흐르고 그의 내적 시야가 열렸다.

그는 특정 지점에 위치한 산의 은둔처를 보았는데, 그곳에는 막대한 양의 보물들이 묻혀 있었다. 따라서 그는 사람들이 외적 활동을 통해 무엇을 만들어야 하든 간에 거기에 필요한 재정은 이미 주어졌다는 것을 알 수 있었다. 둘째 아들은 친애하는 마스터에게 몸을 숙여 인사하며 그의 도움을 받아 계획을 실현시키겠다고 약속했다. 그가 개설하여 운영한 광산 세 곳은 황금 도시에서 온 이들의 통치 기간이 끝나면서 폐쇄되었고, 오늘날까지도 폐쇄된 상태로 남아 있다.

때때로 고고학자들은 다양한 방법을 사용해 이들이 이룩했던 고도의 문명에 대한 증거물과 그 문명의 화려한 흔적을 발견해낸다. 그들이 지금까지 밝혀낸 잉카인들의 활동 단편들은 대부분 그 쇠퇴기 때의 것이었지만 미래 세대를 위한 축복과 깨달음 그리고 봉사로 잉카 문명의 정점을 보여주는 흔적을 발견하는 날이 찾아올 것이다.

다음 날, 왕국의 각 요충지에는 왕의 아들이 왕좌에 오를 것을 알리는 사절들이 보내졌다. 그의 명성은 미틀라의 도시에서부터 널리 퍼져 있었다. 이는 그가 지닌 지혜와 정의롭고 고귀한 인격 때문이었는데, 이러한 그의 품성은 그가 그곳에서 봉사하며 지낸 시간 동안 왕국 전체에 널리 알려졌다.

며칠 후, 둘째 아들은 광산 기술장에게 산으로 가서 광산을 만들 것이니 장비, 인력, 물자를 준비하라고 지시했다. 그는 자신의 내적 시야로 본 광산을 만들 생각이었다.

모든 것이 준비되었을 때, 그는 홀로 남아 계속해서 자신의 내면에 계신 신적 자아에 의식을 집중했다. 그는 한 치의 오차도 없이 광산을 찾을 수 있게끔 신적 자아가 안내하리라는 것을 알고 있었다. 그리고 그랬기에 그들은 그가 비전 속에서 보았던 그 지점으로 어떤 어려움이나 지연 없이 곧장 도착할 수 있었다. 그는 이 일에 많은 인원을 동원시켜 60일 만에 광산을 열었다. 이 광산은 그때까지, 그리고 현재까지 남아메리카에서 개설된 광산 중 가장 풍부한 금맥이 있는 광산이었다. 이 광산의 발견과 운영은 오늘날까지 사람들 사이에서 전설로 전해 내려오고 있다. 둘째 아들은 백성들의 따뜻한 환영을 받으며 자신의 임무를 마치고 돌아왔고 아버지와 세인트 저메인, 형과 누이는 그를 축복해주었다.

광산은 해발 2,500미터 높이에 있었는데, 둘째 아들은 그곳에서 지내는 동안 상위 차원에 대해 아주 민감해졌고 이것은 높은 고도에서 자주 일어나는 일이었다. 그는 궁전으로 돌아온 후 왕이 위대한 변화를 향해 나아갈 때가 되었음을, 즉 그가 세상을 떠날 때가 되었음을 확실히 느낄 수 있었다.

드디어 첫째 아들의 대관식 날이 밝았다. 이제 그가 공식적으로 왕국의 책임과 의무를 떠맡게 되는 것이다. 왕의 가족들은 친애하는 마스터이자 친구인 세인트 저메인에게 왕관을 씌우는 의식을 진행해달라고 부탁했고, 그는 이를 정중히 승낙했다.

중요한 행사를 위한 치밀한 준비는 모두 끝났다. 의식은 순조롭게 진행되어 이제 새로운 통치자의 머리 위에 왕관을 씌울 차례였다. 하지만 세인트 저메인은 신하가 건넨 왕관을 받지 않고 가만히 있었다.

그 순간, 갑자기 눈부신 **빛**의 섬광이 나타났다. 그리고 사람들 앞에는 경이로운 한 존재가 서 있었다. 그녀는 열여덟밖에 안 된 소녀처럼 보였지만 그녀의 눈과 **현존**은 여신의 사랑, 지혜, 권능으로 가득한 눈부신 광휘로 빛나고 있었다. 그녀 주변에서는 크리스털 같은 흰 빛이 나고 있었으며, 그 빛은 스스로 반짝거리면서 끊임없이 번득였다.

그녀는 자신의 우아한 양손을 뻗어 왕관을 들어 올린 후 품위 있게 그것을 첫째 아들의 머리 위에 씌웠다. 그리고 영혼의 음악 같은 목소리로 이렇게 말했다.

"황금 도시에서 온 사랑하는 이여, 나는 이 왕관이 상징

214

하는 사랑, 빛, 지혜로 그대에게 왕관을 씌우노라. 그대의 정의, 영예, 고귀함이 영원히 지속되기를. 나는 신성의 명령에 따라 이곳을 그대와 함께 다스릴 것이나 이곳에 있는 황금 도시의 사람들을 제외한 모든 이들은 나를 보지 못할 것이다."

새 통치자는 왕관을 쓰기 위해 무릎을 꿇었고, 그 경이로운 존재는 몸을 숙여 그의 이마에 입을 맞췄다. 그러고 나서 그녀는 그곳에 모인 손님들을 향해 손을 뻗어 그들을 축복했다. 그러자 즉시 그곳 전체가 부드러운 장밋빛 빛으로 가득 찼다. 이는 그녀에게서 쏟아져 나오는, 사람들에 대한 그녀의 사랑이었다. 그녀는 이제는 왕위에서 내려온 부왕을 축복한 뒤 왕의 딸에게 다가가 그녀를 다정하게 포옹했다. 그리고 둘째 아들에게는 손을 내밀었다. 둘째 아들은 무릎을 꿇고 깊은 존경의 의미로 그녀의 손에 입을 맞추었다.

새로운 왕은 왕좌에 올라가 대관식의 손님들에게 고개 숙여 인사했다. 그는 그 아름다운 존재에게 팔을 내밀었고, 그녀를 연회장까지 안내했다. 그들은 연회장에서의 만찬으로 대관식을 축하했다. 그는 자리에 앉으라는 신호를 하고 나서 사람들에게 이렇게 말했다.

"내 친애하는 이들이여, 나는 인류와 우주에는 모든 것

을 다스리는, 오직 하나의 전능하신 **현존**인 하나님만이 계
시다는 것을 압니다. 그 어느 때보다도 더 열렬한 나의 열
망은 내 마음과 몸이 우리에게 내재하신 위대한 하나님 **현
존**의 맑은 통로가 되는 것, 내 마음과 몸이 그분의 완벽한
표현이 되는 것입니다. 여러분과 나의 친구들, 백성들, 우
리의 땅과 이곳에서 이루어지는 활동이 언제나 하나님의
큰 사랑, 평화, 건강, 행복으로 축복받기를 기원합니다. 하
나님의 영토인 이 왕국과 그 영토의 관리인인 우리들이 풍
요롭게 번성하기를 기원합니다. 내 안에 계신 하나님의 사
랑이 언제나 여러분을 감쌀 것이며, 나는 여러분이 하나님
의 영원한 **빛**을 통해 그분의 신성한 완전성으로까지 고양
되기를 기도합니다."

연회가 진행될수록 부왕의 얼굴은 창백해지고 있었다.
새 국왕은 동생에게 신호를 보냈고, 동생은 아버지를 왕실
사택으로 모시고 갔다. 부왕은 누워서 거의 네 시간 정도를
꼼짝하지 않았다. 그동안 그의 자녀들과 마스터 세인트 저
메인, 그리고 아름다운 존재가 그의 곁을 지키고 있었다.

지상에서의 마지막 순간을 맞이한 그의 머리맡에 아름
다운 존재가 다가와 이렇게 말했다.

"잉카의 형제여, 그대는 그대의 형태가 네 원소의 활동
에 따라 사라질 거라 생각했지만 내가 그대에게 말하노니,

그대의 몸은 모든 완전성을 나타내는 '하나님의 영원한 신전'으로 올라가고 변화될 것이며 밝게 빛날 것이다. 그대의 위대한 업적은 그대를 탄생과 죽음의 수레바퀴에서 해방시켰느니라. 이제 영원히 그대와 하나인 빛의 상승 영단을 받아들이라."

부왕의 몸은 천천히 영원한 완전성을 향해 상승했고, 결국 완전히 사라졌다. 세인트 저메인은 옆에 서 있는 사람들을 향해 몸을 돌려 이렇게 말했다.

"내 일은 이제 끝난 것 같구나." 그는 걸어가서 새로운 왕의 오른손 가운뎃손가락에 특이한 디자인의 반지를 끼워주었다. 반지에 장식된 보석은 진주처럼 보였다. 그것은 스스로 빛을 내는 작은 구 모양 보석으로, 물질화된 것이었다. 보석 안쪽 중앙에는 작고 푸른 불꽃이 있었다. 이 보석은 **빛**의 초점으로서, 세인트 저메인이 왕의 아버지에게 주어 궁전을 밝게 했던 그 구체들과 똑같은 것이었다.

"이것을 받으렴." 그가 말을 이었다. "황금 도시의 마스터가 주는 거란다. 이걸 항상 몸에 지니고 다니라는 게 그의 요청이야." 그는 이렇게 말하고는 작별 인사로 우아하게 고개를 숙인 뒤 시야에서 사라졌다.

잉카의 세 자녀들은 완벽한 육체를 가지고 있었다. 이는 어린 시절 마스터 세인트 저메인에게 받은 가르침 덕분이었다. 그때 세인트 저메인은 황금 도시에서 매일 그들을 찾아와 그들이 일생 동안 백성들에게 행해야 할 봉사를 준비시켰다. 그들 모두는 아름다운 금발과 청보라색 눈동자를 가지고 있었다. 두 아들은 키가 190센티미터였고 딸은 170센티미터였다. 그들의 태도는 선천적으로 위엄이 있었는데, 이러한 위엄은 그들이 세인트 저메인의 가르침을 받아 얻은 내적 권능을 나타내는 것이었다. 첫째 아들이 왕위에 올랐을 때, 그는 예순여덟 살이었다. 하지만 그의 외모는 아무리 많아도 스물다섯 살밖에 안 돼 보였다. 심지어 이들 남매는 세상을 떠날 때조차 그런 외모를 지니고 있었다. 새롭게 즉위한 이 왕은 왕국을 47년간 다스렸고, 115세까지 살았다. 딸은 113세, 둘째 아들은 111세까지 살았다.

이 시대의 잉카인들은 모두 검은 눈에 검은 머리, 그리고 아메리카 인디언 같은 피부를 지니고 있었다. 잉카인으로 환생한 이 사람들은 이집트, 아틀란티스, 사하라 사막 등 이전의 몇몇 문명이 그랬던 것처럼 진보된 지식을 지닌 영혼들은 아니었다. 이런 이유로 인류의 내면에 있는 빛의 확장을 돕는 상승 영단은 잉카의 지도자와 그의 자녀들, 그리고 황금 도시에서 온 열네 명의 나머지 멤버들에게 정부와 국민들을 책임지도록 한 것이다. 이는 모범을 세워

다음에 이어질 활동의 틀을 형성하기 위함이었다. 이들은 정부 형태를 설계하고 발전 계획을 세웠다. 이 계획대로만 된다면 전체 문명은 엄청나게 높은 외적 성취를 이룰 수 있었다. 그리고 이와 동시에 굉장한 내적 깨달음도 얻을 수 있었다.

이제 왕과 그 보필들의 뒤를 잇기 위해 잉카 사람들 스스로가 통치자를 뽑아야 할 시간이 다가왔다. 잉카인들은 내적으로 가장 성장하고 진보한 이가 누구인지 고르기 위해 세심한 주의를 기울였다. 그 결과, 황금 도시에서 온 이들의 자리를 대신할 다른 열네 명의 잉카인들이 정해졌다. 아름다운 존재는 지난 47년 동안 매일매일 왕의 눈앞에 나타나 그에게 조언을 해줬는데, 그녀는 자신의 광휘를 발산해줌으로써 그를 도왔다. 아마 그가 이렇게 받은 지혜와 힘은 백성들을 지도하는 힘이 되었을 것이다.

왕과 황금 도시에서 온 열네 명의 이들을 계승할 잉카인들이 슬기로운 왕 앞에 불려갔다. 평소 눈에 보이지 않던 아름다운 존재도 사람들에게 모습을 드러냈다. 그녀의 빛은 아주 밝아졌고, 그녀는 이 잉카인들에게 다음과 같이 말했다.

"위대한 빛의 상승 마스터들은 90년이 넘는 시간 동안 이 왕국과 국민들을 가르치고, 계몽시키고, 축복하고, 번영시켰다. 너희의 왕이 그 예이니라. 너희들이 이 선례를 따른다면 모든 것은 계속해서 번창할 것이며 너희 땅에는 축복이 있을 것이다. 지고하신 신적 자아에 대한 사랑을 가슴속에 '먼저' 간직하지 않는다면, 그리고 그분을 '항상' 왕국과 백성들의 통치자로서 인정하지 않는다면 왕국은 부패하기 시작할 것이며 100년 넘게 누려온 영광스러운 완전성은 잊혀질 것이다. 나는 너희들에게 모든 면에서 이 위대하고 지고한 **현존**의 보살핌을 받으라고 말하겠다. 그분께서 너희들을 보호하시고, 지도하시고, 깨우쳐주시기를."

이곳에서 모든 인간의 내면에 존재하는 신적 자아에 대한 가시적인 증거가 앞으로의 왕국의 운명을 쥐고 있는 사람들 앞에 드러났다. 이 같은 예는 현 미국 국민들에게도 다시 주어질 것이다.

그리고 새로운 통치자와 그의 신하들이 지켜보는 가운데, 왕과 황금 도시에서 온 열네 명의 이들은 각자 몸 밖으로 나와 자신의 신성 자아를 드러냈다. 그 자리에 있던 모든 이가 이를 눈으로 볼 수 있었다. 몇 분 후, 그들의 육신은 공기 중에서 녹아 사라져버렸다.

"여기까지가 너의 전생 기록이었단다." 세인트 저메인이 말했다. "그 생에서는 지고하신 하나님, 즉 내면에 계신 신적 자아의 **현존**을 받아들인 결과로 축복과 성취가 가득했지. 이제 로열 티톤으로 돌아가자꾸나."

우리는 로열 티톤 입구로 돌아가 회의실로 향했다. 그곳의 벽에는 고대의 미틀라 신전에서 가져온, 금을 에칭한 초상화들이 걸려 있었다. 우리는 기록실로 들어가 반짝거리는 아름다운 존재들이 가져온 기록들을 보았다. 그리고 그 외에 다른 것들도 기록실로 옮겨져 있었지만 그것들을 이 책에서 밝혀도 된다는 허락을 받지는 못했다.

이 경험이 끝나고 난 후, 나는 진정한 사랑이 무엇인지 적어도 부분적으로는 알 수 있었다. 나는 세인트 저메인을 처음 만났을 때부터 지금까지의 경험을 할 수 있도록 허락받았고, 이로 인해 상승 마스터들을 향한 강렬한 사랑과 감사의 마음이 생겨났다. 이 느낌을 설명할 수 있는 사람은 아무도 없을 것이다. 이 느낌은 절대 말로는 표현할 수 없다. 이러한 만남 후에 내게는 삶의 강렬한 열망 하나가 생겨났는데, 그것은 바로 '그들처럼 되고 싶다'는 열망이었다.

상승 마스터가 된 인간은 예수가 말한 '아버지의 집'이 진정 무슨 의미인지를 깨닫게 될 것이다. ― 그리고 영혼의 집이 진정 어디인지도 깨닫게 될 것이다. 인간이 1초도 채 되지 않는 시간일지라도 진실로 상승 마스터에게서 나오는 그 황홀한 지복의 광휘를 경험했다면 그가 이러한 높은 성취를 이루기 위해 인내하고 희생하지 못할 인간적 경험은 없다. — 그는 그런 권능과 사랑을 나타내기 위해 기꺼이 온 마음을 다해 노력할 것이다.

그는 그러한 완전성이 모든 하나님의 자녀들을 위한 것임을, 그것이 우리의 현실만큼이나 실제적인 것임을 진정으로 알게 된다. 평범한 인간이 제아무리 행복한 삶을 산다고 하더라도 이러한 위대한 이들의 상승 상태에 비한다면 그러한 삶은 확실히 껍데기뿐인 삶일 것이다. 인간이 자신의 에고적 힘과 성취로써 이뤄낸 가장 아름다운 창조물, 이른바 완벽한 창조물은 예수와 같이 몸의 상승을 이룬 모든 이들이 매일 경험하는 자유, 아름다움, 영광, 완전성에 비하면 하등하고 조잡스러운 것이다.

다시 육체로 돌아갈 시간이 되었을 때, 나는 세인트 저메인을 향한 감사와 사랑의 감정에 거의 압도되어 있었다. 그는 내가 어떤 감정을 느끼고 있는지 알고 있었으며, 내 입장을 이해하고 있었다.

"애야, 얻을 자격이 없는 것을 받을 수는 없는 법이란다." 그가 말했다. "너는 이런 경험과 감정을, 그리고 그 이상을 받을 자격이 있어. 우리가 진보하면 할수록 이런 경험과 감정은 더 분명해질 거야. 하지만 기억하렴. 어떤 것이 불가사의하게 보이는 것은, 그것이 설명될 수 없는 것이기 때문이라는 걸 말이야. 일단 그것을 이해하게 되면 모든 비범한 현상들은 자연스러운 것이며 법칙에 따른 것임을 알게 될 거야. 내가 지금부터 말하는 진리는 너의 기억 속에 영원히 새겨질 거야.

그 진리란 다음과 같단다. 자신의 두뇌 중심과 가슴에 거하시는 전능하신 하나님의 **현존**에 감사해하고, 그 현존을 받아들이고, 이 진리를 하루에도 여러 번 깊이 느껴보고, 하나님께서 자신의 몸과 마음을 무언가가 더 들어올 공간이 없을 정도로 가득하게 **빛**으로 채우고 있다는 것을 깨닫고 아는 모든 하나님의 자녀들은 자유로워질 수 있단다. 전능하신 하나님의 **현존**은 한 인간의 생명과 일들의 대단히 조화로운 활동이야. 만일 어떤 이가 결의를 가지고 자신의 의식을 이 영원한 진리에 흔들림 없이 집중시킨다면, 그가 이루지 못할 성취는 없을 거야.

우리가 의식을 온전히 집중해야 하는 생명의 원칙과 근원은 오직 하나뿐이란다. 그것은 바로, 각자의 내면에 있는 신적 자아지. 개인적 자아는 마음이 어떤 외적 활동을 하고 있든 상관없이, 위대한 조화를 이룬 자아를 항상 의식적으로 인식해야 하고 그것과 지속적으로 내적 교감을 해야 해.

이 위대한 신적 자아는 모든 인간의 몸에 매 순간 흐르고 있는 생명 에너지란다. 인간은 이로써 물리적 형태의 세계 속에서 움직일 수 있지. 신적 자아는 마음에 흐르는 지혜, 모든 건설적인 활동들을 지시하는 의지, 모든 이를 지탱하는 힘과 용기이며 신성한 사랑의 느낌인데, 이 느낌이 인간에게 흐르게 되면 그는 모든 힘에 그 자신의 속성을 부여할 수 있단다. 그 어떤 선한 일도 모두 이룰 수 있게 하는 유일한 힘이 바로 이 신성한 사랑의 느낌이야. 신적 자아가 저항 또는 방해 없이 개인적인 자아를 통해 표출되었을 때는 그것이 모든 인간적 활동의 조건들을 뛰어넘는 무조건적인 승리, 의식적 권능이 된단다.

네 안에 있는 이 전능하신 신적 자아는 모든 창조물의 지고하신 통치자이자 영원한 도움의 원천이란다. 신적 자아는 신뢰할 수 있는, 영속하는 유일한 존재야. 인간은 오직 신적 자아의 사랑, 지혜, 힘을 통해서만 상승하여 마스터리를 이룰 수 있어. 이 신적 자아와의 계속적이고 의식적인 교감이 곧 모든 인간적 창조물에 대한 자유와 권능이기 때문이란다. 여기서 내가 인간적 창조물이라고 말한 것은 완벽에 미치지 못하는, 조화를 이루지 못하는 모든 것을 지칭하는 말이야."

우리는 내 육체가 있는 곳으로 돌아왔다. 내가 육체 안으로 되돌아가자마자 세인트 저메인은 내게 생명력과 힘을 주기 위해 내 두 손을 잡고 자신의 신성한 에너지를 전해주었다. 나는 즉시 몸과 마음에 활기가 불어넣어진 것을 느꼈다. 나는 앉아서 나 자신의 **신적 현존**에 깊고 강하게 의식을 고정하고 내가 받은 엄청난 축복에 대한 감사 기도를 올렸다. 세인트 저메인은 나를 향해 정중하게 고개를 숙인 뒤 사라졌다.

Buried Cities of the Amazon

아마존의 묻혀진 고대 도시들

얼마간의 시간이 지난 후, 나는 저녁에 열심히 일을 하고 있었는데 세인트 저메인의 목소리가 똑똑히 들려왔다.

"준비하고 있으렴. 오늘 밤 9시에 찾아가마."

순간, 나는 정신을 번쩍 차리고 일을 서둘러 마쳤다. 그리고 목욕을 한 다음 이른 저녁을 준비하고 있었다.

"내가 적절한 양분을 주마." 그가 내게 말했다. 그래서 나는 기다리면서 오직 하나님의 완벽한 현현만을 인식하고 의식할 수 있는 깊은 명상 속으로 들어갔다.

9시 정각, 그가 내 방에 나타났다. 그는 반짝이는 금속 같은 재질로 만든 옷을 입고 있었다. 옷의 소재는 광을 낸 강철처럼 보였지만, 아주 부드러운 실크와 엄청나게 가벼운 고무를 섞어놓은 듯한 느낌도 났다. 나는 그 아름답고 훌륭한 천을 만져보았고, 거기에 완전히 매료되어 육체 밖으로 한 발짝을 내디뎠다. 나는 뒤를 돌아 침대에 누워 있는 내 육체를 보기 전까지는 내가 그러고 있는지조차 인식하지 못했다. 문 쪽에 있는 큰 거울 앞으로 다가가서 보니 나도 세인트 저메인과 똑같은 옷을 걸치고 있었다. 나는 우리가 왜 전에 입었던 옷과 다른 옷을 입고 있는 건지 궁금했다. 그는 궁금해하는 나의 마음을 읽고서 이렇게 대답했다.

"얘야, 사람의 영혼이 상승한 상태에서는 어떤 목적을 위해서든 언제나 순수 보편물질을 자유로이 사용할 수 있다는 것을 알렴. 또, 우리는 보편물질에 우리가 즉시 나타내길 열망하는 어떤 속성을 부여할 수도 있단다.

우리가 물질에 불멸의 속성을 부여해서 사용하고 싶다면 그것에 그러한 속성을 부여해야 해. 그러면 순수 보편물질은 그 속성과 상응하게 되지. 어떤 형상을 일정 시간 동안만 현현시키고 싶다면 그 물질에 명령을 내리거나 그런 속성을 부여해주어야 한단다. 이는 지금의 상황에도 적용된 법칙이야. 우리는 이제 물을 통과해갈 건데, 네 의상의 물질에서 발산되어 나오는 파장은 너를 물 원소의 자연적인 속성과 활동들로부터 보호하기 위해 네 높은 진동수의 몸을 완전히 감싸주고 있어.

　네 안에 있는 이러한 권능을 숙고해보렴. 그리고 무한 정으로 끌어올 수 있는 이 보편물질의 거대한 대양^{大洋}을 한번 이용해보렴. 이 보편물질은 '어떤 예외도 없이' 우리 상념의 지시에 복종하며 인류의 감정적 활동을 통해 자신에게 부여된 모든 속성을 기록한단다.

　보편물질은 '항상' 너의 의식적인 의지에 복종해. 그리고 이것은 인류의 상념과 감정에 계속 반응하고 있어. 인류가 이를 깨닫든 그렇지 못하든 상관없이 말이야. 인간이 이 보편물질에 이런저런 속성을 부여하지 않는 때는 한순간도 없단다. 사람이 무한한 보편물질의 바다를 '의식적으로 지배하고' 통제할 수 있다는 지식을 통해, 인간은 자신의 생각과 느낌을 활용하여 창조적 권능을 행사할 수 있으며 그것에 '책임'을 져야 한다는 사실을 이해하기 시작하지.

　수 세기에 걸쳐 인류는 소멸하는 속성, 한계 지어진 속성을 보편물질에 부여해왔단다. 오늘날의 인류가 사용하는 몸이 이러한 특질들을 표현하고 있지. 인류 모두는 미움, 분노, 복수심 그리고 그 외의 격한 감정의 폭풍을 내면에 지니고 있는데, 이를 기록해온 네 가지 원소가 자연계를 통해 인류에게 이러한 감정을 다시 폭풍으로써 돌려 보내주고 있단다. 지구 인류는 서로에 대해, 부당함에 대해, 어떤 장소나 일에 대해 분개하는 생각과 느낌으로 인한 대재앙을 겪고 있어. 그들은 고의든 아니든 복수의 '감정'을 외부로 송출하고 있지. 이런 속성들이 기록된 보편물질의 대양은 네 가지 원소라는 수단으로 자연재해를 일으켜 그 속성의 근원, 즉 개인에게 이런 속성을 다시금 표출한단다.

이런 활동은 자연의 정화 방법이며, 인간에 의한 오염을 털어내려는 자연의 움직임일 뿐이야. 조화롭지 못한 생각과 감정을 털어내고 하나님의 순결함으로, 즉 오염되지 않은 자연의 상태로 돌아가는 거지.

삶의 매 순간, 각 개인은 자신의 몸과 마음에 하나님의 순수하고 완전한 생명의 빛을 받아들이고 있어. 동시에 인간은 매 순간 순수 보편물질에 어떤 유의 속성을 부여하고 있단다. 이 속성은 그 자신이 창조하고 만들어낸 것이기에, 그는 이를 반드시 자신의 마음과 몸으로 되돌려 받게 되지. 우주의 모든 것은 원(circle)을 그리며 움직이므로, 모든 것은 자신의 근원으로 돌아가게 된단다.

상승 마스터들은 이러한 '원의 법칙' — 하나의 법칙 — 을 배웠단다. 따라서 우리는 현재 진행 중인 특별한 일에 사용하고자 하는 속성만을 순수 보편물질에 부여하지. 만약 우리가 특정 시간 동안만 어떤 것을 현현시키고자 한다면 우리는 시간을 정하고, 명령을 내려. 그러면 특별히 현현된 그 물질은 그 명령에 따라 반응한단다.

로열 티톤과 전 세계의 몇몇 은둔처에 있는 기록물의 경우, 어떤 것은 수십 세기 동안 보관되어야 하기 때문에 불멸의 것으로 만들어져야 할 필요가 있어. 우리는 그 기록물에 불멸의 속성을 부여하는 선언을 하는데, 그 선언은 정확하게 이루어진단다. 자연은 결코 거짓말을 하지 않기 때문이야. 자연은 자신에게 주어진 속성을 기록하는 진실한 기록자야. 자연은 우리에게 복종하는 것은 물론, 인간에게도 복종하지. 하지만 자연 안에는 인류가 알지 못하는, 그러나 절대 인정하려 하지도 않는 활동이 있어. 이런 인류의 무지와 고집 때문에, 자연은 개인적인 자아가 그 근본적인 영원한 진리를 배우고 인정할 때까지 계속해서 인류의 생각과 감정을 되갚고, 되갚고, 또 되갚고 있어. 이 진리는 바로 하나의 법칙, 사랑의 법칙, 조화의 법칙, 원의 법칙, 완전성의 법칙이란다.

인류가 진실로 이 진리를 배우고 이 진리의 영원한 선언에 복종하면, 지구의 부조화와 네 가지 원소들의 파괴적인 활동은 멈추게 될 거야.

자연에는 '하나의 법칙'에 위배되는 모든 것을 뒤엎어 떨쳐내는 자가생성, 자가정화의 힘이 존재한단다. 이 힘 또는 에너지는 내재한 조화, 즉 안에서 창조계 밖으로 밀어내는 활동이며 하나의 힘이 확장하는 것이기도 해. 순수 보편물질에 부조화의 속성이 강요되면 그 안에서 전자들의 활동 에너지가 일시적으로 갇히게 되지. 그리고 그 축적된 에너지가 특정 압력에 도달하면 팽창이 일어나 부조화와 제한들을 모두 산산이 조각낸단다. 그래서 '하나의 위대한 생명' — 영원히 팽창 또는 확장하는 창조의 빛나는 본질, 행위하시는 하나님 — 은 그에게 대항하려는 모든 것을 압도하면서 정해진 길, 즉 지고한 우주 통치자의 길을 가지. 빛의 상승 마스터들은 이를 알고 있고, 이러한 앎과 **하나**란다.

인간도 이러한 앎을 가질 수 있고, 이것과 **하나**가 될 수 있어. 그럴 의지만 있다면 말이지. 이 앎은 모든 인간의 능력과 가능성 안에 존재한단다. 왜냐하면 이 앎은 자기의식적 생명에 내재되어 있는 선천적이고도 영원한 법칙이거든. 모든 인간은 자기의식적인 생명이야. 이 원칙은 편파적이지 않단다. '모두가' 이 원칙을 충만히 나타낼 수 있어.

모든 인간의 생명 안에는 상승 마스터들이 매 순간 나타내는 모든 것을 나타낼 수 있는 권능이 있어. 그가 그렇게 하기로 선택만 한다면 말이야. 모든 생명이 하나의 개체로서의 의지를 가지고 있지만 오직 자기의식적 자각이 가능한 생명만이 창조계에서 어떤 표현을 할지 선택할 자유를 가지고 있단다. 따라서 인간은 유한한 인간적 몸을 나타낼 선택권과 초인적인 신성한 몸을 나타낼 선택권을 모두 가지고 있지. 무엇을 나타낼지 선택하는 사람은 바로 그 자신이야. 인간은 자기결정권을 가진 창조자지. 인간은 자기의식적 생명으로서 살기로 선택했으며, 그럴 의지를 지니고 있단다.

인간이 절대적이고 편재하는 생명 속에서 개별화되면, 그는 자기의식적 지성을 발전시키는 개인이 되겠다고 자유의지로 선택하지. 이렇게 될 때, 그는 자신의 미래 활동의 의식적인 지휘자가 된단다. 그러므로 일단 한번 선택을 내리면 그는 이 운명을 완수할 수 있는 오직 하나의 개별적 존재가 되는 거야. 이 운명은 그 속성이 가변적이긴 하나, 완벽한 계획에 따라 디자인되었단다. 또, 이 운명은 그가 형태와 행위의 세계 속에서 나타내기로 선택한 청사진이야. 애야, 너도 알겠지만 인간은 언제든지 인간적 속성이나 한계를 벗어나기로 결심할 수 있단다. 그리고 만약 그가 자신의 '모든' 생명과 에너지를 그 결심에 바친다면, 그는 그 결심을 이루는 데 성공할 거야. 우리 같은 상승 마스터들은, 그러니까 '내면'의 신적 자아에게 '모든 것'을 쏟아부음으로써 몸의 '상승'을 이룬 마스터들은 '생명의 신성한 계획', 즉 신적 자아의 완전한 속성들을 창조계에 표현하게 된단다. 자, 이제 가자꾸나."

우리는 여정을 떠났고, 나는 우리가 동남쪽으로 가고 있다는 것을 인식할 수 있었다. 우리는 솔트레이크시티^{Salt Lake City}, 뉴올리언스^{New Orleans}, 멕시코만, 바하마^{Bahama}제도를 지난 다음, 은색 리본처럼 보이는 어느 강에 도착했다. 우리는 강어귀를 따라갔다. 계속 나아가자 내 내면에서 신적 음성이 들려왔다.

"이곳은 아마존이다."

"의식해보렴." 세인트 저메인이 말했다. "네 안에 계신 하나님은 언제나 너를 지휘하는 분이자, 모든 상황의 마스터란다."

바로 그때, 우리는 하강하기 시작했고 순식간에 수면 위로 내려갔다. 우리 발밑의 수면은 고체의 땅만큼이나 단단해 보였고, 나는 수면에 발을 내딛는 놀라운 감각을 경험했다. 세인트 저메인은 우리가 입고 있는 옷이 우리의 몸 주변에서부터 상당한 거리까지 보호의 오라를 발산하고 있기 때문에 우리가 물 위를 걸을 수 있을 뿐만 아니라 물속을 이동할 수도 있다고 설명했다. 그리고 이 특수한 옷은 우리가 지하의 지층과 물 아래의 것들을 탐험하는 데 필요한 조건들도 갖추고 있다고 했다.

그가 계속 말을 이어갔다. "이것은 과학계에서 우리 몸 주변의 전자기장이라 부르는 것 때문에 가능한 일이란다. 하지만 이 옷들에 충전되어 있는 전자기력은 물질계에 알려진 전력보다 더 상위의 것이며, 더 순도 높은 것이라 할 수 있단다. 언젠가는 너희 과학자들도 우연히 이 전력을 발견하게 될 거야. 그리고 그들은 이 전력이 언제나 대기 중에 존재하고 있었음을 깨닫겠지. 하지만 그들은 인류에게 봉사하기 위해 이를 어떻게 조종하고, 또 통제해야 할지를 모르고 있어.

이 힘은 인간의 마음을 통해서 그 어떤 종류의 물리적 기구를 이용하는 것보다도 훨씬 쉽게 조종할 수 있단다. 또, 이 힘은 기계적인 수단을 통해 끌어오고, 통제할 수도 있어. 외적 세계에 전기로 알려져 있는 것은 생명의 위대한 영적 에너지의 조잡한 형태일 뿐이야. 이 전자기력은 모든 창조물 속에 존재한단다. 인간이 자신의 의식을 고양시키고, 자신의 의식과 내면의 신적 자아의 연결을 계속 유지한다면 그는 이 상위의 힘과 권능을 사용할 수 있는 거대한 가능성을 인식하게 될 거야. 그는 자신이 할 수 있는 모든 창조적 작업 속에서 이 힘에게 무한한 도움을 받을 수 있단다."

우리는 아무 저항도 없이 물속으로 들어갔다. 나는 이 신기한 경험에 약간 놀랐지만, 즉시 내 안의 하나님만을 모든 조건의 마스터로 의식하라는 충고를 기억했다. 곧 우리는 기슭 가까이에 도착하여 그곳의 악어들을 지나쳐 갔다. 악어들은 우리를 보긴 했지만 그다지 신경 쓰지 않는 것 같았다. 내륙으로 들어간 우리는 어떤 기념비의 꼭대기처럼 생긴 곳에 도착했다.

"이곳은 18미터 높이의 오벨리스크obelisk 꼭대기란다." 세인트 저메인이 말했다. "하지만 땅 위로는 3미터 높이밖에 안 되지. 이 오벨리스크는 아틀란티스가 물에 잠겼을 때, 한 주요 도시의 가장 높은 지점을 표시하고 있었어. 그 도시는 아틀란티스를 수몰시킨 마지막 대재앙이 닥쳤을 때 파묻혀버렸단다. 이 오벨리스크는 불멸의 금속으로 만들어졌으며 겉에는 그 시대의 상형문자가 쓰여 있단다. 주목하렴. 이 문자들은 불멸의 금속으로 쓰여 있기 때문에 매우 분명하게 남아 있고, 앞으로도 그럴 거란다. 이 도시는 원래 강가에서 16킬로미터 정도 떨어진 곳에 지어졌지만, 수몰된 이후로는 강어귀가 많이 넓어졌어."

우리는 땅 위로 날아올라 아마존강을 따라 서경 56도 지점까지 나아갔다. 우리는 그곳을 살펴본 다음 다시 서경 70도로 나아갔다. 세인트 저메인은 이곳이 앞으로 더 깊은 관측과 연구가 이뤄질 현장이라고 설명했다. 그가 가리킨 지역은 이 두 지점 사이의 아마존강, 그리고 아마존강의 주요 지류인 주루아^{Jurua}강과 마데이라^{Madeira}강에 덮여 있었다.

"이 문명은 1만 4,000년 전부터 1만 2,000년 전까지의 기간 동안 발전했었단다." 세인트 저메인이 말했다. "우리가 관심을 가지고 있는 지역은 마데이라강이 아마존강으로 흘러드는 부분에서부터 서쪽까지, 그러니까 아마존강이 콜롬비아와 페루에 닿는 그 부분까지야.

1만 3,000년 전에 아마존강은 거대한 돌 제방 안에 갇혀 있었어. 그 주변 나라 전체는 적어도 1.5킬로미터 고도에 놓여 있었고, 오늘날과 같은 열대 기후 대신에 1년 내내 아열대 기후를 유지했었단다.

나라가 세워진 이 넓은 지역은 대부분이 고원 지역이었어. 아마존강 어귀 근처에는 크고 아름다운 폭포들이 있었단다. 오벨리스크가 서 있는 도시는 강에서 남쪽으로 약 16킬로미터 떨어진 폭포와 해안 사이에 지어졌지. 그리고 북쪽 오리노코^{Orinoco}강에는 거대한 파충류들과 사나운 동물들이 있었단다."

우리는 마데이라강 근처에 이르렀다. 세인트 저메인이 다시 말했다.

"이곳은 왕국의 수도인 고대 도시가 있었던 장소로, 그 시대의 문명에서는 가장 중요한 장소였어." 여기서 그가 손을 들자 그 도시가 오늘날의 여느 물리적 도시처럼 선명하게 보였다.

"이 도시가 여러 개의 원 모양으로 지어져 있는 것을 잘 보렴. 그리고 바퀴의 중심에서 뻗어 나오는 바큇살처럼, 상점가들이 이 중심에 있는 원에서부터 뻗어 나온 모습에 주목해보렴. 바깥쪽에 있는 원들에는 5킬로미터 간격으로 도로가 지어져 있단다. 이런 원이 일곱 개가 있어서, 도시의 지름은 중앙 원을 포함해 74킬로미터나 되었어. 따라서 상업 활동은 거리의 아름다움이나 편의성을 해치지 않았단다.

가장 안쪽의 원은 지름이 6.5킬로미터였고, 그 안에는 왕국 전체의 청사들이 있었지. 거리는 모두 아름답게 포장되어 있었고, 주변 건물과 토지보다 45~60센티미터 아래로 구축되어 있었단다. 거리에는 매일 아침마다 물이 들어왔고, 그 물이 하루의 활동이 시작되기 전에 거리를 말끔히 씻어주었어.

도로의 웅장함을, 그리고 양쪽 제방을 이루고 있는 초목과 꽃들이 얼마나 화려하고 아름다운지를 잘 보렴. 이 왕국의 건축 양식에서 가장 두드러진 특징 중 하나는 모든 건물, 특히 주택들의 꼭대기 층이 조정 가능한 돔으로 지어졌다는 점이야. 돔은 네 부분으로 구성되어 있어서 마음대로 열거나 닫을 수 있었단다. 그리하여 이 돔은 잘 때나 여가를 즐길 때 잘 활용되었어. 돔은 낮에는 너무 뜨겁지 않은 온도를 만들어주고, 저녁에는 산에서부터 불어오는 시원한 공기를 날이 밝을 때까지 규칙적으로 들여왔어."

우리는 중앙청사로 들어갔다. 거대한 그 건물은 엄청난 아름다움을 지니고 있었다. 건물 내부는 초록색의 얇은 맥이 보이는 크림색 대리석으로 장식되어 있었다. 그리고 바닥은 질감이 옥과 흡사한, 짙은 녹색 돌로 마감되어 있었다. 이 돌들은 너무나 완벽하게 배치되어 있어서 전체가 마치 하나의 바위 같아 보일 정도였다. 상부가 돔 형태로 되어 있는 이 원형 건물 안에는 바닥과 똑같은 재질로 만들어진 거대한 테이블들이 놓여 있었다. 하지만 색깔은 바닥보다 더 밝았다. 이 테이블들은 각각 육중한 청동 받침대 위에 올려져 있었으며 서로 1미터 정도 떨어져 있었다. 여기서 세인트 저메인은 다시 손을 들었고, 우리는 어느새 땅과 건물들 사이를 돌아다니는, 살아 있는 사람들 사이에 껴 있었다.

그곳의 모든 이가 금발 머리에 아름다운 분홍빛의 흰 피부를 가지고 있는 모습을 본 나는 놀라서 숨을 죽였다. 남성은 보통 키가 187~192센티미터였고, 여성은 177센티미터 정도였다. 그들의 눈은 참으로 아름다운 청보라색이었는데, 눈빛이 아주 맑고 빛이 났다. 위대하고도 고요한 그들의 지성을 표현해주는 눈이었다. 우리는 오른쪽에 있는 문을 지나 황제의 공식 알현실로 들어갔다. 보아하니 황제가 외국 손님들과 지역 손님들을 맞이하는 날인 듯했다.

"이 사람은 카시미르 포세이돈Casimir Poseidon 황제란다." 세인트 저메인이 설명했다. "그는 진정 인간의 모습을 한 신이었지. 내면에는 엄청난 힘을 지녔으면서도 인자하고 고결한 얼굴을 하고 있는 그의 모습에 주목해보렴. 그는 대단히 큰 사랑과 축복을 받은 상승 마스터였고, 지금도 그렇단다. 지난 수십 세기 동안 그에 대한 기억은 신화와 우화 속에서 존속되어왔고, 그의 왕국이 지녔던 완전성은 여러 서사시로 묘사되어왔어. 하지만 오랜 시간이 흐르면서 그런 위대한 업적에 대한 기억은 점점 희미해지고, 다음 세대들에 의해 잊혀진단다."

카시미르 포세이돈은 어느 모로 보나 훌륭한 통치자였다. 그는 키가 192센티미터에 체격도 좋고, 자세도 올발랐다. 그는 주변에 서 있는 사람들보다 훨씬 키가 컸고, 그가 서 있는 곳 주변에는 마스터리의 정수가 충만해 있었다. 그의 금발 머리는 풍성하고 길어서 어깨까지 늘어져 있었다. 그가 입은 로브는 보라색 벨벳 실크 같은 재질이었는데, 옷 테두리가 금색으로 되어 있었다. 그는 그 안에 부드러운 금색 천 재질로 된 옷을 몸에 딱 맞게 입고 있었다. 그의 왕관은 단순한 밴드 모양의 황금 왕관으로, 이마 중앙 쪽이 거대한 다이아몬드로 장식되어 있었다.

"이 사람들은 자신들이 계발해낸 믿기 어려울 정도의 항공 운항술을 통해 세계 각지를 직접 다닐 수 있었단다." 세인트 저메인이 설명했다. "모든 빛, 열, 동력은 대기 중에서 직접 가져올 수 있었지. 이 기간 동안 아틀란티스는 놀라운 진보의 상태에 있었어. 왜냐하면 아틀란티스에는 주기적으로 나타나는 다양한 상승 마스터들에 의해 영적 완전성으로 고양되는 길이 보여졌고, 그들에 의해 통치되었기 때문이야.

몇 번이고 시대를 거듭해가는 동안 나타났던 위대한 문명은 항상 맨 처음에는 영적 원칙에 기반하여 세워졌었지. 그리고 그 문명이 세력을 떨치는 동안, 사람들은 이 생명의 법칙에 대한 복종을 유지했단다. 그러나 정부 혹은 국민들 그 자신이 방종한 길로 빠져들기 시작하고 생명의 법칙의 사용에 대한 부패와 불평등이 그들의 습관이 되는 순간, 문명의 붕괴 혹은 해체가 시작되고 그것이 계속 이어지게 된단다. — 정부와 국민들이 균형과 정화의 근본적인 법칙으로 돌아가거나 아니면 그들 자신의 부조화에 의해 파산할 때까지 말이야. 이러한 방식으로 균형은 다시 세워지고, 새로운 문명의 시작이 주어진단다.

카시미르 포세이돈은 아틀란티스의 어떤 한 권능을 가진 상승 마스터 통치자의 직계 자손이었단다. 사실, 그가 지배했던 문명은 아틀란티스 문화와 업적의 소산이었지. 이 나라의 수도는 그 장려함과 아름다움 때문에 전 세계적으로 유명했어.

지방과 시골들이 나타나면 그곳의 물건 운송 방법이 어떤지를 잘 살펴보렴. 이곳 사람들이 사용한 운송 수단의 힘은 그들이 사용 중인 장치에 부착되어 있는, 가로세로 60센티미터에 높이 90센티미터 크기의 기구처럼 생긴 상자에서 만들어졌단다. 강에서 공급되는 물은 잘 통제되고 있었고, 사람들은 그 수력으로 인해 만들어진 동력도 사용하고 있었어.

사람들에게 '우주의 법칙'을 상기시키는 신성한 방식 때문에 경찰이나 군대 같은 조직은 전혀 필요하지 않았단다. 이는 사람들이 이 법칙에 복종할 수 있도록 하는 놀라운 힘의 발산 때문이기도 했지."

공원 동쪽에는 웅장한 건물이 세워져 있었다. 우리는 그쪽으로 접근해갔다. 입구 위에는 이렇게 적혀 있었다. "인간에게 주어진 하나님의 살아 있는 신전". 안으로 들어간 우리는 그 건물이 밖에서 본 것보다 훨씬 크다는 것을 알 수 있었다. 건물에 1만 명 정도는 거뜬히 들어갈 수 있을 것 같았다.

이 거대한 신전의 중심에는 가로세로 60센티미터에 높이 6미터의 자체 발광하는 우윳빛 물질로 만들어진 받침대가 있었다. 이 물질은 약간의 분홍색을 띤 흰색 빛을 발하고 있었다. 그리고 이 받침대 위에는 60센티미터 지름의 크리스털 구체가 놓여 있었다. 이 구체는 그 안에서 부드러운 하얀 빛을 자체적으로 발하는 어떤 물질로 만들어져 있었다. 구체의 빛은 아주 부드러우면서도 건물 전체를 다 밝힐 수 있을 정도로 환했다.

"저 구체는 신성한 상념에 의해 물질화된 물질로 만들어졌으며, 강력한 우주적 **빛**의 초점을 감싸고 있단다. 저것은 그 시대 때 위대한 우주적 마스터들 중 한 분이 가져오신 것으로, 신전에 배치되었지. 사람들에게 생명력을 주고, 신성에 대한 자각을 일으켜주는 영적 에너지를 주려는 목적에서였어. 이 구체는 계속해서 **빛**을 내뿜었을 뿐 아니라 사람들의 활동과 왕국을 안정시키는 에너지와 힘도 같이 내보내주었단다.

빛의 구체는 먼저 이 위대한 존재에 의해 우주적 **빛**의 초점이 되었고, 그 이후 구체 주변으로 건물이 세워졌지. 이것은 진정으로 물질화된 **빛**의 초점이자, 지고하신 신적

242

현존의 집중적인 현현이었단다. 여기에 **빛**의 초점을 세운 이 위대한 우주적 마스터는 한 달에 한 번씩 **빛** 옆에 나타나 하나님의 법칙, 통치의 법칙, 인류의 법칙을 공표했지. 이렇게 그는 신성한 삶의 방식을 선언했고, 그 시대의 사람들을 위한 그리스도 활동의 초점이 되었어."

여기서 세인트 저메인은 다시 손을 들었고, 살아서 말하는 이 위대한 존재의 이미지가 우리 앞에 나타났다. 그 **현존**의 영예로움은 도저히 말로 표현할 수가 없을 정도다. 나는 그가 완벽하게 현현되어 나타난, 진정한 하나님의 아들이었다는 말밖에는 할 수가 없다. 잠시 후, 위대한 우주적 마스터가 사람들에게 '법칙'을 공표하는 소리가 들려왔다.

그 기록, 그러니까 그의 **현존**이 갖춘 위엄과 그가 했던 '선언'은 내 기억 속에 너무나 명확하게 새겨졌기 때문에 내 의식 속에 영원토록 깊이 남아 있을 것이다. 나는 아직도 내 앞에 서 있는 듯한 그의 선언을 독자들과 함께 나누고자 한다. "친애하는, 전능하신 하나님의 자녀들이여! 그대들은 그대들의 생명이 — 영원히 순수하고 성스러우며 완벽한 — **지고하신 하나님의 현존**으로부터 왔다는 사실을 알고 있는가? 만일 그대가 그 하나의 생명이 지닌 아름다움과 완전성을 해치는 어떤 행위라도 저지른다면 그대는 하나님이 주신 선물들로부터 스스로를 떨어뜨리고 있는 것이다. 그대의 생명은 하나님 사랑의 신성한 보석이자 이 창조된 우주가 나오게 된 비밀의 **근원**이다.

지고하신 하나님께서는 자신의 가슴에서 나온 이 **빛**을 그대들에게 맡겼다. 이 빛을 소중히 여기라! 경외하라! 이를 더 큰 빛으로, 더 큰 영예로 확장시키라! 그대의 생명은 '큰 가치를 지닌 진주'다. 그대는 하나님의 풍요로움(wealth)을 지키는 창고지기와 같다. 오직 그분을 위해서만 생명을 쓰고, 그대가 '생명의 빛'을 받아왔음을 알라. ― 그대는 나중에 이 생명을 어떻게 썼는지 설명해야만 하기 때문이다.

생명은 그대들의 도시가 만들어진 원리인, 계속적인 원과 같다. 만일 그대들이 자신의 **근원**처럼 창조하고, 자신 안에서 하나님의 사랑과 평화를 알고, 자신의 창조력을 오직 축복하는 데에만 써서 자기 존재의 원을 따라 움직이게 되면 그대들은 생명의 기쁨을 알게 될 것이며, 이 즐거움에 더해 더 큰 즐거움을 맛보게 되리라. 만일 그대들이 자신의 **근원**처럼 창조하지 않는다면 그대들의 악은 더 큰 악한 것들과 함께 그대들에게 돌아가리라.

그대의 운명을 선택하는 것은 그대이며, 자신에게 주어진 **생명** ― 그대의 존재 ― 을 어떻게 사용했는지 하나님께 답해야 하는 이도 바로 그대다. 바로 이것이 그 누구도 빠져나갈 수 없는 위대한 법칙이다. 나는 오랫동안 '자신

이 행한 그대로 자신에게 돌아간다'는 것을 '생명의 법칙'
으로서 공표해왔다. 그대들이 생명의 완전성을 열망하기
만 한다면 이를 통해 언제나 창조주 하나님께 돌아갈 수
있기 때문이다.

내가 언제나 지금처럼 진리의 길 위에서 길을 잃은 그
대들의 발걸음을 인도해주러 올 수는 없다. 또, 내가 언제
나 산꼭대기에 올라서서 가이드를 내려주면서 그대들의
영원한 빛을 상기시켜줄 수도 없다. 먼 훗날, 나는 인간의
가슴 안에서 말할 것이다. 만일 그대가 생명을 사랑한다
면, 그대는 나를 부를 것이다. 이 말로 인해 혼란스러워하
지 말라, 자녀들아. 그대가 나 — 빛 — 를 알고 싶다면 나
를 간구하고 찾아야 할 것이며, 또 찾게 될 것이다. 그대는
'언제나' 내 안에 거하게 될 것이다.

그날, '아버지-어머니-자녀'라는 삼위일체는 인간의 가
슴 안에서 **하나**가 될 것이다. 자녀, 즉 그대 안에 내재한
그리스도의 빛은 영원히 궁극의 진실로 인도하는 문, 즉
하나님께 가는 길이다. 그대들의 마음과 가슴 안에는 그대
에게 '나의 현존'을 끊임없이 상기시키고 있는 '나의 빛'이
있다. 때가 오면 나는 '그 빛' 안에만 현존해 있을 것이다.

그러면 내가 그대 가슴 속의 사랑을 다스리는 지혜가
될 것이고, 그대는 한 생명, 즉 하나님의 평화로 충만하게

될 것이다. 그대의 육신은 그대 영혼의 도구일 뿐이다. 그대의 영혼 속으로 '나의 빛'을 흘려보내라. 그렇지 않으면 그대는 소멸하리라.

그대 마음속에 나타나는 나의 빛은 존재하는 모든 빛의 가슴 중심 속으로 들어가는 '길'이다. 그대는 오직 나의 빛을 통해서만이 그대 존재의 모든 세포 속에 있는 빛을 더 크나큰 존재로까지 확장시킬 수 있다. 그대의 목에 있는 에너지 센터에는 나의 진리를 말하는 그대에게 힘이 되어주는 나의 빛이 있다. 나는 이러한 진리의 말들을 통해 항상 나의 자녀들의 의식을 밝혀주고 보호해주며, 완전하게 해준다. 이 삼중의 임무를 다하지 않는 말은 나의 진리가 담긴 말이 아니며, 오직 고통스러운 것만을 불러온다.

그대의 마음과 가슴 안에 있는 나의 빛을 묵상하라. 그러면 그대는 그 안에서 모든 것을 '보고', 모든 것을 '알고', 모든 것을 '성취하게' 되리라.

내가 지금 하는 이 말들은 지구의 역사에 영원한 기록 (tablets)으로 새겨질 것이며, 지구 자녀들의 기억에 새겨질 것이다. 그리고 내가 말한 먼 훗날이 오면 하나님의 자녀 중 하나가 이런 내 말을 받아 적어 지구 인류에게 축복을 전할 것이다.

그동안 그대가 '나의 현존'을 완전히 받아들이고 그 신적 현존이 그대의 삶과 세상 속에서 행위하도록 한다면 그대는 자기 몸의 세포들이 '나의 빛'으로 밝아졌다는 것을 알게 될 것이다. 그대는 더 나아가 자신이 이 '영원한 빛의 몸' ― 그리스도의 천의무봉한 옷 ― 으로 진보해나갈 수 있음을 깨닫게 될 것이다. 오직 그때에 이르러서야 그대는 윤회의 굴레에서 자유롭게 될 것이다. 인간적 경험이라는 긴 여정을 지나와, 원인과 결과의 법칙을 충족시킨 그대는 하나님의 신성한 법칙의 지배를 받고 있는 모든 조건을 초월하고 그대 자신이 바로 그 '법 자체', 즉 모든 것을 포용하는 '사랑'이자 '하나'가 되리라."

"바로 이것이 그리스도의 영원한 상승을 성취한 몸이란다." 세인트 저메인이 내 쪽으로 돌아서며 말했다. "이 몸을 지닌 자는 권능의 봉(scepter)을 소유할 수 있으며, 모든 한계에서 자유로워질 수 있단다. 얘야, 너는 지금 당장이라도 '하나됨의 빛' 속으로 상승할 수 있어. 이는 네 마음, 네 가슴 안에 이 백광의 빛이 있기 때문이야. 네가 온 마음으로 그 빛 안에 확고히 서 있을 수 있다면 너는 너의 한계 지어진 육체를 '순수하고 영원한 빛의 몸'으로 고양시킬 수 있단다. 그리고, 넌 그렇게 될 거야. 이 빛의 몸은 영원한 젊음과 자유의 몸이며 시간과 장소, 공간을 초월한 몸이란다.

너의 내재한 영광의 빛나는 자아는 언제나 너를 기다리

고 있단다. 지상에서 활동을 하면서도 언제나 이 자아의 빛 속으로 들어와 영원한 평화와 휴식을 얻으렴. 거룩한 자아는 준비가 필요 없단다. 이 자아는 전능해. 네 '빛의 자아' 속으로 완전히 들어오렴. 그러면 그 순간, 심지어 오늘이라도 네 지금의 몸이 상승할 수 있단다."

그가 말을 마치자 이미지도 사라졌다. 우리는 조금 더 나아가서 땅에 크고 편편한 돌이 놓여 있는 곳에 멈춰 섰다. 세인트 저메인이 거기에 자신의 힘을 집중시키자 돌이 땅 위로 떠오르더니 옆으로 옮겨졌다. 돌 아래에는 밑으로 내려가는 계단이 있었다. 12미터 깊이쯤 내려간 우리는 닫혀 있는 문 앞에 도착했다. 그는 문 반대편으로 빠르게 손을 통과시키더니 문을 열었다. 그리고 내게 어떤 상형문자를 보여주었다. "이 글에 주의를 집중하렴." 그가 지시했다.

그의 말에 따른 나는 다음과 같은 글자를 볼 수 있었다. "인간에게 주어진 하나님의 살아 있는 신전". 앞의 문에 쓰인 이 글은 또렷하고 분명했다. 내 앞에는 아까의 살아 움직이는 이미지에서 잠깐 보았던 그 문이 물리적으로 존재하고 있었다.

문이 열리고, 우리는 각 모퉁이마다 세워져 있는 몇 개의 작은 돔 중 하나의 아래쪽에 있는 방으로 들어갔다. 이 방에는 길이 60센티미터, 폭 25센티미터, 높이 15센티미터 정도 되어 보이는 금속 상자들이 있었다. 세인트 저메인이 상자를 열었고, 나는 그 상자들 안에 금으로 만들어진 판 여러 개가 들어 있음을 볼 수 있었다. 그 판에는 문명에 대한 기록이 골필로 기록되어 있었다.

나는 네 개의 작은 돔 아래에는 각각 방이 있다는 것을 깨달았다. 그 방들은 봉인된 채로 보존되어왔을 것이다. 또, 나는 중앙의 커다란 돔이 '빛의 구' 위에 지어졌다는 것을 깨달았다. 우리는 네 개의 작은 방을 연결하는 비밀 통로를 발견했다. 통로를 통해 두 번째 방으로 간 우리는 신전 소유의 보석들로 가득 찬 용기들을 보게 되었다.

세 번째 방에는 금과 보석으로 꾸며진 장신구들과 왕좌, 그리고 금으로 만들어진 의자가 몇 개 있었다. 그 눈부신 왕좌는 금세공인의 훌륭한 솜씨를 잘 나타내주고 있었다. 왕좌 뒤쪽은 통치자의 머리 위를 덮는 캐노피 형태로 이어졌고, 이 캐노피 양쪽에는 아주 작은 8자 모양의 금색 고리들로 만들어진 커튼이 달려 있었다. 커튼 끝은 왕좌 뒤쪽에 묶여 있었는데, 이것이 엄청나게 섬세하고 우아한 느낌을 주었다.

이 방의 중앙에는 길이가 4미터, 폭이 1미터 정도 되는 탁자가 있었는데, 진짜 옥으로 만든 것이었다. 탁자의 받침대 부분은 금동으로 만들어져 있었다. 이 테이블 주위에는 열네 개의 옥 의자가 있었다. 이 의자들의 다리 끝부분은 금색이었다. 의자 좌석 부분은 곡선 모양이었고, 등받이 쪽은 아름답게 조각되어 있었다. 각각의 의자 등받이 위에는 옐로우 다이아몬드로 세팅된 눈을 가진 아름다운 불사조가 마치 경비를 서고 있는 것처럼 장식되어 있었다. 이러한 디자인은 영혼의 불멸성을 상징하는 것이었다. 또, 이것은 인간이 고통의 불길을 통해 자신의 인간적 창조물이라는 잿더미 속에서 일어났을 때 완전하고 신성한 존재가 됨을 상징하는 것이기도 했다.

네 번째 방에는 각기 다른 일곱 종류의 전원 박스 같은 것들이 있었다. 조명, 난방, 추진 동력을 위해 보편 세계에서 끌어온 힘을 받아 전달하는 역할을 하는 것 같았다. 기록들은 이 시대의 사람들이 훌륭한 비행선을 통해 세계 여러 지역을 다녔다는 것을 보여주었다. 이 문명을 따라 피루아Pirua로 알려진 문명이 생겨났고, 그다음에는 잉카 문명이 이어졌다. 두 문명은 수천 년 동안 계속 이어졌다.

내가 아까 묘사한 도시가 파묻히기 전, 이들 문명은 가장 찬란했던 시기를 지나고 있었다. 이 문명을 개발하고 유지해준 빛을 가져온 그 위대한 우주적 마스터는 재앙이 임박했음을 경고하기 위해 왕국에 마지막으로 모습을 드러냈다. 사람들이 마스터의 말을 귀 기울여 듣는다면 그들은 살 수 있을 것이었다.

우주적 마스터는 5년 안에 왕국을 흔적도 없이 휩쓸어버릴 대재앙이 닥칠 것이라고 예언했다. 또, 그는 이번 방문이 자신의 마지막 방문이 될 것임을 공표했다. 스스로를 구하고자 하는 이들은 그 지역을 떠나라는 지시를 받았고, 어디로 가야 할지를 지시받았다. ― 그 마지막 대재앙이 급작스럽게 이루어질 것이라는 경고와 함께 말이다.

예언을 마친 그의 몸은 순식간에 시야에서 사라졌다. 그리고 경악스럽게도, 영원한 빛을 품고 있던 크리스털 구체와 받침대도 그와 함께 사라져버렸다. 한동안 대중들은 왕국에 닥칠 일에 대한 예언으로 인해 불안에 떨었다. 하지만 1년이 지나고 아무 일도 일어나지 않자 그의 현존에 대한 기억은 점점 흐려지기 시작했다. 그리고 사람들은 정말로 그의 말이 실현될 것인지를 의심하기 시작했다.

영적 성장을 이룬 자들은 왕과 함께 왕국을 떠나 미국 서부의 한 지역으로 이동했다. 그곳은 우주적 존재가 예언한 일이 일어날 때까지 안전하게 지낼 수 있는 곳이었다. 한편, 왕국에 남아 있던 수많은 이들은 점점 회의적으로 되어가고 있었다. 2년 후, 그들 중 공격적인 성정을 지닌 한 사람이 왕이 되고자 했다. 진짜 왕은 왕국을 떠나면서 **빛**이 유지되고 있던 왕궁과 신전 모두를 봉인했었는데,

스스로 왕이 되려던 그 사람은 왕이 봉인해둔 신전을 강제로 열고 들어가려다 그 문 앞에서 갑자기 쓰러져 급사하고 말았다.

5년이 다 되어갈 무렵, 운명의 날 정오였다. 태양이 어두워지고, 지독한 공포의 기운이 대기를 가득 채웠다. 해질 무렵이 되자 엄청난 지진이 땅을 뒤흔들었고, 건물들은 믿기 힘들 정도로 처참하게 무너져내렸다.

지금의 남아메리카인 그 땅은 평형을 잃고 동쪽으로 쏠리면서 동부 해안 전체가 수중 48미터 아래로 잠겨버렸다. 이 땅은 몇 년간 그렇게 있다가 점차 스스로 균형을 찾아가면서 오늘날과 같이 수중 18미터까지 올라왔다.

아마존강은 이 일로 인해 더 넓어지게 되었다. 원래 아마존강의 너비는 5.5미터였으며 깊이도 오늘날보다 더 깊었다. 그리고 강의 끝에서 끝까지 배가 다닐 수 있었다. 이때의 아마존강은 현재 페루의 티티카카 호수에서부터 대서양으로 흘러갔다. 예전에는 태평양에서 티티카카 호수로 가는 수로가 지어져 있었다. 아마존과 연결된 이 수로는 두 대양 사이를 잇는 수로였다.

그 당시 대륙의 이름은 메루Meru였는데, 이는 위대한 우주적 마스터의 이름이기도 했다. 메루라는 존재의 활동의 주요한 초점들은 티티카카 호수에 있었으며, 지금도 그러하다. 아마존이라는 이름의 의미는 '배를 파괴하는 자'라는 뜻이며, 이 이름은 위에서 언급한 대재앙 때부터 수십 세기를 전해져 내려온 것이다.

남아메리카 대륙 전체의 기울어짐은 지금까지 지질학자와 과학자들이 밝혀낸 과학적인 자료로는 설명할 수 없었던 서부 해안의 많은 상황들을 설명해준다.

이렇듯 엄청난 규모의 자연재해는 훌륭한 업적을 이뤘던 문명들 위에 우주적인 베일을 드리운다. 그리고 오랜 시간이 흐르면서 밝혀지는 것은 이런 문명들의 파편뿐이다. 어쩌면 외적 세계에서는 이 진실을 의심할 수도 있겠지만, 현재 로열 티톤에 보관되어 있는 이 문명에 대한 기록은 언젠가 그 문명의 증거가 되어줄 것이다. 또, 이 기록은 그 이전 시대의 존재와 그 업적을 드러내줄 것이다.

나는 이런 엄청난 활동을 보면서 이렇게 모든 면에서 놀랍고, 아름답고, 완벽했던 문명이 어째서 끔찍하고 파괴적인 대재앙에 의해 무너지게 되었을까 하는 의문이 들었다. 세인트 저메인은 내 마음속의 이런 의문을 듣고는 자진하여 다음과 같은 설명을 해주었다.

"너도 보았다시피, 인류의 한 그룹이 그 위대한 우주적 존재 같은 위대한 빛의 마스터의 가르침과 빛의 광휘를 받을 수 있을 정도로 운이 좋을 때는 인류를 위한 생명의 신적 계획과 진실이 무엇인지를 알 수 있는 기회가 주어진단다. 또, 그럴 때 인류는 자신이 나타내기로 되어 있는 신적 완전성을 알게 되며 자신의 자유의지 안에서의 의식적 노력을 통해 그 완전성 안에서 살 수 있다는 것을 알게 되지. 하지만 불행히도 수 세기가 흘러감에 따라, 사람들은 그들의 '생명'이 나오는 근원을 알고자 노력하지 않으며 스스로가 게으르고 무기력한 상태에 빠지도록 허락하게 된단다. 사람들은 각자의 내면에 있는 신적 권능으로써 이런 것들을 스스로 성취하려 하지 않고, 거기에 필요한 노력을 기울이지도 않아. 그 대신 이 빛의 광휘를 주시는 근원을 숭배하고 의지하기 시작하지. 우리를 양육하고 존재하게끔 해주는 신성한 힘은 '생명'을 이해하려는 의식적 노력이 멈출 때, 그리고 기꺼이 그 근원적 생명과 조화로운 협력을 하려 하지 않을 때 사라진단다.

사람들은 자신들이 받은 축복 대부분이 광휘를 내려주시는 분에게서 나온, 존재를 지속시켜주는 힘의 결과물이라는 것을 깨닫지 못하고 있어. 만약 어떤 특정 그룹의 영혼들이 자기완성의 길에 대해 배웠고, 수많은 생을 거듭하며 자신이 지닌 신성의 자녀로서의 권리를 상기할 기회를 받았다면 영적 진화를 위한 신성한 도움을 더 이상 받을 수 없는 때가 온단다. 그러면 상승 마스터들의 광휘는 물러나게 되고, 영혼들은 자신들의 존재를 유지해주고, 또 위대한 업적을 이루게 해주었던 그 권능이 그들 자신의 노력에서 기인한 것이 아니었다는 사실을 직시해야만 하지.

그들은 스스로 노력했을 때만 이러한 것들을 받을 수 있음을 이해해야 해. 이러한 활동 속에서 겪어가는 경험들은 그들에게 필요한 자기의식적 적용을 하도록 만든다. 그리고 그들이 이를 성취하게 되면, 그들은 의식의 더 큰 확장과 하나님의 권능을 표현하기 시작한단다.

인간에게 내려진 신성의 권능을 표현하기 위해 계속해서 자기의식적 노력을 기울이는 사람에게 실패란 없어. 왜냐하면 실패는 오로지 자기의식적 노력을 그칠 때에만 찾아오는 것이기 때문이야. 인간이 겪는 모든 경험은 오직 하나의 목적만을 위해 존재한단다. 그것은 바로, 인간이 자신의 **근원**을 인식할 수 있게 하려는 목적이야. 인간은 자기 자신이 누구인지 배워야 하고, 자기 자신이 창조자라는 것을 배워야 하며, 자신이 창조한 창조물들의 주인 (Master)임을 배워야 해.

어떤 존재에게 창조할 수 있는 힘이 주어질 때면, 그 힘은 항상 우주 어디에서나 창조의 책임과 한 쌍으로 주어지게 된단다. 모든 창조는 자기의식적 노력에 의해 이루어져. 만약 이 생명의 위대한 선물을 받은 이가 자신의 창조에 대한 책임과 의무를 다하기를 거절한다면, 그의 개체적 생명의 경험은 그가 자신의 책임과 의무를 다할 때까지 그를 고통스럽게 자극하고 상기시켜줄 거야. 이는 인류가 결코 어떤 한계 지어진 존재로 창조되지 않았기 때문이며, 인류는 창조주 하나님의 자녀로서 태초에 자신에게 부여된 완전성이 완벽하게 발현되기 전까지는 쉴 수 없기 때문이지. 완전성, 권능, 모든 물질과 힘의 조화로운 사용과 통제는 '생명의 길', 즉 인류를 위한 본래의 신성한 청사진이란다.

인간의 내면에 있는 하나님은 완전성과 권능이야. 내면의 하나님은 모든 사람의 마음속에 있는 '현존'이자 생명의 근원이며, 모든 선한 것과 완전한 것을 주시는 분이시지. 인간이 자신의 근원을 모든 선한 것들이 한계 없이 흘러나오는 곳으로 보고 그렇게 인식하는 순간, 자동적으로 우주의 모든 선한 것들이 그와 그의 세계로 흘러 들어가기 시작한단다. 이는 '**근원**에 집중된 그의 의식'이 그를 향해 모든 선한 것들을 열어주는 황금 열쇠이기 때문이야.

모든 사람 안에 있는 생명은 하나님이야. 바로 이 생명을 이해하려는, 그리고 자신을 통해 선을 완전히 표현하려는 자기의식적인 노력이 있어야만 외적 경험 속에서의 불화가 사라질 수 있어. 내재하신 생명, 인간 그리고 법칙은

하나란다. 이는 영원한 사실이야."

세인트 저메인이 이어서 말했다. "자, 가자. 이제 우리는 주루아강 근처에 묻혀 있는 한 도시로 가볼 거야."

우리는 서쪽으로 갔고, 지면보다 약간 높이 떠 있었다. 세인트 저메인은 손을 들어 다시 그곳 사람들의 에테르 기록을 활성화했다. 우리가 살펴본 곳은 왕국의 두 번째 주요 도시였다. 우리가 아까 전까지 있었던 그곳은 영적 권능과 활동의 중심지였던 반면, 지금의 이곳은 물리적 복지와 관련되어 있는 상업 단지와 정부 기관들이 자리하고 있었다. 이곳에는 국고, 조폐국이 위치해 있었으며 정부의 실험적이고 독창적인 활동들이 이루어지고 있었다.

이 도시에서 그리 멀지 않은 곳에는 왕국의 광물 자원의 원천이 되는 웅장한 안데스산맥이 솟아 있었다. 나는 이 사람들에게서 주목할 만한 특징이 하나 있다는 것을 알아차렸다. 그것은 바로, 이곳 사람들 모두가 완전히 평화로우며 대단히 만족한 상태에 있다는 것이었다. 이들은 움직일 때 조용하면서도 우아한 리듬을 표현하고 있었다.

이제 이미지들은 끝이 났고, 우리는 험준한 바위들만이 보이는 곳을 향해 나아갔다. 세인트 저메인은 그 바위 중 하나를 만졌다. 그러자 바위가 옆으로 옮겨지면서 아래쪽으로 이어진 20여 개의 금속 계단이 나왔다. 계단을 따라 아래로 내려간 우리는 금속 문 앞에 이르렀다. 그리고 문을 지난 우리는 또다시 20여 개의 계단을 내려가 닫혀 있는 거대한 청동문 앞에 도착했다. 그는 오른쪽으로 손을 뻗어 네모난 박스를 열었다. 거기에는 오르간의 음전*처럼 생긴 금속 버튼들이 있었다. 그가 이것들 중 두 개를 누르자 거대한 청동문이 천천히 열렸다. 우리는 먼 옛날에 사용되었던 온갖 물건들이 있는 거대한 방에 서 있었다. 그곳은 대중들이 구경할 수 있는 발명품 전시실이었다. 그곳의 모든 설비는 금속과 오팔색 유리처럼 생긴 것을 조합하여 만들어져 있었다.

세인트 저메인이 말했다. "이건 특정 금속들을 유리와 융합시켜 만들어진 것이란다. 금속을 강철과 불멸의 금속만큼 강하게 만들기 위해서였지. 현시대에서도 한 가지 요소만 빼면 이와 똑같은 과정을 발견한 남자가 있어. ─ 그 한 가지 요소만 더 있었더라면 그 금속도 불멸의 금속이 되었을 거야."

방 전체는 똑같은 특이한 금속으로 마감되어 있었다. 이 방은 거대한 세 개의 문과 이어져 있었다. 세인트 저메인은 버튼 박스로 다가가서 그중 세 개를 눌렀다. 그러자

---

* 오르간과 같은 악기에서 음관으로 들어가는 바람의 입구를 여닫는 장치.

그 문들이 한 번에 열렸다. 우리는 첫 번째 문으로 들어갔는데, 그 문을 들어가니 길고 좁은 통로가 나왔다. 그것은 방이라기보다는 은행의 금고실과 느낌이 비슷했다. 그 안에는 1달러 은화 크기의 동글납작한 금들이 가득 채워진 용기들이 줄지어 놓여 있었다. 그 금붙이에는 왕의 얼굴이 찍혀 있었고, "하나님의 축복이 인간에게"라는 문장이 적혀 있었다.

두 번째 문으로 들어가니 세공되지 않은 온갖 보석들로 가득 채워진 비슷한 용기들이 있었다. 세 번째 방에는 납작한 용기들에 얇은 금판들이 보관되어 있었다. 거기에는 그 당시의 제조법과 비법들이 적혀 있었다.

세인트 저메인이 말했다. "이 중 많은 제조법과 비법들은 그 당시에 사용되지 않았단다. 이것들은 현시대에 사용될 거야."

그는 다시 버튼 박스로 돌아가서 다른 버튼을 눌렀다. 그러자 미처 알지 못했던 네 번째 문이 열렸다. 이 문은 금고와 조폐국을 연결해주는 아치형 터널 통로였다. 이 통로는 적어도 400미터는 되었을 것이다. 우리는 맨 끝의 거대한 방에 들어갔다.

그곳은 조폐국의 주요 부분으로서, 훌륭한 구조로 만들어져 있는 기계류가 가득했다. 내가 본 것 대부분은 금에

도장을 찍는 기계, 보석을 커팅하고 그것에 광을 내는 기계들이었다. 이 기계들은 너무나 완벽히 작동해서 한 사람의 관심을 사로잡기에 충분했다. 세인트 저메인은 여기서 내게 크리스털처럼 투명한, 가단성 있는 유리 견본을 보여주었다.

이 방에는 엄청난 양의 순금 덩어리, 금가루, 금괴가 있었는데 금괴의 무게는 각각 3.5킬로그램, 4.5킬로그램 정도였다. 나는 한 장소에 이런 엄청난 재물이 모여 있다는 사실에 말문이 막혀버렸다. 세인트 저메인은 내 기분을 눈치채고는 이렇게 말했다.

"네가 보고 있는 이런 엄청난 양의 재물을 인류에게 방출해주는 건 불가능한 일이야. 오늘날 상업 및 재계의 이기심으로 인해 인류는 어리석음의 정점을 찍고 있단다. 인류가 자연의 선물을 낭비하도록 더 이상 내버려둘 수는 없어.

하나님과 자연은 이 땅에 태어난 영혼들을 축복하고 그들이 부를 사용할 수 있도록 이 땅에 부를 아낌없이 내주셨어. 하지만 인류의 감정 속에 있는 권력에 대한 욕망과 이기심은 인류가 '더 높은 삶의 길'을 잊게 만들고, 다른 인간에 대한 비인간적 행위를 야기한단다.

대중을 통제할 수 있는 소수의 사람들은 인류 전체가 풍요롭게 살 수 있도록 돕는 것이 곧 각 개인들을 가장 잘 도울 수 있는 것임을 이해할 지성을 지니고 있어야 해. 그러나 만약 그들이 이 **법칙**을 인정하려 하지 않는다면 그들은 그 자신의 이기주의에 의해 자멸하게 된단다. 이기심과 타인을 통제하는 것에서 느껴지는 **권력**의 **느낌**은 이성을 흐려서 외적 마음의 지각을 둔해지게 하고 그 느낌이 지닌 위험성을 보지 못하게 하지. 이렇게 된 사람들은 모든 면 — 영적, 정신적, 도덕적, 육체적으로 모두 — 에서 망가지는 쪽으로 앞뒤를 가리지 않고 달려들어 최대 세 번에서 네 번까지 환생을 거듭하기도 한단다. 오직 빛만이 인간을 이기심 너머로 고양시킬 수 있어.

인류가 모든 형태의 이기심과 욕망의 수렁에서 벗어났을 때, 바로 그때 인간은 하나님과 자연이 가지고 있는 모든 것을 올바르게 맡아 쓸 수 있단다. 자기 자신의 이기심과 욕망을 깨끗이 씻은 자가 이러한 부를 조화롭게 쓰려할 때, 그리고 다른 사람을 축복하는 데 쓰려 할 때 그는 이 모든 부를 전부 사용할 수 있을 거야. 인간은 스스로 이러한 선물들의 관리인이자 이를 나누어줄 수 있는 이가 될 준비를 해야 해. 왜냐하면 이미 시작된 새 시대에는 스스로를 이 보물의 믿을 수 있는 관리인이자 분배자로서 준비시킨 자들만이 부를 무한정으로 사용할 수 있기 때문이란다. 하나님과 자연은 인간이 자신의 선물을 올바로 쓰길 바라며 이런 선물을 내주고 있어. 이러한 선물을 받을 수 있는 조건은 그것의 올바른 사용밖에는 없단다." 세인트 저메인은 손을 겹쳐 가슴에 얹은 후 이렇게 말했다.

"전능하신 하나님! 당신 자녀들의 가슴 안에 깊이 들어가서서 그 자녀들이 당신이 주시는 큰 선물을 위해서가 아니라 오직 온 마음으로 당신만을 원하도록 해주세요."

그는 우리가 이곳을 발견했을 때와 같이, 이곳의 모든 것을 다시 봉인했다. 우리는 다시 내 육체가 있는 곳으로 돌아왔고, 나는 순식간에 몸속으로 돌아왔다.

그는 다시 나에게 살아 있는 물질로 가득 찬 크리스털 컵을 주면서 말했다.

"사랑하는 아이야, 너는 아주 소중한 조력자가 될 거야. 하나님이 항상 너를 축복하시기를."

이 축복의 말과 함께 그는 고개를 끄덕여 인사하더니 사라졌다.

The Secret Valley

시크릿 밸리

얼마 뒤의 아침이었다. 나는 애리조나주 투손^{Tucson}의 어떤 주소로 오라는 이상한 편지를 받았다. 나는 그 편지를 보고 나서 내게 주어질 정보가 편지나 어떤 매체를 통해서가 아닌, 직접 설명을 들어야만 하는 유의 정보라는 생각이 들었다. 나는 이 편지가 도대체 어떤 과정을 거쳐 나에게 전해질 수 있었는지 곰곰이 생각해보았지만, 그것과는 상관없이 이 부름에 응하고 싶다는 내적 열망을 느꼈다.

며칠 후, 나는 적혀 있는 주소로 가서 벨을 눌렀다. 잠시 뒤 185센티미터 정도의 키가 큰 날씬한 신사가 나와 문을 열어주었다. 그는 회색 머리에 회색 눈동자를 가진 40대 사내였다.

내가 자기소개를 하자 그는 다정하고 진심 어린 악수를 청하며 나를 맞이했다. 그런 행동으로 미루어 보아, 그는 신뢰할 만한 진실한 본성을 지니고 있음이 틀림없었다. 그의 눈빛은 안정적이었고, 그 안에 어떤 두려움도 보이지 않았다. 그는 엄청난 에너지를 가지고 있는 사람의 인상을 주었다.

나는 그에게서 특이한 내적 조화를 느꼈고, 깊고 아름다운 우정이 이제 막 시작되리라는 것을 알고 있었다. 그도 우리 서로가 끌림을 느끼는 내적인 무언가가 있다는 것을 알고 있는 듯했다. 그는 내게 들어와 앉으라고 했다.

"제가 요청드린 대로 와주셨네요." 그가 말했다. "정말 감사드립니다. 분명 이상하다고 생각하셨을 겁니다. 당신의 주소는 제가 앞으로 말씀드릴 어떤 사람을 통해 알게 되었습니다. 설명을 하려면 우선 이것부터 말씀드려야겠네요. 저는 정말 놀라운 것들을 몇 가지 발견했는데, 제가 당신을 데리고 가서 이 발견의 진실성과 실체를 증명할 수 있을 때까지 일단 저를 믿어주시면 좋겠습니다.

저는 당신과 개인적이고 직접적인 만남을 가지라는 조언을 들었습니다. 그 조언에서는 이 발견이 오직 당신에게만 알려져야 하며, 제가 당신과 관계가 있다고 하더군요. 일단 20년 전에 있었던 일부터 얘기해보겠습니다.

그때 저는 아름다운 아내가 있었습니다. 물론 지금은 그녀가 훌륭한 내적 성장을 이뤘다는 것을 알고 있지만, 그 당시의 저는 그걸 모르고 있었죠. 그리고 아들이 태어났습니다. 저희는 둘 다 아들을 끔찍이 아꼈습니다. 5년 동안 저희는 완전히 행복했어요. 그런데 어느 날 갑자기, 아이가 사라져버렸습니다. 아무 전조도 없었고 뚜렷한 이유도 없었죠.

아내와 저는 몇 주 동안 아이를 찾기 위해 할 수 있는 모든 걸 다 해봤습니다. 하지만 소용이 없었죠. 결국, 우리는 희망을 잃어버렸습니다. 아내는 이 충격에서 헤어나오지 못하다가 5개월 후 세상을 떠났습니다.

세상을 떠나기 며칠 전, 그녀는 제게 희한한 부탁을 했습니다. 바로, 자신의 시신을 지하 묘지(vault)에 일주일간 보관한 후에 화장을 해달라는 부탁이었습니다. 우리는 이런 주제에 대해서 한 번도 논의해본 적이 없었던 터라 정말 이상하다고 생각했습니다. 하지만 어쨌든 저는 그녀의 바람을 들어주기로 했습니다. 그리고 그녀의 장례식이 끝난 지 닷새째, 저는 묘지기에게서 충격적인 소식을 들었습니다. 그날 아침에 그가 뚜껑 열린 관을 발견했으며, 아내의 시신이 사라져버렸다는 소식이었죠. 일련의 이 이상한 사건들 속에서 저는 아무 단서도 찾을 수가 없었습니다.

그리고 6년 후 어느 날 아침, 일어나 보니 방바닥에 우리 집 주소로 온 편지 한 통이 있었습니다. 하지만 거기에는 소인이 찍혀 있지 않았습니다. 저는 그걸 집어 들어 연 다음, 내용을 읽어봤습니다. ― 이 내용은 정말이지 믿을 수 없는, 불가해한 그런 것이었습니다. 그 내용은 이렇습니다.

'당신의 부인과 아들은 건강하게 잘 지내고 있습니다. 곧 그들을 볼 수 있을 겁니다. 그때까지 인내심을 가지세요. 죽음이 없다는 것을 알고, 기뻐하세요. 정해진 시간이 오면 당신에게는 이런 식으로 지침들이 내려질 겁니다. 그리고 당신은 그 지침들을 조용히 수행해야 합니다. 모든 것은 당신의 완벽한 침묵에 달려 있습니다. 당신은 불가사의해 보이는 모든 것들을 보게 될 것이고, 또 그에 대한 완전한 설명을 듣게 될 겁니다. 그러면 당신은 진실이 허구보다 더 기이하고 놀랍다는 것을 이해하게 될 겁니다. 아무리 기이한 허구일지라도 그것은 우주 어딘가에 있는 진실의 기록이기 때문입니다. ― 친구가'

당신도 제가 얼마나 놀랐을지 상상하실 수 있겠죠. 처음에 저는 그 편지를 전혀 믿지 않았습니다. 편지를 받은 지 사흘째 되던 날 저녁, 저는 난롯불 앞에 앉아 있었습니다. 바로 그때 저는 사랑하는 아내의 목소리를 뚜렷하고 정확히 들었습니다. 마치 그녀가 그 방, 제 옆에 앉아서 얘기하는 것 같았죠. 그녀는 이렇게 말했습니다.

'내 사랑 로버트! 나는 잘 살아 있어요. 우리 아들은 나와 함께 있고요. 우리가 다시 함께하게 되는 날에는 정말 행복할 거예요. 그 메시지를 불신하지 마세요. 그것은 모두 사실이에요. 의심으로 가능성을 막아버리지만 않는다면, 당신은 우리가 있는 곳으로 오게 될 거예요. 나는 지금 당신에게 음선(Sound Ray)을 통해 말하고 있어요. 당신은 언젠가 음선의 사용법을 알게 될 거예요.' 나는 더 이상 참지 못하고 이렇게 얘기했습니다.

'당신의 모습을 내게 보여준다면 믿겠소.' 그러자 목소리는 바로 이렇게 대답했습니다.

'잠시만 기다려주세요.' 그러더니 3분쯤 후에 찬란한 황금색 빛의 광선이 방으로 들어와 터널을 만들었습니다. 그리고 그 터널 반대편 끝에는 제 아름다운 아내가 서 있었습니다. 틀림없이 그녀였죠.

그녀는 이렇게 말했습니다. '내 사랑, 지난 몇 년간 당신 삶 속에서 여러 기적이 일어났지만 당신의 의식이 올바른 방향으로 인도되지 못해 우리는 이때까지 기다려야만 했어요. 당신에게 주어질 메시지를 믿으세요. 그러면 당신은 우리에게 오게 될 것이고, 장담하건대 새로운 세상이

열릴 거예요. 우리의 크나큰 사랑에는 그 어떤 장벽도 없어요.'

그리고 바로 빛의 광선과 함께 목소리도 사라졌습니다. 저는 엄청난 기쁨을 느끼고 있었고, 지난 수년간 느끼지 못했던 깊은 안식과 평화를 느꼈죠. 더 이상 저는 의심하지 않았습니다. 그렇게 다시 몇 주를 기다렸습니다. 지금에서야 알게 된 것이지만, 그때 제 내면에서는 준비가 이루어지고 있었습니다. 마침내, 저는 제가 그토록 갈망하던 메시지를 받게 되었습니다. 그리고 따라야 할 지침과 그 지침과 관련된 도해도 같이 받게 되었죠.

그리고 이것이 저를 애리조나주 투손 남동쪽의 높은 산으로 인도하는 것을 보았습니다. 저는 친구들에게 탐광을 좀 떠날까 한다는 얘기를 남기고는 바로 떠날 준비를 마쳤어요. 그리고 말과 짐을 실을 동물을 데리고 떠났습니다. 제게 주어진 지침을 따르는 동안 곤란한 일이나 어려운 일은 거의 없었습니다. 일직선으로 갔다면 이틀이면 도착했을 거리였죠.

셋째 날, 해가 지기 직전에 저는 블라인드 협곡(Blind Canyon)에 도착했습니다. 아마 도해가 없었더라면 저는 이곳을 미처 알아채지 못하고 그냥 지나쳤을 겁니다. 야영 준비를 마치자 바로 날이 어두워졌습니다. 저는 이불을 뒤

집어쓰고 곧 잠이 들었죠. 그날 꿈에서는 제가 아침에 일어났을 때 어떤 젊은 남자가 제 가까이에 서서 저를 바라보고 있는, 정말 생생한 꿈을 꾸었습니다.

그리고 아침에 일어나니, 놀랍게도 정말 젊은 남자가 저를 유심히 바라보면서 서 있지 뭡니까. 그는 아름다운 미소를 지으면서 제게 인사를 건넸습니다.

'친구여, 나를 따라오세요.' 저는 그가 저를 위해 어떤 준비를 해두었다는 것을 알 수 있었습니다. 그래서 잔말 없이 협곡의 맨 위쪽으로 그를 따라갔죠. 한 시간 후, 우리는 멈춰 섰습니다. 우리 앞에는 절벽이 있어 더 이상 가는 것은 불가능해 보였습니다.

그는 바위에 손을 얹고 바위를 눌렀습니다. 그러자 3에서 3.6미터 정도 되어 보이는 한쪽 벽이 30센티미터 정도 움푹 들어가더니 옆쪽으로 쏙 비켜서더군요. 그렇게 우리는 어떤 터널에 들어갔습니다. 그 터널은 수 세기 전의 어떤 지하 수로에 있는 터널이었을 겁니다. 그는 우리 뒤에 있는 입구를 닫았고, 다시 몸을 돌려 앞으로 나아갔습니다. 부드러운 광휘가 모든 곳에 퍼져서 우리는 꽤 선명하게 그곳을 볼 수 있었습니다. 저는 보는 것마다 깜짝깜짝 놀랐지만 지침을 받았을 때 침묵하라는 경고가 있던 것을 기억했죠.

우리는 터널 안에서 한 시간 이상을 있었습니다. 그리고 마침내는 거대한 금속 문 앞에 다다랐어요. 문은 그의 손길이 닿자 천천히 열리기 시작했고, 그는 제가 지나갈 때까지 옆으로 비켜 서 있었습니다. 저는 눈부신 햇빛 속으로 걸어 나갔습니다. 눈앞의 광경이 너무나 아름다워서 거의 숨이 막힐 지경이었는데, 정말 즐거웠습니다. 우리 앞에는 대략 40만 제곱미터 정도 되는, 엄청나게 아름다운 계곡이 있었습니다.

'친구여, 오랜만에 고향으로 돌아왔군요. 곧 모든 것이 이해될 겁니다.' 그 젊은 남자가 말했습니다. 그러고 나서 그는 아름다운 건물과 이어진 길로 저를 이끌었습니다. 건물은 계곡 맨 위쪽 끝, 깎아지른 듯한 절벽 아래쪽에 있었습니다. 우리가 그 건물에 거의 다 이르렀을 때, 저는 온갖 유의 과일과 채소가 풍성하게 자라는 모습을 볼 수 있었어요. 그중에는 오렌지, 대추야자, 서양호두, 피칸이 있었습니다. 절벽 위에서는 아름다운 폭포가 쏟아졌기 때문에 그 아래에 맑은 웅덩이도 있었습니다. 건물은 정말 거대했어요. 마치 수 세기 동안 계속 그곳에 서 있었던 것처럼 보였습니다.

우리가 그곳에 다다르자, 하얀 옷을 입은 아름다운 여성이 입구에 나타났습니다. 우리는 그녀에게 가까이 다가

갔는데, 가까이서 보니 그 여성은 사랑하는 제 아내였어요. 그녀는 지금껏 봐왔던 그 어떤 모습보다도 더 아름다워 보였습니다. 저는 바로 그녀를 품에 안았습니다. 지난 몇 년간 그 모든 극도의 고통을 겪고 나니, 참을 수가 없었죠. 그녀는 돌아서서 나를 그곳까지 데려가준 그 젊은 남자를 안아준 뒤 이렇게 말했습니다. '로버트, 이 사람이 우리 아들이야.'

'아들아!' 저는 이 말밖에는 할 수가 없었습니다. 감정에 거의 압도될 뻔했죠.

그는 앞으로 다가와 우리 모두를 껴안았고, 우리 셋은 다시 한번 깊은 사랑과 감사, 행복을 느끼며 그대로 잠시 서 있었습니다. 순간, 저는 아들이 사라진 지 16년이 지났으니 지금 그가 스물한 살쯤 됐을 거라는 사실을 깨달았습니다. 그러자 아들이 제 생각을 읽고는 이렇게 대답했습니다.

'맞아요, 아버지. 스물한 살이에요. 그리고 내일은 제 생일이에요.'

'어떻게 그렇게 쉽게 내 생각을 읽을 수 있니?' 제가 물었습니다.

'아, 이런 일은 저희에게는 아주 평범하고 쉬운 일이에요. 아버지도 어떻게 이런 일을 할 수 있는지 이해하시기만 하면 그냥 자연스러운 일이 될 거예요. 정말 간단해요.'

그가 대답했습니다.

그는 이어, '따라오세요. 배가 고프실 거예요. 일단 뭘 좀 먹자고요' 하고 말했어요. 저는 그들의 팔짱을 끼고 한 고대의 건물로 들어갔습니다. 그곳의 내부는 분홍색 대리석과 흰색 오닉스로 마감되어 있었습니다. 저는 아침 햇살이 그 찬란한 광채로 모든 것을 물들이고 있는 아름다운 방으로 안내받았고, 기운이 솟았습니다. 제게는 흰색 플란넬 정장이 제공되었는데, 입어보니 제 몸에 완벽하게 딱 맞았습니다. 저는 이것에 놀랐지만, 침묵하라는 경고를 다시 상기했어요. 저는 아래층으로 내려가서 빼어난 외모의 신사 한 분을 소개받았습니다. 그분의 키는 저와 비슷했고, 짙은 색 눈은 아주 예리해 보였습니다.

아들은 제게 이렇게 말했습니다. '아버지, 이분은 저희가 사랑하는 마스터이신 에리엘Eriel이세요. 이분께서 저와 어머니의 생명을 구해주셨어요. 그리고 이분께서는 아버지가 이곳에 올 준비가 될 때까지 저희를 훈련시켜 주셨어요. 아버지께 메시지와 지침을 내려주신 것도 바로 마스터 에리엘이세요. 아버지의 훈련이 시작되어야 할 때가 왔기 때문이에요.'

우리는 아름다운 다이닝룸으로 들어갔습니다. 저는 감탄을 금할 수가 없었습니다. 다이닝룸은 건물의 주요 층

남동쪽 모퉁이에 위치해 있었는데, 아침에도 오후에도 계속 햇살이 내리쬐었죠. 그곳의 벽들은 빽빽하게 조각된 호두나무 소재였고, 천장은 상감세공되어 있었습니다. 천장을 받치고 있는 기둥들에는 육각형 디자인의 무늬가 그려져 있었습니다. 그리고 화려하게 조각된 받침대 위에 적어도 5센티미터 두께는 되어 보이는 단단한 호두나무 판이 올려져 있어 식탁 역할을 하고 있었습니다. 수천 년은 된 물건처럼 보였어요. 우리는 식탁 주변에 자리를 잡았습니다. 그때, 마른 체구의 젊은 남자가 하나 들어왔습니다. 아들은 그를 이렇게 소개하더군요.

'우리의 형제인 펀 웨이Fun Wey예요. 아주 어렸을 때 죽을 뻔했는데, 바로 그때 마스터께서 중국에서 데려왔죠. 펀 웨이는 아주 유서 깊은 중국 가문 출신이며 여러 멋진 일들을 할 수 있어요. 그는 항상 우리에게 봉사하고 싶어해요. 그를 형제라고 부를 수 있어서 정말 행복하고, 또 영광이에요. 펀 웨이는 제가 아는 사람 중에 가장 기뻐하는 천성을 지닌 사람이에요.'

아침 식사로는 맛있는 대추야자와 달콤한 딸기, 견과류 케이크가 나왔습니다. 우리는 큰 거실로 들어갔는데, 그때 마스터 에리엘은 제게 이렇게 말씀하셨습니다.

'너의 사랑하는 아내, 그러니까 너의 쌍둥이 광선이 세상을 떠났을 때 나는 그녀가 상승 상태에 이르러 더 큰 자유와 봉사에 쓸 능력을 얻을 수 있게끔 어떤 도움을 줄 기회가 있었단다. 그런 도움을 줄 수 있었던 것은 내게 큰 영광이자 기쁨이었어.

나는 그녀의 관을 열어 그녀의 의식을 회복시켰단다. 그리고 그녀의 몸을 상승시켜주었지. **빛**을 향한 그녀의 열망은 너무나 커서, 이미 상승에 필요한 요건을 충족시킨 상태였단다. 그녀의 상승을 가능케 한 것은 **빛**에 대한 엄청난 동경과 갈망이었어. 네가 아내가 죽었다고 생각한 바로 그날, 나는 이를 그녀에게 설명해주었어.

너희 셋은 모두 아주 오래전의 전생에서 내 자녀들이었단다. 그때 엄청난 사랑이 생겨났고, 그 사랑이 수 세기 동안 지속되어왔어. 그녀의 깊은 사랑은 내가 그녀를 도울 수 있게끔 했으며, 그녀를 상승시킬 수 있게끔 해주었지. 그녀가 지금까지의 이런 성취를 이룰 수 있도록 말이야.

너희 아들은 몸값을 노린 사람에게 납치당해 이 협곡으로 왔단다. 이 유괴 사건에 관련된 두 사람은 서로 다투기 시작했고, 그중 하나는 아이를 죽이려는 계획을 세웠어.

그래서 내가 그들 앞에 나타나 아이를 데려갔단다. 그들은 자기 자신의 두려움으로 인해 몸이 마비되었고, 그 상태에서 다시는 회복되지 못했어. 두 사람 모두 몇 주 후 세상을 떠났단다. 누군가가 고의로 다른 사람의 목숨을 빼앗 거나, 그러기로 마음속으로 결심하는 것은 곧 자기 자신의 목숨을 앗아갈 일이 실제로 일어나게끔 하는 것과 같아.

다른 사람의 죽음을 열망하는 감정은 그 자신에게도 똑같은 일이 일어나게끔 만든단다. 왜냐하면 그 열망은 먼저 다른 사람을 향했다가 다시 그 감정을 내뿜은 사람에게 돌아가기 때문이야. 많은 경우, 사람들은 부당함에 대한 억울한 마음을 어떤 사람을 이 세상에서 없애버리고 싶다는 강렬한 감정과 함께 느끼지.

죽음에 대한 상념의 정묘한 형태는 그 상념을 내보낸 사람에게 반드시 돌아가야 한단다.

수많은 사람들이 이런 인간적 자아의 정묘한 활동으로 인해 자기 자신의 파국을 불러오고 있단다. 이 불변의 법칙에서 벗어날 수 있는 이는 아무도 없어. 이 법칙의 작용에는 여러 모습이 있단다. 인류 전체가 육신의 사멸을 계속 겪는 이유도 인류가 그러한 생각과 감정을 통제하지 않고 제멋대로 발산하기 때문이야.

물리적인 폭력 때문에 죽은 사람들의 수는 생각, 느낌, 입 밖으로 나온 말의 정묘한 활동에 의해 죽은 사람들의 수에 비하면 극히 적단다. 인류는 수천 년 동안 이러한 정묘한 방식으로 스스로의 목숨을 끊어왔어. 이는 인류가 생명의 법칙을 배우지 않고, 그에 복종하지 않았기 때문이야.

생명의 법칙은 오직 하나, **사랑**밖에 없단다. 영원하고 자비로운 법칙에 복종하지 않는 자기의식은 육체를 유지할 수 없어. 왜냐하면 사랑이 아닌 모든 것은 형태를 흐트러뜨리기 때문이란다. **법칙**은 ― 의도적인 것이든 의도적인 것이 아니든 ― 생각, 감정, 말, 행동 **모두**에 적용되지. 생각, 감정, 말, 행동은 각자 다른 것들이지만 그 안에는 엄청난 힘이 활동하고 있으며, 그 자신의 궤도 안에서 영원히 움직인단다.

인간이 단 한 순간도 창조하기를 멈추지 않는다는 사실을 알게 되는 사람은 내면에 계신 하나님의 **현존**을 통해 잘못 창조한 것들을 정화하고, 그 자신의 한계들로부터 자유로워질 수 있다는 사실을 깨닫게 될 거야.

인간은 자신의 주변에 인간적 부조화의 고치를 지어 잠시 이러한 사실들을 잊어버린 채 그 안에서 잠을 잔단다. 그가 고치를 지을 수 있었다면, 뚫고 나올 수도 있는 법이야. 그는 자기 영혼의 날개 ― 동경심과 투지 ― 를 사용해 자신이 창조한 어둠을 뚫고 나올 수 있단다. 그러면 그는 다시 한번 **신적 자아**의 **빛**과 자유 속에 있는 자기 존재의 중심에서 살게 되지.

너와 네가 사랑하는 가족들 ― 혹은 내 사랑하는 가족들

— 의 삶 속에서 너무나 큰 비애를 머금고 있는 듯 보이던 그 구름은 다 흩어져버리고, 이제는 그 뒤에 숨겨져 있던 아름다운 황금색 빛줄기가 모습을 드러내고 있단다. 지금 너는 화려한 빛의 광휘 속으로 들어왔어. 그리고 너는 앞으로 다시는 이 빛에서 멀어지지 않을 거란다.

만약 인간이 자신을 위한 계획이 있다는 이런 놀라운 사실들을 알게 된다면, 그들은 대부분의 경우 자기도 모르게 이런 좋은 것들의 접근을 막게 될 거야. 너는 사랑하는 사람들과 함께할 수 있도록 초대받았을 뿐 아니라 네 안에 잠재되어 있는 전능하신 하나님 권능의 실재와 그 사용법에 대한 가르침을 받기 위해 이곳으로 온 거란다. 이 권능을 표출하고 통제하는 법을 알게 되면 어떤 일이든 다 할 수 있지.

네가 사랑하는 이들은 너와 소통하기 위해 광선과 음선을 이용했어. 빛과 소리의 힘을 지닌 이 지식에 대해서는 추후 설명을 듣게 될 것인데, 너 역시 이것들을 의식적으로, 마음대로 조종할 수 있을 거란다. 이 특질이 의식적으로 통제될 때, 전능하신 하나님 권능에 대한 인식이 나타나게 될 것이며 그 권능은 언제든 표출될 준비가 되어 있을 거야. 너는 이를 깊이 느끼게 될 거란다.

너는 이곳에 6주간 있으면서 훈련을 받게 될 거고, 그 후 다시 외부 세계로 돌아가 네가 배운 지식을 활용하게 될 거란다. 언제든 다시 찾아와도 돼. 이제 너는 우리와 함께니까 말이야.'

저는 그 6주가 제게 어떤 의미였는지 도저히 말로 표현할 수 없습니다. 그러한 가르침을 활용하고, 이러한 지혜를 적용할 수 있는 능력이 내 안에 내재되어 있었다는 자각은 저는 깜짝 놀라게 했습니다. 그리고 이러한 나 자신의 능력에 대한 자신감은 이 모든 일들을 너무도 수월하게 만들어 주었습니다. 저는 인간적 자아에게 너무나 신비하고 특이한 것으로 보이는 일들일지라도 이 놀라우신 '내적 현존'에게는 그것이 자연스럽고 평범한 일임을 알게 되었습니다.

저는 제가 '참으로' 창조주 하나님의 아들이라는 것을 깨달아야 했습니다. 저는 모든 선한 것의 근원이신 하나님의 아들이기 때문에 우주에 존재하는 무한한 지혜와 에너지가 저의 의식적인 지시를 따릅니다. 제가 마스터로서의 자신을 완전히 자각한 상태에서 지시할 때, 즉각적으로 결과물이 만들어집니다. **위대한 법칙**을 활용할 수 있는 스스로의 능력에 대해 자신감을 얻으면서, 원하는 것이 실현되는 속도도 자연스럽게 점점 더 빨라지기 시작했습니다. 저는 이 위대한 마스터로부터 흘러나오는 사랑과 지혜가 영원히 쏟아져나오는 그 원천이 아직도 경이롭기만 합니다.

저희는 부모와 자식 사이에 존재할 수 있는 그 어떤 사랑보다도 더 깊은 사랑과 헌신으로써 그분을 사랑합니다. 영적 가르침을 내려줌으로써 우리를 연결해주는 사랑의 끈은 영원하며, 인간적 경험 속에서 생겨나는 사랑이 제아무리 아름답고 강하다 할지라도 이러한 사랑은 인간적 사랑보다도 훨씬 깊습니다.

그분께서는 종종 저희에게 이렇게 말씀하시곤 했습니다.

'만약 네가 스스로 신성한 사랑의 영원한 원천이 되어 네가 생각한 모든 곳에 신성한 사랑을 쏟아붓는다면 너는 모든 이 우주의 모든 선한 것을 끌어당기는 자석이 될 것이며, 이를 통해 다른 이들을 도울 수 있게 될 것이다. 영혼의 평화와 평온은 외적 마음이 복종할 수밖에 없는 힘을 방출하고, 이 힘은 반드시 신성한 자아의 권능 안에서 소유되어야 한다. 시크릿 밸리Secret Valley에 있는 우리의 집은 4,000년 이상 사용되어왔다.'

어느 날, 그분은 제게 하나님의 소유에 대한 놀라운 가르침을 내려주신 후 저를 유심히 바라보시더니 좀 걷자고 하셨습니다. 그분은 우리가 들어왔던 계곡의 반대편으로 길을 안내하셨습니다. 남쪽 벽 근처에는 동쪽에서 서쪽으로 가지런히 뻗어 있는 둑이 있었죠. 그 둑은 지면에서부터 2미터 높이였는데, 대략 600미터 정도 길이로 뻗어나갔다가 다시 땅 쪽으로 낮아지는 그런 모양이었습니다. 그 쪽으로 가까이 다가간 저는 그것이 하얀 석영맥이라는 것을 알 수 있었습니다. 마스터 에리엘은 그 맥이 땅 쪽으로 낮아지는 지점으로 다가가 그중 헐거운 한 조각을 발로 걷어차셨습니다. 저는 거기에 금이 엄청나게 많다는 것을 알 수 있었습니다. 금에 대한 저의 인간적인 애정이 치밀어오를 뻔했지만 '내적 현존'은 즉시 그것을 감지했습니다. 마스터께서는 미소를 지으며 이렇게 말씀하셨습니다.

'잘했다. 이제 나는 유럽에 할 일이 있어서 당분간은 너와 함께 있을 수가 없구나.' 그분은 미소를 지으신 채 바로 사라져버리셨죠. 그것은 그분께서 자신이 지닌 완전한 권능을 보여준, 그리고 이런 식의 일들을 행할 수 있다는 것을 보여준 첫 순간이었습니다. 그리고 곧바로 제 아들이 마스터가 서 있던 바로 그 자리에 나타났습니다. 아들은 놀란 저를 보며 쾌활하게 웃었습니다.

'어머니와 저는 가고 싶은 곳이면 어디든 이런 식으로 육체를 이동시킬 수 있어요.' 아들이 말했습니다. '놀라지 마세요. 이건 자연의 법칙이니까요. 이런 능력이 이상하고 특이하게 보이는 이유는 그저 아버지께서 아직 이런 능력을 사용하지 않고 있기 때문이죠. 이는 중세시대 사람들에게 전화기가 놀라워 보이는 것과 똑같아요. 만약 그들이

전화기 만드는 법(Law)을 알고 있었다면 그들은 오늘날의 우리처럼 그것을 사용할 수 있었을 거예요.'

시크릿 밸리에 있는 우리 가족을 만난 이후, 저는 그곳에 일곱 번을 더 찾아갔습니다. 그리고 제가 마지막으로 바깥세상으로 돌아왔을 때, 마스터께서 당신의 주소를 알려주셨습니다. 그래서 제가 당신께 여기로 와달라는 부탁을 드린 겁니다. 마스터께서는 우리를 그곳으로 초대하셨습니다."

남성은 문득 자신이 몇 시간 동안 혼자 이야기하고 있었음을 깨닫고는 누를 범했다며 내게 사과했다. 그래서 나는 너무나 흥미로운 얘기였다며 이야기에 너무 빠져든 나머지 시간 가는 줄도 몰랐다고 말했다. 나는 마스터 에리엘이 나를 초대해준 것에 대해 깊은 감사를 느끼며 그 초대에 응했다. 그리고 그와 솔직한 이야기를 나누었다. 잠시 후, 키가 큰 젊은 남자가 방으로 들어왔다.

집주인인 남성이 그를 소개하며 말했다. "우리의 형제, 펀 웨이를 소개하겠습니다." 펀 웨이는 완벽한 영어 발음으로 이렇게 말했다.

"빛의 가슴을 가진 나의 형제가 먼 길을 오셨네요. 내 가슴은 큰 기쁨으로 뛰고, 내 영혼은 당신의 내적 평온함과 그 광휘를 느낍니다." 그는 집주인인 남성을 보며 말을 이었다. "저는 여러분이 바쁘다는 것을 알기에, 여러분께 봉사하러 왔습니다."

"우리와 함께 빵을 먹어준다면 정말 기쁠 거예요." 집주인이 나를 향해 말했다. 우리는 다이닝룸으로 들어갔다. 저녁 식사는 정말 맛있었고, 식사가 끝나자 집주인인 남성은 다시 아까의 이야기를 이어갔다. 에리엘과 있었던 많은 개인적인 경험들에 관한 이야기였다. 이 이야기들은 실로 놀라웠다. ― 우리의 인간적 의식이라는 측면에서 보자면 말이다. 하지만 우리의 신성의 관점에서 보자면 이 모든 것은 지극히 당연했다.

갑자기 빛의 광선, 아니 빛의 도관이 방 안으로 들어왔다. 들려오는 대화로 미루어 보아, 나는 그것이 집주인의 쌍둥이 광선임을 알 수 있었다. 잠시 후 광선이 나에게로 향했다. 집주인은 광선을 향해 이렇게 말했다.

"사랑하는 이여, 우리의 마스터 에리엘이 제게 만나보라고 하신 형제를 소개해드리죠."

나는 그의 쌍둥이 광선을 보았고, 우리 바로 옆에 서 있는 것처럼 확실하게 들려오는 그녀의 목소리를 들을 수 있었다. 이러한 소통 방식은 놀랍도록 행복한 경험이다. **빛**은 '소리와 비전vision'을 전달할 수 있는 '도관'을 형성할 수 있을 정도로 엄청나게 응축될 수 있다. 이 빛의 도관은 탐

조등으로 비춘 빛처럼, 정말로 '실재'처럼 보였다.

집주인은 우리가 함께 산속으로 떠나기 전까지 자신의 집을 내 집처럼 편안하게 쓰라고 했다. 우리는 만난 지 일주일째 되는 날 동이 트기 전에 집을 나섰다. 이 경험은 그 때까지 내 인생에서 가장 기억에 남는 경험 중 하나였다. 그가 내게 말해준 이야기들은 아주 세밀한 것 하나하나까지도 모두 사실로 드러났다.

시크릿 밸리에 도착한 우리는 정말로 기뻤고, 그때 느꼈던 우리의 행복감은 엄청났다. 나는 집주인의 쌍둥이 광선과 그의 아들을 만났다. 그리고 수많은 학생들이 존재의 법칙에 대한 '진정한 앎과 이해'를 전수받아 영원한 자유를 얻게 되었던 그 고대의 건물로 안내받았다.

수 세기 동안 위대한 하나님의 권능이 집중되어 있던 장소, 상승 마스터들이 특정한 일을 성취하기 위해 머물렀던 장소에 발을 딛는다는 것은 참으로 놀라운 느낌이었다. 이곳에 올 수 있는 영광을 누린 학생들이 받은 축복에 대해 내가 숙고하고 있을 때, 마스터 에리엘이 내게 이렇게 말했다.

"얘야, 너는 이 지상에서의 해방에 가까워지고 있어. 네게 깃들어 있는 '마스터 자아의 현존'을 계속 의식 안에서 인정하고 받아들이고 있으렴. 그러면 크게 기뻐할 일이 너에게 주어질 거란다." 그가 오른손을 뻗자 보이는 것과 보이지 않는 것 사이에 드리워져 있던 장막이 걷혔다.

"나는 네가 상승한 우리들이 우리 세계에서 일으키는 숭고하고 장엄한 활동들을 보기를 바란단다. 우리는 이러한 경이롭고 장엄한 창조주의 활동에 창조주 하나님의 아들들로서 계속해서 참례하고 있는데, 이는 우리 안에 더 이상 의심, 두려움, 불완전성이 존재하지 않기 때문이야."

나는 그 멋진 이들과 함께 지냈던 나날 동안 느꼈던 기쁨과 영광을 언제까지나 기억할 것이다.

"너는 시공간을 넘나드는 광선과 음선의 사용을 매일 목격하게 될 거란다." 에리엘이 말했다. "인류는 가까운 미래에 마치 전화기를 사용하듯, 이를 자연스럽게 사용하게 되어 있어. 이는 인간이 한 명의 창조주로서 의식적인 지시를 내리는 법을 배울 수 있는, 가장 경탄할 만한 활동 중 하나란다. 광선은 의식적 통제를 통해 끌어올 수도, 조종할 수도 있어서 금속이나 하늘 위에 글씨를 쓸 수 있는 연필처럼 사용할 수 있지. 그리고 그 글씨는 그것을 지시한 사람이 의도한 시간만큼 가시적인 형태로 남아 있을 수 있단다.

학생이 무지한 세계의 견해에 맞설 수 있을 정도로 충분히 강하다면, 그 또는 그녀는 상승한 대사들에 의해 나타난 인간의 경이로운 신적 활동을 입증할 준비가 된 거야.

그가 이렇게 될 수 있을 때까지는 다른 이들이 내비치는 의심의 기미나 파동들에 있는 힘이 그가 진리 탐구를 여러 번 포기하게 만들 정도로 그를 방해할 거란다. 가르침의 꾸준한 흐름을 끊어버리는 것은 바로 부조화야. 부조화는 이 지구상의 사악한 힘이 내재한 신성의 **빛**을 마주보기로 결심한 학생의 외적 활동 속으로 들어오는 미묘한 방식이며, 그가 신성과 단절되게끔 하는 원인이란다.

이러한 부조화의 활동은 대단히 미묘하게 작용하는데, 그것은 이 활동이 감정의 형태로 나타나기 때문이며 학생이 제대로 그 존재를 인식하기 전까지 그의 마음속에 슬금슬금 기어들어 오기 때문이란다. 이러한 부조화적 활동은 믿을 수 없을 정도로 집요하지. 이 활동은 부정적 활동의 성장에 이미 가속이 붙었다는 것을 알아차리기도 전에, 무슨 일이 일어나고 있는 건지도 모르는 상태에서 아주 은밀히 퍼져나가 자라지.

이 감정은 작은 의심에서 시작되는데, 의심이 두세 번 '느껴지면' 그것은 의혹이 돼. 의혹이 감정체 속에서 한두 번 '잇달아 휩쓸고 지나가면' 그것은 불신이 된단다. **불신**을 자신의 의식 속에서 창조하는 이는 스스로 자멸하게 되지.

애야, 기억하렴. 네가 다시 바깥세상으로 돌아갔을 때,

너는 이러한 부조화의 손길에서 스스로를 보호함으로써 삶의 모든 경험들을 안전하게 통과시켜줄 보호장치를 발견하게 될 거란다. 불신의 파동을 내보내는 이는 반드시 불신을 받게 된단다. 모든 이는 '자신이 세상에 내보낸 바로 그것'을 자신의 세상에서 똑같이 경험하게 되지. 이 '영원불변하는 법칙'은 온 우주에 존재한단다. 의식의 모든 맥동들, 즉 창조적 활동들은 그 자신이 나왔던 중심점으로 다시 돌아가게 되고, '단 하나의 원자'조차 이 법칙에서 벗어날 수 없단다.

'진정한' **빛**의 학생은 **빛**을 마주하고, **빛**을 자신 앞에 앞세워 내보내고, 자신이 가는 모든 공간을 감싸고 있는 **빛**의 광휘를 보며, 신성의 **빛**을 '끊임없이 경외'한단다. 그는 의심, 두려움, 불신 그리고 인간적 마음의 무지에 등을 돌리고 오직 **빛**만을 인식하지. 이 빛만이 그의 근원이자 진정한 자아란다."

이러한 말과 함께 에리엘은 나에게 작별을 고했고, 나는 다시 바깥세상의 일상으로 돌아갔다.

God's Omnipresent Power

하나님의 편재하는 권능

다음 날, 어떤 이에게 연락을 받게 된 나는 내 온 시간과 관심을 쏟아야만 하는 어떤 사업에 관련되어 일하게 되었다. 특이하게도 이 사업을 할 거라는 생각을 하기만 해도 엄청난 기쁨이 느껴졌고, 나는 자연스럽게 큰 열의를 가지고 사업에 임하게 되었다. 원기가 북돋아지고 활기가 생기는 기분이었다. — 이전에 사업을 했을 때는 느껴보지 못한 감각이었다.

이 과정 중에, 나는 매우 지배적인 성격을 가진 남자와 아주 긴밀한 만남을 갖게 되었다. 자신의 사업 책략이 실패하거나 어떤 저항에 부딪힐 때면 항상 힘으로 반대파들을 누르고 자신의 열망을 이루는 것이 그의 일관된 사업

방식이었다.

그는 오로지 자신의 지성과 인간적 의지가 지닌 힘만을 믿고 있었으며, 믿음 같은 것들에 대해서는 아무것도 알지 못했다. 그는 자신의 성공을 가로막는 사람 혹은 사물을 망가뜨리거나 부숴버리는 데 망설임이 전혀 없었다. 자신의 이기적인 목적을 이루기 위해서라면 모든 수단과 방법을 다 동원하는 사람이었다.

나는 이다음에 나올 일을 겪기 약 3년 전에 그를 만났다. 그 당시 나는 그의 앞에서 무력감 비슷한 것을 느꼈다. 그가 계속해서 내보내는 지배적인 느낌에 압도된 것이다. 하지만 그에 대한 나의 반응에도 불구하고, 나는 사람들에게 미치는 그의 통제력이 그저 외적 활동에 초점이 맞추어진 무력일 뿐임을 알고 있었다. 이 사업을 위해 그와 반드시 어울려야만 한다는 것을 깨달은 나는 약간 불안해졌다. 하지만 그 즉시 하나님의 법칙을 적용함으로써 그를 상대할 방법을 찾았다. '내면의 목소리'는 다음과 같이 분명하게 말했다.

"왜 '내면의 전능하신 하나님'께서 이 상황을 완전히 지도하시고 다스리도록 하지 않는가? '내적 권능'은 지배당함을 알지 못하며, '언제나 천하무적'이다."

나는 대단히 감사해하며 모든 것을 전적으로 '내적 신

성'의 관리하에 내맡겼다. 나는 이 남자와 다른 두 사람을 만나 그들과 함께 먼 곳에 위치해 있는 광산을 보러 가기로 했다. 나는 그 광산이 매우 가치 있는 곳이라고 느꼈다. 광산의 주인은 한 노부인이었는데, 그녀의 선량한 남편은 몇 달 전 있었던 광산 사고로 세상을 떠났다고 한다.

남편은 광산을 위험한 상태 그대로 남겨두고 세상을 떠났고, 우리의 지배적인 친구는 자신이 제시하는 가격대로 이 광산을 매입하기로 마음먹었다. ― 제값을 쳐주지 않으려는 것이었다. 자동차로 긴 시간 여행을 한 후, 우리는 둘째 날 2시쯤 목적지에 도착했다. 우리는 광산 주인을 만났는데, 나는 그녀가 축복받은 영혼이라는 것을 느꼈다. ― 그녀는 참되고 고결한 이였다.

그곳에서 나는 단호한 결심을 세웠다. 그녀와 공정한 거래를 해야 하며, 그녀가 가진 재산을 제값에 사야 한다는, 그런 결심이었다. 그녀는 우리를 멋진 오찬에 초대했고, 우리는 광산을 살펴보기 시작했다. 우리는 채굴장, 터널, 갱도, 수직갱도로 내려가는 리프트와 스토핑* 등을 조사했다. 그곳을 살펴보면 살펴볼수록 뭔가 잘못됐다는 확신이 들었다. 광산의 분위기가 내게 그런 느낌을 주는 것

---

* stopping: 수직갱도로 내려가는 리프트의 중간 경유시설을 의미하는 것으로 보인다.

같았다.

　나는 이 광산에서 풍부한 금맥이 발견되었는데 그것이 광산 주인에게는 알려지지 않았을 거라는 확신이 들었다. 왠지 나는 이 지배적인 성향의 남자가 일꾼 중 하나를 매수해 금맥을 발견하는 일이 있는지를 감시하도록 비밀스럽게 시켰으며, 몇 주 동안 이를 감시하고 있던 일꾼이 광산 현장감독관의 신임을 얻었음을 알 수 있었다. 나는 그 현장감독관이 좋은 사람이긴 하지만 영적인 측면에서는 깨어나지 못한 사람이라고 느꼈다.

　우리가 그에게 말을 걸었을 때, 나의 신적 자아는 여기서 어떤 일이 있었는지를 나의 내적 비전을 통해 모두 드러내주었다. 얼마 전, 일꾼과 감독관 둘이서 시찰에 나섰을 때 그들은 산의 중심부로 바로 이어지는 터널 입구가 폭발한 곳에 이르렀다. 그리고 금맥이 아주 풍부한, 금을 함유하고 있는 석영 덩어리가 그 폭발로 인해 발견되었다. 감독관이 서둘러 이를 광산 주인에게 보고하려 할 때, 스파이 역할을 하고 있던 일꾼은 이렇게 말했다.

　"기다리시오! 나는 이 광산을 살 사람을 알고 있소. 지금의 직급을 유지하고 싶다면 이 발견에 대해 입 닫고 있으시오. 그러면 당신이 여기서 감독관 일을 계속하게 해주겠소. 또, 당신 몫으로 5,000달러를 나눠주겠소. 우리가 이 발견을 함구하고 있더라도 노부인은 이 광산을 팔아 얼마라도 자기 몫을 챙길 수 있을 거요." 감독관은 직장을 잃게 될까 봐 무서운 나머지 일꾼의 말에 동의했다.

광산을 조사해가던 우리는 주요 터널의 끝에 이르렀다. 그리고 나는 그곳이 금맥이 발견된 곳임을 강하게 느꼈다. 그곳은 교묘하게 은폐되어 있었고, 지층이 불안정해서 작업하기 위험한 곳으로 위장되어 있었다. 그들이 광산을 소유한 노부인에게 보고한 내용이 바로 이런 것이었다. 내가 이 장소에 서서 다른 사람들과 이야기를 하고 있을 때, 나의 내적 시야가 열렸다. 나는 모든 일들 — 금맥의 발견, 그것의 은폐, 감독관이 받았던 제안과 그의 수락 — 을 볼 수 있었다. 나는 내가 느낀 것들이 정말이었는지 확인할 수 있어 감사했지만 조금 더 기다려야 한다는 것을 알고 있었다. 우리는 노부인의 집으로 돌아왔고, 그녀와 협상을 시작했다. 지배적인 성격의 남자는 이렇게 말문을 열었다.

"애서턴Atherton 부인, 이 광산을 얼마에 파실 거죠?"

"저는 25만 달러를 생각하고 있어요." 그녀가 친절하고 부드럽게 대답했다.

"터무니없군!" 그가 소리쳤다. "그건 말도 안 되는, 가당찮은 가격이에요. 부인이 소유하신 광산은 그 절반만큼의 값어치도 없어요." 그는 으레 그래왔듯, 몇 분간 이런 식으로 엄포를 놓으며 계속 말을 이어갔다. 이런 그의 방식은 항상 효과가 있었기 때문에 그는 여전히 익숙한 방식대로 일을 처리하고 있었다. 그는 호통치고, 언쟁을 벌이다 다음과 같이 말을 마쳤다.

"애서턴 부인, 부인은 광산을 반드시 팔아야만 하는 처지에 있어요. 제가 인심 써서 10만 달러에 1만 5천 달러를 더 얹어드리죠."

"생각해볼게요." 그녀가 대답했다. 그녀는 그의 지배적이고 거센 태도에 주눅이 든 나머지 그의 생각을 받아들이기 시작했다. 그의 오만과 몰염치에 항복한 것이다. 그는 그녀의 마음이 약해진 것을 눈치채고는 즉시 강한 압박을 넣기 시작했다.

"저는 기다릴 시간이 없어요." 그가 말을 이었다. "제 시간은 소중하니까요. 지금 당장 결정하세요. 그렇지 않으면 거래는 없습니다."

그는 주머니에서 서류를 꺼내 테이블 위에 올려놓았다. 애서턴 부인은 무기력하게 주변을 돌아보았다. 나는 '계약하지 마세요'라는 뜻으로 그녀에게 고개를 저었지만 그녀는 나를 보지 못했다. 계약서는 펼쳐져 있었다. 그녀는 방을 가로질러 테이블로 의자를 들고 걸어왔다. 서명할 준비를 하려는 것이었다. 나는 그녀를 보호하려면 즉시 행동에 나서야 함을 알았다. 그래서 그녀가 앉아 있는 곳으로 가서 우리의 지배적인 친구에게 말을 걸었다.

"잠깐만요." 내가 말했다. "당신은 이 숙녀분께 제값을 드려야 합니다. 그렇지 않으면 광산을 얻지 못할 거예요." 그러자 그는 나를 돌아보았고, 신랄한 욕설과 함께 극도의 분노를 쏟아냈다. 그는 나에게도 똑같은 전술을 쓰려 했다.

"내가 이 가격에 광산을 갖겠다는데 도대체 누가 날 막을 수 있다는 거요?" 그가 쏘아붙였다. 나는 내면에서 전능한 신적 권능이 쇄도하듯 밀려 들어오는 것을 느꼈다. 이 권능은 복수심에 불타는 그의 장황한 비난에도 내가 영향을 받지 않게끔 나를 지켜주었다. 나는 이렇게 대답했다.

"하나님이 당신을 막을 겁니다." 내 대답에 그는 웃음을 터트렸다. 그는 난폭하고 냉소적이며 무례한 태도를 이어 갔다. 나는 차분히 기다렸다.

"멍청하기는." 그는 또다시 분노와 비난의 말을 쏟아냈다. "당신은 하나님 어쩌고 하면서 씨부렁대고 있지만 당신, 하나님, 아니 그 무엇도 나를 막을 수는 없소. 나는 그런 것들과는 아무 상관 없이 내가 갖고 싶은 것을 가지지. 지금까지 나를 막을 수 있는 사람은 아무도 없었소." 그의 오만은 한도 끝도 없어 보였다. 그는 자신의 몸과 마음이 자신의 감정의 희생물임을 스스로 드러내고 있었다. 그의 이성은 언제나 어떠한 제어도 받지 않았던 감정 아래에 있었기에 제대로 기능할 수 없었다. 그렇지 않았다면 그의 이성은 그에게 더 이상의 모욕은 그만두라고 경고했을 것이다.

나는 다시 신적 권능이 확장되고 있음을 느꼈다. 이번에는 그 권능이 점점 더 강해지고 있었다. 마침내, 내 신적 자아의 전능한 내면의 목소리가 클라리온* 같은 음조로 모든 진실을 폭로했다. 광산에서 있었던 모든 은밀한 거래와 기만 행위들을 밝힌 것이다.

"에서턴 부인." 내가 말했다. "당신에게는 엄청난 기만이 행해졌습니다. 부인의 일꾼들은 금맥을 발견했어요. 이 남자는 일꾼 중 하나를 스파이로 데리고 있었는데, 그 스파이가 부인의 광산 현장감독관에게 뇌물을 주고 그것에 대해 입을 다물게 만들었습니다." 감독관과 방 안에 있던 다른 이들은 내 내적 자아가 그들의 배반에 대해 폭로하자 얼굴이 하얗게 질려 할 말을 잃어버렸다. 광산을 사려 했던 그 남자는 어떤 위급한 상황에도 대처할 수 있는 듯 보였다. 그는 내 말을 가로막고 화를 내며 이렇게 소리

---

* clarion: 명쾌한 음색을 지닌 옛 나팔.

쳤다.

"거짓말! 그딴 식으로 내 일을 방해한다면 머리를 내리쳐 죽일 테다!" 그는 자신의 쇠 지팡이를 들어 올렸다. 내가 그것을 잡으려고 손을 들자 갑자기 하얀 불꽃이 '번쩍' 하고 그의 얼굴로 뿜어져 나왔다. 그는 벼락을 맞은 것처럼 바닥에 쓰러졌다. 내 전능한 신적 자아는 모든 영원의 권능으로 다시 장엄하고 힘차게 말을 이었다.

"이 방에 있는 사람 중 허락 없이는 아무도 움직이지 말라!" 내 외적 자아는 더 이상 내가 아니라 남자가 누워 있는 곳으로 걸어가고 있는, '행위하시는 하나님'이었다. 그리고 이어 이렇게 말했다.

"이 남자 안에 깃든 위대한 영혼이여, 네게 말하노라! 그대는 이 남자의 지배적인 인간적 자아 때문에 너무나 오랫동안 꼼짝도 못 하고 있었다. '지금' 나서라! 그의 몸과 마음을 지휘하라! 그가 이번 생에 행해왔던 수많은 사기 행각들을 바로잡으라! 한 시간도 되지 않아 이 강인한 외적 자아의 창조물은, 즉 그가 지금껏 쌓아왔던 부조화와 부조리의 창조물은 모두 소멸될 것이다. 그리고 다시는 다른 하나님의 자녀들을 인간적 능력으로써 지배하거나 속일 수 없으리라. 외적 자아에게 나는 이렇게 말하노라. '깨어나라! 살아 있는 모든 것들에게 평화, 사랑, 친절, 자비,

선의가 있으리니.'"

서서히 그 남자의 얼굴에 다시 핏기가 돌기 시작했다.
그는 이 이상한 상황에 어리둥절해하며 눈을 떴다. 여전히
이 상황을 지휘하고 계시는 '내 안에 계신 하나님'은 그의
손을 부드럽게 잡은 후 어깨 밑에 팔을 넣어 그가 안락의
자에 앉는 것을 도와주었다. 내 안에 계신 하나님은 다시
이렇게 명령하셨다.

"형제여! 나를 보라." 그가 시선을 위로 하여 내 눈을 쳐
다보았을 때, 그의 몸이 약간 떨렸다. 그는 들릴락 말락 한
목소리로 이렇게 말했다. "네, 보았습니다. 제가 얼마나 잘
못해왔는지를 이제 알겠습니다. 하나님, 저를 용서하소
서." 그는 부끄러워하며 두 손으로 고개를 떨구고 조용히
얼굴을 가렸다. 손가락 사이로 눈물이 흘렀고, 그는 어린
아이처럼 울기 시작했다.

"그대는 이 부인에게 100만 달러를 지불하라." 내 신적
자아가 말을 이었다. "그리고 10퍼센트의 광산 지분도 함
께 주어야 한다. 최근 발견된 금맥에는 적어도 1,000만 달
러어치의 금광석이 있노라." 나의 신적 자아는 깊은 겸손
과 생전 처음 보는 상냥함으로써 그에게 말했다.

"이제 끝냅시다." 남자는 자신의 직원들에게 한 가지 부
탁을 했다. ― 이전에 남자가 습관적으로 명령을 내리는

것과는 사뭇 다른 태도였다. — 그것은 바로, 지금까지 나의 신적 자아가 말한 내용으로 계약서를 다시 작성해달라는 부탁이었다. 애서턴 부인과 남자는 둘 다 서명을 마쳤고, 거래를 끝냈다.

나는 방에 있는 다른 이들을 향해 돌아섰고, 그들의 얼굴을 보고서 그들 모두가 인간적 의식의 장막을 넘어 엄청나게 고양된 의식 속에 있었다는 것을 깨달았다. 그들은 각자는 이렇게 말하고 있었다.

"다시는 동료를 속이거나 나쁜 짓을 하지 않겠습니다. 그러니 하나님, 도와주세요." 그들은 '모든 사람' 안에 있는 신적 자아를 완전히 인정하고 받아들일 수 있도록 의식이 고양되었던 것이었다.

이 일이 일어난 것은 늦은 오후였다. 애서턴 여사는 우리들에게 하룻밤 자고 가라고 했고, 아침에 함께 등기 작업을 하러 피닉스Phoenix에 가지 않겠느냐고 따뜻하게 물어봐주었다. 그날 밤 저녁 식사 후, 우리는 커다란 옥외 벽난로 앞에 있는 큰 거실에 모여 있었다. 모두가 생명의 위대한 우주 법칙에 대해 진심으로 알고 싶어했다.

그들은 내가 어떻게 이러한 앎을 갖게 되었는지 물었다. 그래서 나는 마스터 세인트 저메인과 내가 만나게 된 경위를 설명해주었다. 나는 샤스타산에서의 나의 경험을 말했고, 우리가 이 위대한 우주 법칙에 대해 어떤 대화를 나누었는지 알려주었다. 세인트 저메인은 그때 이렇게 말했었다.

"얘야, 위대한 우주 법칙은 마치 구구단의 변하지 않는 수학의 법칙이 이를 사용하는 모든 이에게 똑같이 적용되는 것처럼 변하지 않는단다. 우주의 위대한 법칙은 또한 마치 전기의 법칙과 같아서, 전기를 어떻게 사용해야 하는지 알지 못하는 사람이 그 통제 방법을 모르면서 그 힘을 지휘하려 한다 해도, 전기가 그 자체의 법칙을 따라 흐르는 것과 같단다.

현현된 생명의 무한한 영역에서 영원토록 질서를 유지하는 위대한 불변의 법칙들은 모두 '하나의 위대한 창조 원리', 즉 사랑에 기초하고 있단다. 사랑이 곧 우주의 가슴이고, 모든 것의 근원이며, 형상을 지닌 모든 존재가 생겨나는 중추란다.

사랑은 우주 만상을 관통하는 조화의 원리 그 자체이기에, 형상이 생겨났던 태초에 사랑이 없었다면 형상은 절대로 창조계에 나타날 수 없었을 거란다. 사랑은 작게는 원자를 결합시키고 크게는 별들의 운행을 관장하는 우주의 힘이며, 사랑이 없다면 이 우주도 있을 수 없지.

너희들의 과학계에서, 사랑은 전자들이 서로 끌어당기

는 힘으로 그 자신을 표현하고 있단다. 사랑은 지휘하는 지성, 그러니까 전자들이 형상으로 나타나게 하는 의지이며, 전자들이 그 중심핵 주변을 돌게 하는 힘인 동시에, '전자를 원자핵으로 끌어당기는 생명의 숨결'이란다. 모든 창조물에 있는 각각의 힘의 보텍스vortex에 대해서도 이는 똑같은 사실이야.

원자는 중심핵과 그 주위를 돌고 있는 전자로 형성되어 있단다. 지구에는 자극(magnetic pole), 인간 몸에는 척추가 있듯이 원자에는 사랑의 핵이 있어. 이 중심핵, 즉 사랑이라는 가슴 중심(Heart Center)이 없었다면 형상을 갖추지 못한 보편적 빛 — 거대한 중심 태양을 회전하는, 무한으로 채워진 전자 — 만이 있었을 거야.

전자는 순수한 영(Spirit) 또는 창조주 하나님의 **빛**이야. 전자는 영원히 오염되지 않으며, 완전하단다. 이것은 영원히 자존하고, 파괴할 수 없어. 또, 전자는 스스로 빛을 발하며 지성을 지니고 있단다. 그렇지 않았다면 전자는 사랑의 지휘 활동인 '법칙'에 따르지 않았을 것이며, 따를 수도 없었을 거야. 전자는 불멸하는 것, 영원히 순수한 것, 지성을 지닌 빛-에너지, 유일한 실재, 우주 만물을 형성하고 있는 진정한 물질 — 하나님의 영원하고 완벽한 **생명의 정수** — 이라고 할 수 있단다.

행성 사이의 공간은 순수한 '빛의 정수'로 채워져 있어. 그곳은 별 볼 일 없는, 무지하고 한정된 개념을 가진 인간의 좁은 지적 이해처럼 어둡고 무질서하지 않단다. 만물에 내재되어 있는 빛의 거대한 바다는 무한한 모든 공간 속에 존재하고 있으며, 창조를 위해 끊임없이 형상 속으로 끌려 들어가고 있지. 그리고 사랑의 법칙에 의해 전자가 원자의 중심핵 주변에 붙잡혀 있는 방식에 따라 각각의 원자들에는 한 종류 또는 다른 종류의 특질이 부여되고 있어.

특정 원자에서 서로 결합하는 전자의 수는 '의식적인 상념'의 결과이며, 그것에 의해 결정되는 것이란다. 또, 전자들이 원자핵을 도는 속도는 '감정'의 결과이며, 그것에 의해 결정돼. 원자의 중심핵이 전자를 끌어당기는 힘의 강도, 전자가 원자핵을 도는 움직임의 강도는 '하나님의 숨결'에 의한 것이며, 이것들은 신성한 사랑의 가장 집중된 활동이라고 할 수 있어. 과학적 용어로 말하자면 구심력이라고도 하지. 이러한 요소들은 원자의 '특성'을 결정짓는 요소들이란다.

그러니 원자가 '살아 숨 쉬는' 독립체라는 것을 너도 알겠지. 원자는 하나님의 숨과 신성한 사랑으로 인해 창조되어 존재하게 된 것이고, 자기의식적 지성의 의지를 통해 존재하게 된 거지. 이런 식으로 '말씀이 육신이 된' 거야.

자기의식적 지성이 자기 존재를 현현시키기 위해 사용한 도구는 생각과 느낌이란다.

파괴적인 상념과 부조화스러운 감정은 원자 내에서 전자들의 비율과 속도를 크게 재조정하는데, 이 때문에 원자 내부의 양극성 속에서 하나님 숨의 '지속성'이 바뀌게 돼. 원자 내부에서 신적 호흡의 지속성은 특정 종류의 원자를 사용하는 의식의 의지가 명하는 것이란다. 의식적으로 지시하는 의지가 사라지면 전자는 극성을 잃고 흩어지며, 다시 한번 강조하자면 '지능적으로' **거대한 중심 태양**으로 돌아가 그들 자신을 다시 극성화시키게 돼. 그곳에서 그들은 오직 사랑만을 받는단다. 창조주 하나님의 숨결은 영원히 그치지 않고, — 첫 번째 법칙인 — 질서는 영원히 유지되지.

일부 과학자들은 우주에서 행성들이 서로 부딪힐 수 있다고 주장해왔고, 또 그렇게 가르쳐왔어. 하지만 그런 일은 불가능하단다. 그것은 창조 계획 전체를 혼란에 빠뜨리는 일이거든. '하나님의 전능하신 법칙들'이 지구의 몇몇 자녀들의 의견에만 한정되지 않는 것은 참으로 다행이라 할 수 있는 일이지. 어떤 과학자가 일상적으로 그렇게 생각하든 아니든, 그것은 상관없는 일이란다. 하나님의 창조는 언제나 앞으로 나아가고 있으며 점점 더 큰 완전성을 표현하고 있어.

몸과 마음 안에 지닌 건설적인 사고와 조화로운 감정은 사랑과 질서의 활동이야. 사랑과 질서는 원자 속 전자가 영원히 완벽한 비율과 속도를 유지할 수 있도록 해준단다. 따라서 전자는 원자핵에서 하나님의 숨결이 유지되는 한 우주의 특정 지점에서 양극화된 상태를 유지해. 전자가 존재하고 있는 몸을 이용하는 자기의식적 지성, 지시하는 의지에 의해 이런 일이 가능하단다. 이런 식으로, 완벽이라는 특성과 육체 속 생명의 지속성은 그것을 점유하는 인간의 의지에 의해 '항상' 의식적으로 통제되고 있어. 인간의 의지는 그 자신의 성전보다 '지고한 것'이야. 심지어 사고가 난 상황이라 하더라도 스스로의 의지로 그렇게 하겠다고 하지 않으면 자신의 몸 성전을 떠날 수 없단다. 신체의 통증, 두려움, 불확실성 그리고 다른 많은 것들이 자주 성격에 영향을 주어 과거 의도에 대한 결정을 바꾸도록 하긴 하지. 하지만 인간의 신체에 일어나는 모든 것은 항상 자신의 자유의지에 의해 통제되고 있단다.

전자에 관한 위의 설명을 이해하는 것 — 그리고 자신의 상념과 감정을 통해 자기 몸의 원자 구조를 지배하는, 개인이 가지고 있는 의식적 통제력을 이해하는 것 — 은 무한한 이 우주의 모든 형상을 지배하는 단 하나의 원칙을 이해하는 것과 같아. 인간이 스스로에게, 혹은 원자로 이루어진 자신의 육신 안에서 이를 증명하려 노력할 때, 그는 자기 자신을 마스터하기 위해 진전을 이루게 될 거란다. 그렇게 되면 우주의 다른 모든 것들은 그가 사랑과 축복의 법칙을 통해 원하는 모든 것을 이루어주는 그의 자발적인 동료가 되지.

기꺼이 이 '사랑의 법칙'에 순종하는 이의 의식과 세계 안에는 오직 완전성만이 나타날 것이며, 그의 세상은 영원히 유지될 거란다. 모든 권능과 마스터리는 오직 사랑의 법칙을 이해하고 순종하는 이에게만 주어지지. 그가 '통치할 권리'를 가지게 된 것은 오로지 그가 먼저 이 법칙에 순종하는 법을 배웠기 때문이란다. 그가 자신의 마음과 몸 안에 있는 원자 구조로부터 내재한 신적 자아를 향한 복종을 얻어내면 그의 마음과 몸 밖에 있는 원자 구조도 그에게 복종하게 된단다.

인류는 자기 내면에 상념과 감정을 통한 힘을 가지고 있고, 이 힘으로 가장 높은 곳으로 올라갈 수도, 가장 낮은 곳으로 내려갈 수도 있지. 각자는 자신이 걸을 경험의 길을 스스로 결정해. 자신의 마음에 무엇을 받아들일 것인지에 대한 인식을 의식적으로 통제함으로써, 그는 하나님과 마주보며 이야기하고, 걸을 수 있는 거야. ― 아니면 짐승

보다도 더 낮아져 자신의 인간적 의식을 잊음으로써 하나님으로부터 눈길을 돌려버릴 수도 있지. 후자의 경우, 그 사람의 내면에 있는 하나님의 불꽃은 거기서 사라져버린단다. 아주 오랜 시간이 흐른 후, 이러한 사람의 신적 불꽃은 그 자신의 자유의지를 통해 최종적인 승리를 의식적으로 이루어낼 때까지 다시 한번 물질세계로의 인간적 여정을 시도하게 된단다."

나는 그들에게 세인트 저메인이 내게 보여주었던 무한한 가능성, 즉 놀라운 성취를 위해 인류 앞에 놓여 있는 그 가능성에 대해 말해주었다. 그 무한한 가능성은 모든 개인 안에 있는 '위대한 하나님의 현존'을 자신의 지휘력과 성취력으로서 기꺼이 받아들이기로 선택만 한다면 언제든 이룰 수 있는 것이었다. 광산을 매입한 남자는 내게 왜 '받아들임'이라는 단어를 그렇게 많이 쓰냐고 물었고, 나는 세인트 저메인이 나에게 그 단어로 여러 설명을 해주던 때를 떠올렸다. 그는 내게 이렇게 말했다.

"삶의 외적 활동 속에서 만약 네가 어떤 것을 구매하거나, 훌륭하고 완벽한 것을 제공받았을 때 그것을 받아들이지 않는다면 그것을 사용하거나 그것으로부터 어떤 유익을 얻을 수 없을 거야. 그래서 '위대한 하나님의 현존'이 우리 안에 있는 거란다. 우리의 생명이 창조주 하나님의 생명과 하나임을 받아들이지 않는다면 — 우리가 무언가를 할 수 있게끔 하는 모든 힘과 에너지가 하나님의 힘이자 에너지라는 것을 받아들이지 않는다면 — 우리가 어떻게 우리의 세상에서 '신적 특성'을 가지고 성취를 이룰 수 있 겠니?

하나님의 아들로서 우리는 우리 안에 계신 하나님의 전 능하신 **현존**을 섬길 것인지 아니면 외적이고 인간적인 자 아를 섬길 것인지를 선택하라는 명을 받았어. 인간의 외적 욕망과 감각적 요구에 대한 만족은 고통과 파멸이라는 단 하나의 결과만을 낳는단다.

모든 건설적인 열망은 우리 안에 내재하신 진정한 신적 자아에서 나오는 것이고, 이 신적 자아는 외적 자아의 기 쁨과 사용 속으로 신적 완전성을 밀어 넣어준단다. 거대한 생명의 에너지가 우리 안에 끊임없이 흐르고 있어. 우리가 건설적인 성취를 지향한다면, 우리에게 기쁨과 행복이 찾 아올 거야. 만약 감각적 만족을 얻는 데 얽매인다면 그 결 과는 고통밖에 없을 거란다. 왜냐하면 그것은 모두 법칙 — 비개인적 생명 에너지 — 의 활동이기 때문이야.

마음의 외적 활동에게 네가 곧 **생명**이며, 네 안과 너의 세상에서 **행위하시는 하나님**이라는 것을 끊임없이 상기 시키렴. 개인적인 자아는 자신을 존재하게 해주는 에너지가 실제로는 신적 자아에서 나오는데도 불구하고, 계속해서 자기 자신의 힘을 주장한단다. 외적이고 개인적인 인간적 활동은 자신의 외피인 피부조차도 소유하지 못해. 왜냐하면 그 몸의 원자들은 '지고하신 하나님의 현존'을 통해 거대한 보편물질의 바다에서 빌려온 것이기 때문이지.

모든 힘과 권능을 위대한 내재하신 신적 불꽃에게 돌려줄 수 있도록 스스로를 훈련시키렴. '신적 불꽃'은 너의 '진정한 자아'이자 너에게 항상 모든 선한 것을 제공해온 '근원'이란다."

우리는 새벽 2시까지 얘기를 했고, 나는 이제 그만 잠잘 준비를 하자고 말했다. 하지만 아무도 자고 싶어하지 않았다. 나는 그들에게 "당신들은 하나님의 품에서 자게 될 겁니다" 하고 말했다. 다음 날, 그들은 자신들이 순식간에 잠이 들었다는 것을 깨닫고는 놀라워했다.

우리는 7시에 일어나 피닉스로 가서 등기 작업을 마쳤다. 나는 사람들에게 우리가 함께하는 일이 끝났으니 당분간 떠나야 한다는 것을 알렸다. 그들은 모두 깊이 감사해했으며, 더 많은 것을 알고 싶어했다. 마스터 세인트 저메인이 지시한 대로, 나는 그들과 계속 연락을 이어가고 더 많은 도움을 주기로 약속했다. 내가 막 떠나려고 할 때, 광산을 산 남자가 나를 향해 돌아서며 말했다.

"누가 나를 어떻게 생각하든, 그저 당신을 안아주고 싶군요. 내 외적 자아의 파멸로부터 나를 구해준 것에 대해, 그리고 **위대한 빛**을 밝혀준 것에 대해 진심으로 감사를 표하고 싶습니다." 나는 고개를 숙여 인사한 후 깊은 겸손의 마음으로 이렇게 대답했다.

"하나님께 감사하세요. 나는 그저 통로일 뿐입니다. 오직 하나님만이 위대한 **현존**이시며 모든 일을 순조롭게 이루어주시는 힘이십니다." 애서턴 부인은 내 쪽으로 고개를 돌리더니 자신의 감정을 표현했다.

"저는 당신 안에 계시는, 전능하시며 지켜주시는 **현존**인 하나님을 찬양합니다. 그리고 그 하나님께 감사를 드립니다. 살아 있는 한 절대 하나님과 당신께 감사하기를 멈추지 않을 겁니다. 이 경험으로 말미암아 우리 모두에게 빛을 가져와 주셨으니까요."

"우리 모두 다시 만날 수 있을 겁니다." 내가 모두에게 작별을 고하며 대답했다. 나는 둘째 날 저녁에 오두막에 도착하면서 다시 한번 샤스타산 쪽으로 고개를 돌렸다.

2주 후, 나는 다시 한번 마스터 세인트 저메인과의 밀회 장소로 가고 싶다는 강한 충동을 느꼈다. 새벽 4시에 출발하니 9시쯤에는 울창한 산림의 가장자리에 도착할 수 있었다.

숲을 향해 스무 걸음도 채 떼지 않았을 때, 내 친구 흑표범의 울음소리가 들려왔다. 나는 재빨리 그에 답을 했다. 잠시 후, 흑표범은 내 쪽으로 달려와 온갖 환영 인사를 다 해댔다. 우리는 함께 만남 장소를 향해 걸어갔다. 나는 흑표범이 안절부절못하며 내적 불안에 동요하고 있다는 것을 눈치챘다. 그것은 정말로 드문 일이었다. 그는 나와 함께 있을 때 항상 차분했기 때문이다. 나는 흑표범의 아름다운 머리를 토닥거리고 쓰다듬어주었지만 별 효과가 없었다. 나는 앉아서 흑표범과 함께 점심을 먹었다.

나는 점심을 다 먹고 이렇게 말했다. "이리 온, 아가. 산책하러 가자." 그러자 흑표범은 내가 지금껏 본 것 중 가장 애처로운 표정을 지으며 계속해서 나를 쳐다보았다. 나는 그것을 이해할 수 없었다.

꽤 긴 거리를 걸은 우리는 4.5미터 높이의 절벽에 다다랐다. 이 절벽 맨 꼭대기에는 바위가 돌출되어 있었다. 나는 왠지 모르게 흑표범을 쳐다보았다. 그의 눈빛이 사납고 험악하게 변해 있었다. 나는 대기 중에 일종의 긴장감이 흐르는 것을 느꼈지만 그게 정확히 어떤 것인지는 알 수 없었다. 몇 걸음을 더 걸은 나는 문득 몸에 한기가 스치는 것을 느꼈다. 순간, 위를 올려다 보니 몸을 웅크린 채 뛰어오를 준비를 하는 퓨마가 보였다. 그리고 바로 다음 순간,

퓨마는 나를 향해 뛰어올랐다. 나는 절벽 가까이로 급히 몸을 던졌다. 퓨마는 내가 서 있던 곳 너머에 착지했다. 흑표범은 번개처럼 뛰어올라 퓨마를 덮쳤고, 둘은 죽음의 싸움을 시작했다.

그 뒤에 일어난 싸움이 얼마나 공포스러웠는지는 말로 다 표현할 수도 없다. 둘은 포효하고, 구르고, 서로를 찢고 할퀴었다. 퓨마는 덩치가 상당히 육중했기 때문에 한동안은 이 싸움이 퓨마에게 훨씬 더 유리한 것처럼 보였다. 하지만 퓨마보다 더 재빨랐던 흑표범은 마침내 우위를 차지했다. 싸움은 아주 잠깐 멈췄다. 하지만 흑표범은 곧장 기회를 포착하고는 퓨마의 등에 풀쩍 뛰어올라 귀 뒤쪽에 이빨을 박았다.

흑표범의 힘은 실로 대단했다. 구르고 비튼 지 몇 초 지났을까, 퓨마의 발버둥은 점점 약해지고 있었다. 마침내 그들의 싸움은 완전히 끝이 났다. 흑표범은 옆구리가 심하게 찢어진 채 나에게 휘청거리며 걸어왔다. 그는 나를 올려다보았는데, 아까의 사나움은 온데간데없는 눈빛이었다. 그의 생명이 빠르게 꺼져가고 있었다. 흑표범은 잠시 만족스러운 표정을 짓더니 갑자기 구슬프게 울부짖었다. 그러고는 내 발치에 쓰러져 죽었다.

친구를 잃어버린 나는 꼼짝 않고 서서 조용히 눈물을

흘리고 있었다. 흑표범에게 거의 인간 친구만큼의 정이 들어버렸기 때문이다. 다음 순간, 앞을 보니 세인트 저메인이 서 있었다.

"사랑하는 내 형제여, 슬퍼하거나 낙담하지 말기를." 그가 말했다. "흑표범의 의식의 파동은 네가 그와 나눴던 유대로 인해 엄청나게 고양되었단다. 그래서 더 이상 현재의 몸 안에 남아 있을 수 없었던 거야. 위대한 우주의 법칙은 흑표범에게 네게 봉사할 것을 요구했어. 그래서 그는 네 목숨을 구함으로써 네게 사랑을 준 거란다. 걱정하지 말렴. 모든 게 잘 된 거야." 세인트 저메인은 오른손 엄지로 내 이마를 건드렸다.

"편히 있으렴." 그가 말했다. 나는 엄청난 슬픔이 사라지는 것을 느낄 수 있었고, 그 감정에서 완전히 벗어났다. "위대한 우주의 법칙은 항상 정확하단다. 주지 않으면 받을 수 없고, 받지 않으면 줄 수도 없는 거야. 생명의 위대한 균형은 이렇게 유지되는 거란다.

너는 광산에서 봉사를 행했고, 그 당시 침착함을 유지하고 있었지. 진심으로 축하한다. 그 과정에 엮였던 사람들 모두는 인류를 위한 위대한 봉사자들이 될 거야.

곧 너는 지금까지 행했던 것보다 훨씬 더 큰 봉사의 요청을 받게 될 거란다. 항상 기억하렴. 네 몸과 마음은 그저 통로(channel)일 뿐이며 행위하시는 것은 하나님의 권능과 지성이라는 것을. 이를 직접 경험할 때까지는 언제든 너를 통해 표현될 수 있는 무한한 하나님의 권능을 끊임없이 묵상하렴."

나는 부분적인 진리를 말하는 수많은 채널링들에 대해 상승 마스터들은 어떤 생각을 가지고 있는지 그에게 물었다. 그는 이렇게 대답했다.

"세상에는 진실한 채널러도 많단다. 어떤 채널러는 다른 채널러보다 더 깊은 앎을 지니고 있기도 하지. 그들은 모두 자신이 현재 지니고 있는 앎을 가지고 능력껏 봉사하고 있는 하나님의 자녀들이야. 우리는 그 누구도 심판하지 않는단다. 우리는 오직 하나님만이 모든 것을 표현하신다는 것을 알고, 그러한 사실만을 보고 있어. 우리는 어떤 활동이든 모두 축복해주려 한다. 우리는 그러한 활동을 통해 방사되는 '내적 빛'을 보는데, 이 빛으로 인해 그들이 진리를 말하고 있는지 아닌지 한 치의 실수도 없이 알 수 있단다.

이것은 개인에게도 똑같이 적용된단다. 상승 마스터 예수 그리스도의 이름으로 봉사하는 사람들은 언제나 보통의 것보다 훨씬 큰 힘을 받게 되지." 우리가 어느 정도 걸었을 때, 그는 이렇게 말했다.

"이리 오렴. 내가 집까지 데려다주마. 내 어깨에 팔을 둘러보렴." 그의 말에 따른 나는 내 몸이 땅에서 떠오르는 것을 느꼈다. 잠시 후, 나는 오두막의 방 안에 세인트 저메인과 함께 나란히 서 있었다. 그는 놀란 나를 보며 미소지었다.

"일주일 안에 우리의 만남 장소에서 다시 보자꾸나." 그가 말했다. "그때 이 지역에서의 우리 일을 끝마치게 될 거야." 그는 미소를 지으며 정중하게 고개를 숙여 인사한 뒤 천천히 시야에서 사라졌다. 그가 서서히 사라지면서 마지막으로 보였던 것은 경탄할 만큼 아름다운, 나를 향해 미소 짓는 그의 눈이었다.

나는 다가올 봉사를 위해 '내면의 위대한 신적 현존'을 매일 묵상했다. 그러면서 외적 조건이 내게 영향을 끼칠 수 없도록 — 그 어떤 것들이 나타나더라도 — '그 현존에만' 주의를 집중하는 것이 얼마나 중요한 것인지를 점점 더 여실히 깨달았다. 한 번은 세인트 저메인이 나와 대화하던 중에 내 외적 자아를 조화롭게 유지하는 것이 극히 중요하다고 특히나 강조한 적이 있었다. 그는 이에 대해 다음과 같이 말했다.

"애야, 너는 외적 자아의 조화가 얼마나 중요한 것인지를 모르고 있단다. 외적 자아의 조화는 내적 완전성과 권능이 너의 외적 삶 속에서 '충만히' 나타나는 데 있어서 극히 중요한 것이야. 개인적 자아 속에 평화, 사랑, 평정의 '느낌'을 유지하는 것이 얼마나 중요한 것인지는 아무리 강조해도 지나치지 않아. 그러한 느낌을 유지할 수 있게 되면 '내면의 전능한 신적 현존'은 즉시 그 어떤 한계도 없이 행위할 수 있기 때문이란다.

모든 사람, 모든 것들에게 무조건적인 평화와 신성한 사랑의 '감정'을 부단히 쏟아내는 것은 — 그들이 사랑받을 만한 가치가 있다고 생각하든 아니든 — 신성에 대한 자각의 문을 열어 엄청난 '내면의 신적 권능'을 즉시 해방시켜주는 마법의 열쇠라고 할 수 있단다. 이 '법칙'을 배운 자는 참으로 운이 좋은 사람이야. 이 법칙을 배운 사람은 그 '모든' 평화와 사랑이 '되려고' 노력하기 때문이지. 내재하신 신성에 대한 자각과 외적 자아의 조화 없이는 인류가 그 어떤 선한 것도 가질 수 없지만, 이를 올바로 자각한 이는 모든 '완전한' 것들을 가지게 돼. 조화는 요체(Keynote)이자 '생명의 위대한 그리고 유일한 법칙'이란다. 조화 위에 창조의 모든 완전성이 나타나므로, 조화가 없다면 모든 형상들은 와해되어 거대한 보편 빛의 대양으로 돌아가버린단다."

일주일간 나는 명상에 많은 시간을 썼다. 나는 내 안에서 점점 더 큰 평화를 느낄 수 있었고, 엿새째에는 내 의식

전체가 거대하고 잔잔한 바다처럼 느껴졌다.

일주일째 되던 날 아침, 나는 새벽 4시에 오두막을 떠나 10시 반쯤 약속 장소에 도착했다. 나는 고무된 기분으로 통나무 위에 앉아 기다리고 있었는데, 이러한 기분은 그간 했던 명상의 결과였다. 나는 내 신적 자아에 대한 사색에 깊이 빠져 있느라 어떤 목소리가 내게 말을 걸기 전까지는 누가 다가오는지도 모르고 있었다.

고개를 들어 보니 흰 머리에 수염을 기른 노인이 서 있었다. 처음에 나는 그 노인이 탐광꾼인 줄 알았다. 하지만 그렇다기엔 그의 옷이 너무나도 깨끗했다. 그가 내게 다가와 손을 내밀었을 때, 나는 완전히 확신할 수 있었다. ― 그는 노동자가 아니었다. 우리는 인사를 하고 잠시 이런저런 가벼운 이야기를 나누었다. 그는 내 쪽으로 돌아서서 이렇게 말했다.

"친구여, 당신에게 이야기를 하나 들려주고 싶습니다. 듣는 데 오래 걸리지는 않을 겁니다. 오랫동안 아무에게도 꺼내지 않은 이야기지요. 하지만 이제는 이 이야기를 다시 한번 꺼내보고 싶습니다."

그의 말에 나는 큰 흥미가 갔다. 그리고 그가 목이 마를 수도 있겠다는 생각이 들어서 내가 가지고 있던 컵을 찾았다. 그런데 그 순간 세인트 저메인이 내게 여러 번 내밀어주었던 그 크리스털 컵이 내 손에 물질화되어 나타났고, 나는 그에게 그 컵을 내밀었다. 노인은 흥분하며 나를 반짝이는 눈으로 올려다보았다. 그리고 거의 소리치듯 말했다.

"당신이 그 사람이군요! 그 사람!"

나는 뭘 어떻게 해야 할지 모르겠어서 그저 그것을 마시라고 권했다. 내가 컵 안을 들여다보자 그 안에는 마스터가 나에게 주었던 것과 똑같은, 맑은 탄산 액체가 들어 있었다. 노인은 컵을 감격스레 움켜쥐고서 내가 한 번도 본 적 없을 정도의 깊은 감사의 표정을 짓더니 그 액체를 마셨다. 그는 즉시 고요하고 차분해졌다. 하지만 동시에, 깊은 침착함도 보였다. 나는 아까의 얘기를 이어, 그에게 이야기를 들려달라고 말했다. 그는 다음과 같이 말했다.

"내 아버지는 인도 펀자브^{Punjab}에 주둔하던 영국 장교셨고, 우리는 그곳에서 살았습니다. 내가 열여섯 살이 되던 해, 아버지는 다이아몬드 광산을 찾아 남아프리카로 떠난 친구에게 자금을 대주었죠. 하지만 아버지는 그 후로 그 친구에게 아무런 소식을 듣지 못했습니다.

그리고 내가 스무 살이 되던 해, 키가 크고 잘생긴 어떤 사람이 우리 집으로 아버지를 찾아왔습니다. 그는 엄청난 지혜를 지니고 있었죠.

그는 이렇게 말했습니다. '저는 당신께 소식을 전하러 왔습니다. 4년 전 당신이 자금을 대주었던 그 친구에 대한 소식입니다. 그 사람은 광산 사업으로 엄청난 성공을 거뒀고, 큰 부자가 되었습니다. 최근 그는 광산에서 죽음을 맞이했는데, 그에게는 가족이나 친척이 없었습니다. 그의 전 재산은 당신 앞으로 남겨졌고, 만일 당신이 사망한다면 당신 아들에게 그 재산이 갈 겁니다. 원하신다면 제가 그 일을 맡아서 한 번에 상속 절차를 진행해 드리겠습니다.'

아버지는 그에게 이렇게 대답하셨습니다. '저는 지금 인도를 떠날 수 없는 상황입니다. 정부 업무를 수행 중이라서요. 저를 위해 일을 처리해주신다니 감사할 따름입니다.' 나는 아버지가 그와 대화를 나누는 동안 근처에 서 있었습니다. 마침내 대화가 끝나고, 그 남성은 나갈 채비를 하면서 내게 이렇게 말했습니다.

'애야, 너는 언젠가 탄산 액체를 크리스털 컵에 담아 건네주는 사람을 만나게 될 거야. 그 사람이 네 육체적 몸의 상승을 도와줄 거란다. 북미의 큰 산에서 그를 만날 수 있을 거야. 이 이상은 말해줄 수가 없구나. 지금으로선 이게 막연한 말처럼 들릴지라도 이게 내가 해줄 수 있는 말의 전부란다.'

남자가 떠나고 한 달 뒤, 현지인들과 어떤 정부 사안들을 조정하기 위해 떠나신 아버지는 집에 돌아오시지도 못하고 총에 맞아 돌아가셨습니다. 저는 외아들이었고, 아버지가 돌아가신 지 한 달 후 어머니와 함께 영국으로 돌아갈 준비를 했습니다. 그런데 우리가 인도를 떠나기 바로 직전, 그 남자가 다시 우리를 찾아와 아버지의 재산을 저에게 넘길 준비가 다 되었다고 말하더군요. 나는 그에게 아버지가 총에 맞아 돌아가셨다고 설명했습니다. 남자는 이렇게 대답했습니다.

'그래, 안다. 두 달 전 나는 너희 집을 나서면서 내가 다시 돌아오기 전에 너희 아버지가 돌아가실 걸 알고 있었단다. 그래서 나는 너에게 그 재산이 상속되도록 조치했고, 재산은 잉글랜드 은행(Bank of England)에 입금될 거야. 여기, 집으로 돌아가는 길에 쓸 돈을 좀 가져왔단다. 은행에서 요구할 상속 서류와 증명서도 가져왔어. 이것들을 내면 재산권을 얻을 수 있을 거야. 재산권 대부분은 최상급 다이아몬드에 대한 것들이란다.' 나는 그분께 감사하며 그가 해준 일에 대한 보수를 드리겠다고 했지만, 그는 이렇게 대답했습니다.

'네 마음은 정말 고맙지만 나는 이미 내 몫을 받았단다. 봄베이(Bombay)에서 증기선을 타러 떠날 때 나도 함께 가마.'

영국으로 향하는 여행 중, 나는 그가 위대한 지혜를 지닌 이라는 것을 알게 되었습니다. 그의 옆에 있으면 나는 한갓 젖먹이에 불과한 기분이었죠. 지금 와서 알게 된 거지만, 그는 나를 광휘로 감싸주었으며 그 광휘는 수년간 내 옆을 지켜주었습니다. 그는 우리와 함께 배에 탄 후 마지막으로 내게 이렇게 말했습니다.

'크리스털 컵을 기억하렴. 구하면 찾게 될 거야.'

정말로 아름다웠던 그 여행을 뒤로하고, 우리는 사우샘프턴Southampton을 거쳐 런던에 도착했습니다. 그리고 잉글랜드 은행에 증명서를 제출했죠. 내가 서류를 제출하자 은행 직원은 이렇게 말했습니다.

'네, 오늘 고객님이 오실 줄 알고 있었습니다. 여기, 돈과 수표장을 받으세요.' 나는 내 재산이 얼마나 되는지를 보고서 깜짝 놀랐습니다. 내게는 10만 파운드라는 재산이 있었습니다.

5년 후, 어머니가 돌아가셨습니다. 나는 내 재산의 절반을 뉴욕의 한 은행으로 이체하고 '크리스털 컵의 그 남자'를 찾아 헤맸습니다. 그러면서 내가 겪은 실망감, 시련, 비애는 말도 못합니다. 하지만 그런데도 왠지 나는 포기할 수가 없었습니다. 내가 정말 이상하다고 생각하는 건 이겁니다. ─ 내 외적 모습은 계속 늙어가고 있지만 어떨 때는 내 에너지와 힘이 한창 젊었을 때보다도 더 크다는 겁니다.

이제 내 나이 칠순입니다. 오늘 나는 그냥 길을 따라 산책하면서 하나님을 찬양하고 싶었습니다. 산책을 하고 싶다는 내 열망은 너무 강해서 거의 억누를 수가 없을 정도였습니다. 그러다가 당신을 발견했죠."

"하지만 선생님, 제가 선생님을 위해 어떤 일을 해드릴 수 있을까요?"

"곧 알게 되실 겁니다." 노인이 대답했다. "나는 내가 결코 실수하지 않는다는 것을 알고 있으니까요. 이 장엄한 산의 중심부에는 엄청난 힘이 있습니다. 나는 그걸 느낄 수 있어요. 하나님께 무엇을 해야 하는지 알려달라고 요청해보세요."

순간, '전능하신 하나님의 권능'이 너무 강하게 솟구쳐 올라와서 거의 땅 위로 떠오를 뻔했다. 나는 세인트 저메인이 가르쳐준 특정한 표식을 만들어 보이면서 하나님께 **빛**을 구했다. 나는 손을 들어 경례하면서 이렇게 말했다.

"인간 안에 내재한 전능하신 하나님과 우주시여! 우리는 당신의 빛을 구하고 있습니다! 우리는 당신의 지혜를 구하고 있습니다! 우리는 당신의 권능을 구하고 있습니다! 이 형제는 저를 만나기를 고대해왔고, 마침내 저를 찾았습니다. 하지만 저는 이 형제를 위해 무엇을 해야 하는지 모르니 당신의 뜻이 이 형제 안에서, 이 형제를 위해 이루어지게 하소서! 당신께서는 알고 계십니다! 제 몸과 마음을 통해 당신의 뜻을 나타내주시고, 당신의 아들인 이 형제를 위해 계획된 것이 무엇이든 지금 이루어지게 해주소서!"

내가 손을 내렸을 때, 내 손에는 '살아 있는 액체 형태의 빛'이 담긴 크리스털 컵이 쥐어져 있었다. 나는 그것을 그에게 주었고, 내 전능한 신적 자아가 말하기 시작했다.

"두려워하지 말고 마시라. 너의 구함은 이제 끝이 났다."

그는 조금의 망설임도 없이 그것을 마셨다. 나는 재빨리 그의 두 손을 꼭 쥐었다. 천천히, 하지만 계속해서 모든 세월의 흔적이 그에게서 사라지고 있었다. 내 안의 하나님께서는 이렇게 말을 이었다.

"보라! 그대는 이 지상의 한계에서 영원히 자유로울 것이다. 이제 그대를 기다리고 있는 '위대한 빛의 영단'으로 상승하라."

아주 천천히 그는 땅에서 떠오르기 시작했다. 그러면서 그가 원래 입고 있던 옷들은 사라지고 하얗게 빛나는 의상이 그에게 입혀져 있었다. 나는 그의 손을 놓았다. 깊은 사랑의 목소리로 그가 말했다.

"사랑하는 형제여, 나는 그대에게 돌아올 것이다. 이 초월적인 봉사에 대한 보답을 받기를. 나를 위해 이 일을 할 수 있는 자는 오직 그대뿐이었다. 언젠가 그대는 그 이유를 알게 되리라." 남자는 행복한 미소를 지으며 환한 **빛**의 길을 따라 사라졌다.

내 안에 있는 전능한 신적 권능이 서서히 희미해지고 있었다. 나는 너무 놀라 무릎을 꿇고 이런 봉사를 할 수 있었다는 것에 대해 내 인생에서 가장 깊은 겸손, 감사, 찬양의 기도를 올렸다.

내가 일어났을 때, 마스터 세인트 저메인이 나타나 나를 안아주었다.

"사랑하는 형제여!" 그가 말했다. "정말 기쁘구나. 네 내면의 위대한 하나님을 향한 믿음과 봉사는 고귀하고 충실했어. 너는 네 안의 전능하신, '행위하시는 하나님'을 네 외적 자아의 체體 안에서 아주 잘 받아들였어. 진심으로 축하한다. 비록 네가 외적으로 항상 의식하지는 못할지라도, 너는 언제나 우리의 품에 안겨 보호되고 있을 거야.

너는 이제 대백색 형제단과 상승 영단의 훌륭한 '메신저'가 되었단다. 네 전능하신 신적 자아와 가까이 있으렴. 그러면 어디서든, 무엇이든 항상 봉사할 준비가 되어 있을 수 있을 거야. 우리가 다시 만날 때까지 내 사랑이 너를 감싸고 있을 거란다. 또 연락하마."

나는 천천히 오두막으로 돌아가는 길을 걸어갔다. 그리

고 한 발 한 발 걸을 때마다 우리 모두를 영원한 완전성으로 만들어주신 '전능하신 하나님'을 향해 찬양과 감사를 드렸다.

Venus Visits the Royal Teton

로열 티톤을 찾아온 금성인들

몇 주가 흐르고, 마스터 세인트 저메인이 1930년 12월 31일 아침에 찾아왔다.

"오늘 저녁 7시에 준비하렴." 그가 지시했다. "내가 너를 부르마. 가능한 한 모든 의식을 네 내면에 계신 창조주 하나님에 대한 영광에 집중하렴. 그러면 이 신성한 날에 네가 받을 수 있도록 계획된 모든 유익을 받을 수 있을 거야. 너의 쌍둥이 광선과 아들을 기억하렴. 너희 셋은 오늘 밤 있을 로열 티톤 형제단의 신년회에 참석하는 영광스러운 손님이 될 거니까 말이야."

나는 그날의 남은 시간을 깊은 명상으로 보냈다. 그는 7시에 도착했다. 나는 이미 내 육체를 침대에 눕혀두었기 때문에 더 높은 파동을 지닌 몸으로 의식을 투사시켜 나아갔다.

"오늘 밤, 7만 년이 넘는 시간 동안 해내지 못했던 실험이 이루어질 거란다." 그가 말했다. "모든 게 잘 준비되었기 때문에 이번에는 이 실험이 성공할 거라는 완전한 자신을 갖고 있어. 자, 가자."

비록 내가 제대로 인식하지는 못했지만, 우리는 엄청난 속도로 이동했다. 그리고 곧 우리는 로열 티톤 꼭대기에 서 있었다. 두껍게 쌓여 있는 그곳의 눈은 수백만 개의 다이아몬드처럼 반짝거리며 달빛을 반사하고 있었다. 우리는 엘리베이터 쪽으로 다가갔는데, 적어도 엘리베이터 주변 30미터 반경은 빈터였다. 엘리베이터 주변의 공터에 발을 들이니 따뜻하고 편안한 분위기가 느껴졌다. 우리는 신년 행사에 참석한 사람들을 위해 열려 있는 입구를 통해 들어갔다.

세인트 저메인과 나는 거대한 홀에 들어갔다. 나는 아멘 베이의 안내를 받아 그곳에 먼저 도착해 있던 로터스와 아들을 만날 수 있었다. 이때 우리는 정말 큰 기쁨을 느꼈다. 왜냐하면 우리는 물리적인 차원에서 2년 동안 함께하지 못하고 있던 상황이었기 때문이다. 이 시간 동안 우리는 각자 몸 밖에서 활동할 때도 자기만의 개인적인 사명을 위해 활동을 하느라 바빴고, 이런 활동 때문에 내적 수준에서 서로 다른 파동의 차원에서 있어야만 했다.

이 거대한 홀에는 불이 환하게 밝혀져 있었고, 장미와 연꽃의 아름다운 향기가 진동하고 있었다. 정말 듣기 좋고 기분 좋은 음악이 어딜 가나 흘러나오고 있었다. 이미 도착한 사람도 많았지만 계속해서 새로운 사람들이 방으로 들어오고 있었다.

홀 중앙에는 황금색 천으로 덮인 큰 물체가 있었다. 하지만 그에 대한 설명이 주어지지는 않았기에 우리는 그저 침묵을 지키고 있었다. 세인트 저메인은 우리를 손님들에게 소개하고는 희귀한 악기들로 가득한 방으로 안내했다. 우리는 그곳에서 거대한 파이프 오르간을 보았다. 그리고 금 기둥과 진주 같은 물질로 만들어진 네 대의 하프도 보았다. 하프의 공명통과 그 위쪽 부분은 하얀 금속으로 만들어져 있었다. 하프의 고음 현은 은으로, 저음 현은 금으로 만들어져 있었다. 이 하프는 금속, 나무, 인간의 목소리가 합쳐진 듯한 음색을 냈다. 이 악기들이 어떤 음색을 가지고 있는지 알려면 직접 들어보는 수밖에 없다. 이것들은 외적 세계, 그러니까 서양에서 사용되었던 그 어떤 악기 소리와도 같지 않았기 때문이다. 이 특이한 물질들로 이루어진 악기의 소리는 훌륭한 음색을 가진 인도 악기인 에스

라즈^{esraj} 소리와도 비슷하다.

우리는 진주 같은 물질로 만들어진 네 대의 바이올린도 보았다. 그 바이올린의 울림은 나무로 만든 것과는 차원이 달랐다. 바이올린의 현도 금과 은으로 만들어져 있었는데, 형용할 수 없을 정도로 아름다운 소리가 났다. 우리는 그 날 저녁 늦게 이 악기들의 연주를 들을 것이었다.

다시 거대한 홀로 돌아온 후, 세인트 저메인은 로터스와 아들에게 아름다운 초상화를 보여주었다. 최근 멕시코 오악사카의 미틀라 신전에서 가져온 것들이었다. 그는 그들을 기록실로 안내했고, 그들은 그곳에서 내가 세인트 저메인과 함께 이미 본 바 있는 자료들을 보았다.

로열 티톤의 모든 멤버들은 신년회 동안 행해질 작업을 위해 아름다운 소재의 금색 로브를 입었다. 로브 왼쪽 가슴에는 형제단의 상징이 수놓아져 있었는데, 남색 벨벳 같아 보였다. ─ 우주 거울(Cosmic Mirror)을 형성하고 있는 거대한 판과 같은 색이었다.

멤버들은 일흔 명의 남성과 서른다섯 명의 여성으로 이루어져 있었고, 모임을 주재하는 마스터는 이 은둔처를 담당하는 신성한 형제인 란토^{Lanto}였다. 로열 티톤에 속한 형제단의 멤버들이 모두 모이자 그가 앞으로 나와 그들에게 말했다.

"현재 시각은 11시로, 명상할 시간이 다 되었습니다. 지금부터 30분간 '위대한 빛'을 경배하고 우리 자신의 신성과 **하나됨**을 느껴봅시다. 그리고 그다음 30분 동안은 우리 지구와 금성의 **일체성**에 의식을 집중하겠습니다. 모두 각자의 자리로 가서 방 중앙에 타원형을 만듭시다."

한 시간 동안 106명의 이 금빛 인물들은 한 호흡으로 합쳐진 것처럼 보였고, 완벽한 화합을 이루고 있었다. 명상이 거의 다 끝나갈 무렵, 갑자기 환희의 음악 소리가 그 큰 홀을 가득 채웠다. 란토는 거대한 거울 앞으로 걸어갔다.

그가 두 손을 뻗자 거울 앞으로 '엄청난 빛의 불꽃'이 번쩍였다. 거울에는 멀리 떨어져 있는 한 무리의 사람들이 비쳐지고 있었다. 그들은 금색, 장미색, 보라색 **빛**에 둘러싸여 있었는데, 그 아름다움과 광휘에 눈이 부실 정도였다. 그들이 더 가까이 다가오자 경이롭고 눈부신, 똑같은 색깔들이 거대한 홀을 가득 채우면서 모두에게 엄청난 의식의 고양과 권능의 느낌을 선사했다.

이내 금성에서 온 열두 명의 손님들이 우리들 가운데 서 있었다. 그들은 말로는 도저히 표현할 수 없을 정도로 '반짝반짝 빛나는 하얀' 로브를 입고 있었다. 이 그룹은 일곱 명의 남성과 다섯 명의 여성으로 이루어져 있었는데, 그들 모두 외모가 극도로 아름다웠다.

남성 중 여섯 명은 신장이 최소 193센티미터는 되어 보였고 나머지 한 명의 남성은 그보다 5센티미터는 족히 더 커 보였다. 여성들의 키는 대략 177센티미터였다. 키가 큰 마스터 한 명을 제외하면 그들 모두 밝은 갈색의 머리를 가지고 있었는데, 키가 큰 마스터는 눈부시게 아름다운 금발 머리였다. 그들의 밝고 예리한 청보랏빛 눈은 정말 아름답고 매력적이었다.

키 큰 마스터가 오른손 손가락 끝으로 가슴과 이마를 짚으며 란토 앞에서 고개를 숙이며 동양식 인사를 했다. 다른 사람들도 앞으로 나와 그에게 인사하며 자신들을 소개했다. 란토는 간략한 환영의 말을 했는데, 그중 내가 기록을 허락받은 것은 다음의 구절들뿐이다.

"지고하신 창조주 하나님과 여기 참석한 대백색 형제단의 **현존** 속에서, 금성에서 온 이 열두 명의 손님들은 '로열 티톤 형제단의 일원'이 되었습니다."

키 큰 마스터가 이날 저녁의 주재 마스터가 되었다. 그는 환영에 감사해하며 방의 중앙으로 걸어가 물체를 가리고 있던 금색 천을 벗겼다.

아! 우리 앞에는 세 개의 크리스털 관이 놓여 있었다. 그 안에는 여전히 로터스와 아들, 그리고 나의 육체가 보존되어 있었다. 그 몸들은 완벽하게 건강해 보였으며 얼굴에 붉은 홍조를 띠고 있었다. 마치 잠들어 있는 육체 같았다. 주재 마스터가 우리를 돌아보며 말했다.

"준비되셨나요?" 우리는 그렇다고 대답했다.

"그렇다면 관 옆에 서주세요." 그가 지시했다.

우리는 그에 따랐고, 즉시 신비로운 광휘가 나타나 우리와 그 몸들 가까이 모여들기 시작했다. 이 광휘의 진동은 우리가 외적 시야에 보이지 않을 정도까지 빠르게 증가했다. 잠시 후, 광휘가 약해졌다. 그 순간 놀랍게도 관은 텅 비어 있었고 우리는 그 육체들을 입고 있었다. 이 몸들은 아주 오래전 우리가 따로 놓아두었던, 몇 세기 동안 생명의 불꽃으로 인해 유지되고 정화되어온 몸들이었다.

이 변화는 정말로 놀라웠고, 묘사할 수도 없을 정도의 느낌을 주었다. 왜냐하면 우리도 독자 여러분만큼이나 깜짝 놀랐기 때문이다. 우리의 인간적인 부분은 ─ 심지어 그것의 가장 뛰어난 부분일지라도 ─ 우리 주변의 모든 곳에 항상 존재하고 있는 엄청난 경이에 대해서 그리고 생명의 모든 차원 속에 존재해 있는, 모든 것이 가능한 무한한 가능성들에 대해서는 거의 알지 못한다. 우리가 더욱더 우리의 신성에 대한 자각과 사랑 속에서 살게 되면 모든 창조 속에 있는 이러한 경이들은 우리의 개인적인 삶 속에서 그 모습을 더 잘 드러내게 될 것이다.

실험은 성공적으로 끝났다. 우리는 형제자매들 사이를 돌아다니며 이야기를 나누었고, 모두가 이 성취를 축하해 주었다. 그들은 이 기이한 실험이 실제로 이루어졌다는 것에 대단히 기뻐했다. 많은 이들은 이 고대부터 유지되어 오던 몸들이 금성에서 온 손님들의 몸과 정말 닮았다고 언급했다.

크리스털 관은 원래 있던 방으로 옮겨졌고, 훌륭한 악기들이 홀로 옮겨졌다. 세인트 저메인은 맨 첫 번째로 그가 '미래의 가슴들'(Hearts of the Future)이라고 부르는 곡을 거대한 오르간으로 연주했다. 내가 보기에 그것은 지구상의 오르간 음악 중 가장 우아하고 다채로운 동시에 강렬한 음악이었다. 그가 연주를 하는 동안, 아름다운 색깔들과 찬란한 과거의 장면들이 이 거대한 홀의 대기 중에 쏟아져 들어왔다. 다음 차례는 그룹 연주였다. 마스터 세인트 저메인은 오르간을, 금성에서 온 세 명의 여성 마스터들과 로터스는 네 대의 하프를 연주했다. 금성에서 온 두 남성과 나, 그리고 우리 아들이 네 대의 바이올린을 연주했다. 모두가 준비된 바로 그때였다. 세인트 저메인이 서곡을 연주하자 오르간 위에 '기쁨에 잠긴 영혼들'(Souls in Ecstasy)이라는 문구가 번득였다. 모두들 그 멋진 음악의 기쁨과 충만함 속으로 깊이 빠져들었다. 이 음악의 힘과 진동은 너무나 방대해서, 그것의 아름다움과 영광이 전 인류를 고양시켜 신적 의식에 가닿게 하기에 충분할 정도였다. — 그렇다. 지구 그 자체가 영원한 완전성으로 고양될 정도였다.

이와 동일한, 엄청난 힘을 지닌 연주가 네 차례 더 있었다. 로열 티톤 산이 그 웅장한 힘에 떠오르는 것처럼 느껴질 정도로 모든 곳을 고양시키고 조화시키는 힘이었다. 음악이 끝날 때쯤, 악기들은 다시 원래 있던 방으로 돌려보내졌고 주재 마스터는 거대한 거울 앞에 반듯하게 앉아 있었다. 그가 지구의 삼각형 지점에 자리를 잡자 금성의 경이로운 장면들이 나타나기 시작했다. — 그는 자명하지 않은 것들에 대한 모든 세부사항들을 설명해주었다.

나는 그 장면들을 통해 금성의 교육체제를 엿볼 수 있는 천문 기구들을 보았다. 이러한 기구들의 완벽함은 오늘날의 과학계를 깜짝 놀라게 할 정도였다. 또, 지질학자들이 금성과 지구 모두의 지층을 탐사할 때 쓰는 장비도 볼 수 있었다. 우리는 금성의 발명가들과 그들의 몇 가지 엄청난 발견들이 우리의 가장 허황된 상상을 초월한 수준이라는 것을 알 수 있었다.

"이 발명품들 대부분이 지금 우리가 진입해가고 있는 황금 크리스털 시대의 지구에서 쓰이게 될 것입니다." 마스터가 설명했다.

나는 지구에서 사용될 주요 발명품 중 일부에 대한 설명을 들을 수 있었다. 인류가 그 발명품들을 볼 수 있었다면 미래에 대한 엄청난 힘과 용기를 얻었을 것이다. 허락을 받을 수만 있다면 금성의 이러한 장면들은 나중에 별도의 작업으로 옮겨서 설명할 수 있을지도 모른다. 금성의 장면들이 모두 끝나고, 스크린에 지구의 장면들이 떠올랐다. 향후 70년간 많은 변화가 일어날 것으로 보였다. 이는 유럽, 아시아, 인도, 북미와 남미에 영향을 미쳤는데 우리는 현재의 어떤 정세와도 상관없이 이 세상 전체에 파멸과 혼란을 창조하려 하는 사악한 세력이 완전히 소멸될 것임을 볼 수 있었다. 그리고 이것이 성취되었을 때, 대부분의 인류는 각자의 가슴 안에 내재하시는 동시에 우리 우주를 주재하시는 '위대한 신적 현존'으로 돌아서게 될 것이었다. "땅에는 평화가 있을 것이며 인간은 다른 인간에게 선의를 보내리라."* 이 계시는 놀라운 것이었다.

이어서 마지막 장면이 나왔는데, 이는 주로 다음 세기의 미국과 관련된 것이었다. 미국이 앞으로 만들어갈 발전과 진전은 믿기 힘들 정도였다.

이것들은 전부 진실이다. 왜냐하면 '위대한 하나님의 법

---

* 누가복음 2장 14절.

칙'은 절대 실수하지 않기 때문이며, 새해의 밤에 나타난 계시들은 하나님의 영원하고도 진실한 기록들이기 때문이다.

어떤 위대한 영혼들이 깨어나 그 의식이 고양되어서 상승 영단에 들어간 후 이 위대한 인류의 진보를 이끌게 될 것이 보여졌다. 주재 마스터는 참석자들에게 '신성한 쿠마라들**'의 존재를 상기시켰다. 그리고 사랑과 경의가 가득한 목소리로 그들에게 다음과 같은 헌사를 바쳤다.

"일곱 쿠마라들은 내적 차원의 진리의 학생들에게 금성에서 온 '불꽃의 주님들'이라고 알려져 있습니다. 이들은 실제로 우리 태양계 안에서 그들 자신의 자유의지로 지구

** Kumara: 쿠마라는 금성에서 오신 빛의 사절단을 일컫는다. 수십만 년 전 인류가 우주의 중심 태양에서 태어나 새로 자유의지를 부여받은 영혼들로서 지구에서 자신들의 진화 여정을 시작했을 때, 인류는 영적으로 너무나 어린 상태였기에 쉽게 영적 타락에 빠져버렸다고 한다. 육적 자아와 완전히 동일시된 의식상태에서 지구 인류는 아무리 환생을 반복해도 이기심, 질투, 욕망, 지배 욕구, 게으름, 나태함에 빠져서 스스로의 힘으로는 도저히 빠져나올 수 없는 동물 의식에 가까운 삶을 살아가고 있었다. 지구상의 모든 신성의 빛이 꺼진 상태에서 인류의 진화가 막다른 지점에 이르자, 학교로서의 지구의 역할이 지속되는 것이 옳은 결정인지 우리가 속한 은하 영단에 의해 평가받게 되었다고 한다. 이때, 금성에서 세계의 주님(Lord of the World) 역할을 하고 계시던 사나트 쿠마라Sanat Kumara께서 그 제자들인 여러 쿠마라들과 함께 지구로 오셔서 지구의 어린 영혼들이 영적 성장을 지속할 수 있도록 봉사하겠다고 선언했다. 그는 지구 인류가 방사하고 있었던 모든 부정적 상념과 파괴적 진동들을 상쇄시킬 정도의 강력한 신성의 빛을 방사함으로써 지구의 인류와 문명이 우주의 거울 원리에 의해 파괴되지 않고 느리지만 계속 성장 과정을 걸을 수 있도록 큰 은혜를 베풀어주셨다.

의 자녀들을 지키고 그들의 성장과 성숙 과정을 돕기 위해 무한한 사랑으로 헌신하겠다고 약속한 유일한 존재들입니다. 그들은 지구의 성장이 가장 위태로운 시기에 지구를 찾아와 '초월적인 도움'을 주었습니다. 이것은 한 행성과 그 행성에 존재하는 인류의 성장 과정에 있어 가장 위험했던 입문의 시기였습니다. 그러나 쿠마라들의 보호와 안내를 통해 그 목표는 성취되었고 인류는 '더 높은 진화를 향한 목표'를 향해 나아갈 수 있게 되었습니다.

2,500년마다 쿠마라들이 엄청난 우주의 사랑, 지혜, 에너지를 방출한다는 것은 많은 형제들이 잘 이해하고 있는 사실입니다. 이 강렬한 빛과 초월적 광휘는 지구와 지구인들을 채우고 모든 만물에 스며들게 되는데, 이것은 '엄청난 상승 과정'이며 인류뿐 아니라 지구 전체의 성장과 상향적 진화를 촉진합니다.

이러한 각각의 위대한 빛의 방출 전에는 보기 드문 물리적 격변과 전 지구적인 불안이 느껴집니다. 이러한 격변은 이전의 시대 동안에 축적되어온, 하나님의 법칙을 거스른 집단적 카르마에서 기인한 것입니다. 이런 부조화는 언제나 인류가 근원적인 '생명의 원칙'에서 멀어질 때 생겨납니다. 그리고 이렇게 창조된 인간의 내적 인식의 장애는 인류의 외적 활동들과 지구, 그리고 지구 대기권을 오염시킵니다.

이러한 것들을 씻어내 정화하고 인류를 다시 원래의 생명의 순수함으로 돌리려는 목적으로 이러한 전 지구적 격변이 일어나는 것입니다. 그리고 쿠마라들은 이러한 정화의 시기가 끝난 후, 지구의 자녀들의 의식을 밝히고 그들에게 높은 의식의 강력한 힘을 주는 엄청난 빛(LIGHT)을 방출합니다. 이는 궁극적으로 지구의 자녀들이 자신이 성취할 수 있는 최고의 성취를 이룰 수 있게 하려는 것입니다.

우리는 이러한 격변의 시기를 향해 가고 있습니다. 이번에는 전능한 빛의 광선들, 즉 위대한 우주적 사랑, 지혜, 에너지가 인류의 마음을 활성화시킬 뿐 아니라 지구의 원자 구조도 활성화시킬 것이며, 이로 인해 우리의 태양계에서 지구는 더 '밝게 빛날' 것입니다. 이 위대한 불꽃의 주님들이 지구로 온 이래로, 이번처럼 거대한 빛 방출의 조건들이 갖추어진 적은 없었습니다. 과거의 영적 무지와 부정적 활동들에 의해 이 빛을 느낄 수 없어진 것처럼 보이던 많은 사람들이 거의 하룻밤 사이에 깨어날 것이며, 위대한 내적 신성 현존과의 친밀감을 각자의 가슴 안에서 느끼게 될 것입니다. 온유하고 겸손하지만 '내적 현존'과 단단한 유대를 맺어왔던 많은 사람들은 갑자기 초월적인 빛을 방사함으로써 그들 자신과 다른 이들을 놀라게 할 것입니다. 모든 것은 신적 사랑(God Love)의 힘으로 이루어질 것이며,

인류는 하나님 창조물의 한 부분이 하나님의 다른 창조물과 전쟁을 벌이는 것이 어리석음의 극치라는 것을 진실로 깨닫기 시작할 것입니다.

자기 자신보다는 다른 이들을 축복하고자 하는 마음이 인류에게 자기도 모르게 일어나게 될 것입니다. 그리고 그들에게 이러한 **빛**을 보냄으로써 '완성의 길'로 가는 남은 부분들이 밝혀지게 됩니다.

자신만을 위하는 이기심이야말로 이 지구의 자녀들을 의식의 낮은 차원에 구속하며 그들을 심한 고통 속에 잡아둡니다. 이러한 구속과 고통은 지구상에 표현될 수 있도록 허락된 것입니다. 그러나 '그리스도의 빛'이 인류의 '가슴 안에 내재한 사랑의 빛'을 확장시킬 때, 이기심은 망각의 바다로 돌아가 사라질 것입니다.

거대한 변화, 자연적이고 물질적인 변화가 일어날 것입니다. **빛**의 거대한 두 중심이 인류에게 자신들의 축복을 쏟아 보내줄 것입니다. 그 중심 중 하나는 영광스럽게 빛나는 샴발라Shamballa의 **현존**에서 나오는 눈부신 광휘입니다. 그리고 나머지 하나는 미국에서 나타날 것인데, 아직까지 지구의 외적 채널들을 통해 밝혀지지 않은 곳, 아직 나타나지 않은 곳, 지금까지 존재하지 않는다고 생각해왔던 곳에서 나타날 것입니다.

지구의 자녀들을 돕는 위대한 상승 영단은 현재 지구를 돕고 있으며 지구에 강한 **빛**을 쏟아 부어주고 있습니다. 수백의 인류는 빠르게 상승하는 진동수로 인해 그들의 물리적 육체가 활성화되고 있음을 알게 될 것입니다. 이 과정이 끝나서 인간적이고 물리적인 한계와 부조화가 마치 해진 옷처럼 약해졌을 때, 빛의 자녀들은 눈에 보이는 가시적인 현실 속에서, 눈으로 볼 수 있고 만질 수도 있는 현실 안에서 '영원한 생명의 불꽃' 그리고 영원한 젊음 및 아름다움의 완전성과 마침내 '하나될' 것입니다.

사랑하는 지구의 자녀들이여, 여러분은 지금 한 시대의 문턱에 서 있습니다. 이 시대의 문은 '위대한 사랑의 존재들'에 의해 열려 있는 상태입니다. 이 사랑의 존재들은 여러분이 의식적으로 그들 옆에서 언제나 같이 빛의 길을 걷도록 여러분을 초대합니다. 외적 세계에서 어떤 활동이 일어나든지 그 현상에는 신경 쓰지 말고 이 **빛**과 함께 걷고, **빛** 안에서 걸으십시오. 이렇게 되면 당신은 한때 당신과 같은 길을 걸었던 **빛**의 마스터를 찾을 수 있을 것인데, 이 마스터들은 항상 '참된 진리로 가는 길'을 드러내면서, 당신 곁에서 당신을 지켜봐왔습니다.

사이클이 변하고, 우리는 새로운 신적 섭리의 시대 속으로 들어갑니다. 이 새로운 신적 섭리는 성취의 길을 걷는 이가 창조주 하나님의 가슴에서 나오는 '위대한 우주적 빛'과 '영구적으로 접촉'할 수 있도록 해주는 더 안전하고, 강력하고, 빠른 수단들을 여러분에게 가져다줍니다.

이 새로운 질서 속에서는 몸의 상위 센터(차크라 — 역주) 세 곳에 의식의 초점을 맞추고 그것을 유지하는 것이 초심자를 위한 훈련이 될 것입니다. 또, 초심자는 자신의 모든 작업을 이 세 지점에서 수행하게 될 것입니다. 오직 가슴, 목, 머리의 센터에서만 의식적인 숙고와 집중이 가능할 것입니다.

마스터가 되고자 하는 이는 이 상위 센터들에 의식을 집중하려 모든 노력을 쏟을 것입니다. 왜냐하면 오직 하위 센터들로부터 의식의 집중을 거둠으로써만이 그가 불행과 인간적 한계에서 벗어날 수 있기 때문입니다. 정수리 중앙이 인간의 몸에서 가장 높은 빛이 들어오는 초점인데, 위대한 창조의 근원에서 나온 '백광의 액체 빛'이 은줄(Silver Cord)을 통해 여기로 들어옵니다.

여기에 집중된 마음이 고정되어 흔들리지 않을 때, 영혼의 문이 열리고 순백색 빛의 삼중 활동이 태양신경총 바로 아래 허리를 감싸 인간의 동물적 본성에서 나온 파괴적 활동을 영원히 차단합니다. 이로써 그의 영혼은 완전한 신성 활동으로 도약할 수 있게 되고, 다시 한번 그 자신의 근원이 지닌 신적 완전성과 결합하게 됩니다. 그리고 그 후로는 영원히 모든 인간적 창조물, 즉 지구의 부조화를 넘어서 그것을 지배할 수 있는 마스터가 됩니다. 신실한 학생들은 머리 속에 있는 '황금색 빛'의 완전한 활동에 대해 자주 명상해야 하는데, 이는 황금색 빛이 외적 마음을 밝게 비춰주고 모든 선한 것들을 가르쳐주기 때문입니다. 이것은 '사람 안에 내재하시는 하나님의 빛'입니다. 인간은 자신의 모든 의식, 몸 그리고 세상을 이 빛이 가득 채우고 있음을 '느껴야' 합니다. 이것이 바로 '세상으로 들어오는 모든 사람을 밝혀주는 빛'입니다. 이 **빛**을 조금이라도 자신 안에 지니고 있지 않은 인간은 없습니다.

지상에는 빠르게 깨어나 이 신성한 '내적 빛'이 자신 안에서 마치 거대한 파도가 밀려오듯 밀려와 자신을 통해 밖으로 방사되고 있음을 느끼는 사람들이 많고, 이를 통해 이 신성의 빛은 더 넓고 장대한 표현을 찾게 됩니다. 만약 이들이 굳건하게 자기 자신을 조화로운 상태로 유지하고, 위축됨 없이 자신의 의식을 내면의 신적 자아에 집중하며, 이 눈부신 광휘의 '완전한 활동'을 허용하고 심상화한다면 그들은 백색 빛의 삼중 활동으로 그들 자신을 감쌀 수 있을 것입니다. 그리하여 그들의 의식은 부조화스러운 외부 세계의 창조들을 차단할 수 있게 됩니다.

사랑하는 형제자매 여러분, 매년 1월과 7월에 이곳 은 둔처에서 여러분을 만나는 것은 우리의 큰 기쁨이자 영광이 될 것입니다. 왜냐하면 모든 것을 다스리시는 하나님의 빛이 미국의 모든 곳에 쏟아 부어질 날이 머지않았기 때문입니다.

이제, 크리스털 관들을 들여올 동안 금성과 지구의 일체성에 대해, 그리고 형상을 지닌 모든 차원 속에 영원히 편재하고 계시는 신성에 대해 깊이 묵상합시다."

우리는 10분간 깊은 침묵을 지켰다. 그 후 주재 마스터가 우리 셋에게 관 옆에 서라고 지시했다. 그는 가슴과 머리의 표식을 만든 뒤 자신의 두 손을 가슴께에 교차시켜 '신적 현존'을 불렀다.

"우주와 만물을 창조하신 전능하신 창조주, 편재하시는 하나님이시여, 저희는 당신의 위대하고 은혜로운 현존이 나타나시길 기다리고 있습니다."

그러자 부드러운 장밋빛의 빛나는 존재(essence)가 다가와 우리와 크리스털 관을 감쌌다. 순간, 거대하고 눈부신 백색 빛 한 줄기가 광휘에 둘러싸인 채 들어와 그 상태로 3~4분간 가만히 있었다. 그러더니 점차 시야에서 사라져 갔다.

우리가 관을 들여다보니 세 명의 몸이 그 안에 눕혀져

있었다. 서로의 몸을 관찰하던 우리는 다시 마스터 세인트 저메인이 우리를 위해 준비한 몸에 들어와 있었다. — 로열 티톤에 있는 성대한 모임에 참여할 수 있었던 것도 그가 준비해준 이 몸 덕분이었다.

주재 마스터는 모임에 참여한 사람들과 로열 티톤의 형제단 그리고 지구상의 모든 이들을 축복하며 7월에 다시 보자는 말을 남겼다.

금성에서 온 열두 명의 존재들은 홀 바닥에 있는 원형 모양에 따라 자리를 잡았다.

그들이 불러온 전능한 신적 권능으로 인해 로열 티톤산 전체가 흔들렸고, 그곳에 집중된 **빛**은 거대한 독수리의 형상을 하고 있었다. 독수리의 몸통은 보라색이었고 머리와 발은 금색이었다. 방 전체는 '타오르는 하얀 빛'으로 가득 찼는데, 이 빛이 '빛나는 존재의 거대한 길'을 형성했다. 열두 명의 광휘로운 존재들이 금성에 있는 그들의 고향으로 돌아갈 수 있는 길이었다.

그곳에 참석한 이들이 바라보았던 그 지고한 비전은 말로는 도저히 표현할 수 없다. 엄청난 진동적 활동이 잦아들었을 때, 경이로운 크리스털 광휘가 우주 거울을 밝혔고 "지구와 지구의 모든 생명들에게 평화와 광명이 있기를. 금성에서 축복을 보냅니다"라는 글귀가 거울 표면에 나타났다.

손님들은 각자 자신의 가슴과 이마에 손을 갖다 대었고, 양손을 가슴 위에 포개어 전능한 그 힘을 받아들이는 인사를 했다. 그들은 모두 란토 앞을 지나며 1931년의 작업에 대한 개인적 가르침을 받았고, 깊은 침묵 속에 앉아 '위대한 빛'을 경배했다. 명상이 끝나자 장엄한 음악 소리가 거대한 홀을 가득 채웠다. 그곳에 모인 이들은 모두 그의 축복을 받기 위해 고개를 숙였다. 그의 청명하고 아름다우며 낭랑한 목소리가 울려 퍼졌다.

"하나님보다 더 지고한 것은 없습니다. 그리스도보다 더 영원하고 실재적인 것은 없습니다. 빛보다 더 진실한 것은 없습니다. 이 세 가지가 바로 '하나님(The One)'입니다. 다른 것들은 모두 그림자에 불과합니다. 기억하세요. 그림자는 숨기고, 오도하고, 인류가 넘어지게 만듭니다.

빛의 길을 걷는 자는 자신 안에 내재한 그리스도에 대해 정직하고 진실하며, 언제나 창조주 하나님만을 바라봅니다. 그는 그를 향해 파도치는 소용돌이에 영향받지 않는 자신만의 세상에 살고, 그림자가 존재하는 그 소용돌이 안에서 일합니다. 그는 이런 것들에 자신의 밝은 자각의 빛을 비춰줌으로써 이것들이 망각의 바다로 돌아가도록 합니다.

모든 것의 근원이신 위대하신 하나님을 마주하고 경외

하지 않으면 행복도 없습니다. 이 우주 안에 영원한 것은 오직 그리스도뿐입니다. 이 우주 안에서 성장하고 나아갈 길은 오직 '빛의 길'뿐입니다.

만약 당신이 이 영원한 생명의 앎과 진실로 스스로를 무장하고, 오직 여러분의 근원인 하나님에게만 충성을 맹세하며, 내재하신 그리스도에 대해 정직하고 진실함으로써 빛을 실어 나른다면, 당신은 '생명을 사랑하고 축복하기'라는 창조주 하나님의 자녀로서의 '의무'를 자신의 명예이자 경외하는 법칙으로서 받아들이게 될 것입니다. 그 생명이 어디에서 어떤 형상으로 나타나든 말입니다. 이것이 바로 존재의 영원한 계획입니다. 이 계획을 아는 사람은 존재하는 모든 것이 어디서 나온 것인지를 인류가 망각하게 되면서 만들어진 그림자에 전혀 영향을 받지 않은 채, 어디든 나아가서 우주의 모든 것을 탐험할 수 있습니다.

오직 '하나님'만이 위대하시며, 하나님만이 모든 위대함의 근원이십니다. 하나님만이 모든 영광스러운 것들을 행하십니다. 오직 자신의 근원만을 인식하며 다른 것은 모두 거부하는 자는 참으로 현명한 사람입니다. 그러한 자는 영원히 행복 그 자체가 될 것이며 그 어디에서든 마스터일 것이기 때문입니다.

오직 그렇게 할 때만 그는 세계들의 창조자가 됩니다.

그는 이러한 세계들에 자신의 행복과 지복을 방사하게 되고, 이러한 활동 속에서 모두를 위한 신성한 계획을 실제로 살아내게 됩니다.

로열 티톤의 형제단 여러분! 이 신성의 계획을 미성숙한 지구의 자녀들의 의식 안에 밝혀주십시오! 그들이 자신의 의식 안에 창조해낸 그림자들에 여러분의 내적 그리스도의 광휘를 비추고, 그들에게 모든 차원을 초월한 우리의 원천인 '위대한 중심 태양'으로 가는 길을 가리켜 보여주세요. **빛** 안에서 그들의 고향을 찾는 이들을 향해 내 안의 그리스도 빛이 여러분을 감쌉니다. 내 안의 그리스도의 힘이 여러분을 떠받듭니다. 내 안에 내재하신 그리스도의 사랑이 당신을 통하여 숨을 쉽니다.

사랑하는 인류여, 이와 같은 전능한 광휘가 신성한 사랑으로 빛을 비추어 그대들을 밝히고, 치유하고, 축복하기를. 그 신성한 사랑은 항상 여러분 의식에 나타나는 모든 것을 '지고하신 하나님의 빛'의 영원한 품 안에서 가까이 안아줄 것입니다.

하나님께서 미국을 축복하시기를. 그리고 지금, '그림자 없는 영원한 빛'으로 미국을 감싸주시기를."

끝